Christine Schumacher/Felix Rengstorf/
Christina Thomas (Hg.)

Projekt: Unterricht

Projektunterricht und Professionalisierung
in Lehrerbildung und Schulpraxis

Mit 12 Abbildungen und 9 Tabellen

Vandenhoeck & Ruprecht

Bibliografische Information der Deutschen Nationalbibliothek

Die Deutsche Nationalbibliothek verzeichnet diese Publikation in der Deutschen Nationalbibliografie; detaillierte bibliografische Daten sind im Internet über http://dnb.d-nb.de abrufbar.

ISBN 978-3-525-70151-5
ISBN 978-3-647-70151-3 (E-Book)

Umschlagabbildung: Fotos der Herausgeber

© 2013, Vandenhoeck & Ruprecht GmbH & Co. KG, Göttingen /
Vandenhoeck & Ruprecht LLC, Bristol, CT, U.S.A.
www.v-r.de
Alle Rechte vorbehalten. Das Werk und seine Teile sind urheberrechtlich geschützt. Jede Verwertung in anderen als den gesetzlich zugelassenen Fällen bedarf der vorherigen schriftlichen Einwilligung des Verlages.
Printed in Germany.

Satz: SchwabScantechnik, Göttingen
Druck und Bindung: ⊕ Hubert & Co., Göttingen

Gedruckt auf alterungsbeständigem Papier.

Inhalt

Vorwort 7

I. Professionalisierung für Projektunterricht: Entwicklungslinien und Forschungsstand

Felix Rengstorf & Christine Schumacher
Projektunterricht in Lehrerbildung und Bildungsdiskussion .. 19

Wolfgang Emer
Historische Entwicklungslinien von Projektunterricht und
Projektdidaktik in der BRD 40

Christine Schumacher & Felix Rengstorf
Chancen und Probleme bei der Implementation von Projektunterricht – eine Übersicht zur empirischen Unterrichtsforschung aus international vergleichender Perspektive 63

II. Professionalisierung für Projektunterricht: Konzepte und Praxisbeispiele

Christina Thomas
Von randständig-singulärer zu kontinuierlicher Projektdidaktik
in der universitären Lehrerbildung – Seminarkonzepte 89

Sebastian Boller, Felix Rengstorf, Christine Schumacher & Christina Thomas
Professionalisierung durch und für Projektunterricht in
der universitären Lehrerbildung. Ergebnisse eines handlungs-
und reflexionsorientierten Seminars zur Einführung
in die Projektdidaktik an der Universität Bielefeld 107

Sebastian Boller & Christine Schumacher
Subjektive Lerntheorien, Lehrerrolle und Lehrerhandeln im Projektunterricht aus Sicht von Lehramtsstudierenden. Evaluation eines Modellseminars 136

Wolfgang Steiner
Lehrer lernen Projektlernen. Eine Bilanz verschiedener Fortbildungskonzepte aus Hamburg 160

Thomas Hill
Projektunterricht optimieren durch Qualitätsmanagement. Möglichkeiten und Grenzen am Beispiel des Beruflichen Gymnasiums in Schleswig 181

Sabine Schweder
Projektdidaktik und der Einsatz einer erweiterten Lernumgebung für Projektunterricht – Lernumgebung gestalten und Lernen begleiten 200

III. Professionalisierung für Projektunterricht: Bilanzen und Perspektiven

Ulrike Weyland
Entwicklung von Projektkompetenz als Aufgabe einer zukunftsorientierten Lehrerbildung – Herausforderungen für die universitäre Lehrerausbildung 215

Lisa Rosa
Lernen 2.0 – Projektlernen mit Lehrenden im Zeitalter von Social Media 245

Herausgeber & Autoren 270

Vorwort

Seit einigen Jahren befindet sich die Lehrerbildung in tiefgreifenden Veränderungsprozessen, was sowohl strukturelle als auch curriculare Aspekte betrifft. Involviert sind alle Phasen der Lehrerbildung, d. h. sowohl die universitäre erste Phase wie auch die zweite Phase der schulpraktischen Ausbildung im Vorbereitungsdienst durch die Zentren für schulpraktische Lehrerausbildung bzw. Studienseminare und die dritte Phase der Fort- und Weiterbildung von Lehrern[1]. Angestoßen wurden die weitreichenden Reformen in der Lehrerbildung unter anderem durch die gravierende Wirkung vergleichender Schulleistungsstudien wie PISA und TIMSS, aufgrund derer sich Schulen zunehmend dem globalen Wettbewerb ausgesetzt sehen (vgl. Messner, 2012, S. 66) und die zu vielfältigen Veränderungen in der Schullandschaft geführt haben. Exemplarisch genannt seien hier der Trend zur Standardisierung in Form der Einführung von Kernfächern und zentralen Abschlussprüfungen, der Wechsel von der Input- zur Outputorientierung und die gleichzeitig größere Autonomie der Einzelschule im Sinne einer »Schule als lernende Organisation« (Geser, 2004).

Die weitreichende Kritik am deutschen Schulsystem als Folge der Rezeption dieser Studien fällt nicht zuletzt auch auf die Lehrer und deren Ausbildungssystem zurück. Die Lehrerbildung wird aufgrund ihrer Aufgabe, »Fachleute für das Lernen« (Bremer Erklärung, 2000) auszubilden, zunehmend mitverantwortlich für das schlechte

---

1 Im gesamten Band wird aus Gründen der besseren Lesbarkeit lediglich die maskuline Schreibweise verwendet; die feminine Form ist dabei immer mit impliziert.

Abschneiden deutscher Schulen in internationalen Vergleichsstudien gemacht (vgl. auch Keuffer, 2010).

Ein weiterer wichtiger Impuls für die aktuellen Veränderungsprozesse in der Lehrerbildung ging von der Bologna-Vereinbarung 1999 aus, die zur Einführung der gestuften Bachelor- und Master-Studienstruktur sowie zu einer Modularisierung der Studiengänge geführt hat. Die damit einhergehende Ausdifferenzierung verschiedener Lehrerbildungsmodelle an unterschiedlichen Standorten, eine Vielzahl neuer Regelungen und Begrifflichkeiten (z. B. Standards der Lehrerbildung, KMK, 2004; Kerncurricula, DGFE, 2008) sowie ein sich änderndes Verständnis von Professionalisierung bzw. Lehrerprofessionalität (siehe etwa Terhart, 2011) machen es schwer, den Überblick zu behalten.[2]

Der vorliegende Sammelband thematisiert einige der aktuellen Entwicklungslinien innerhalb der Lehrerbildung und der Professionalisierungsdebatte unter dem Fokus einer spezifischen Unterrichtsform, dem Projektunterricht.[3] Die Konzentration auf diese Unterrichtsform liegt in dem mittlerweile hohen Stellenwert dieser anspruchsvollen Lehr-Lernform bei gleichzeitig unzureichender Qualifizierung der Lehrer begründet. Auch wenn sich Befürworter und Kritiker von Projektunterricht nach wie vor mit Leidenschaft über dessen Ziele, Leistungseffektivität und Vereinbarkeit mit schulischen Strukturen streiten, fand das Lernen in Projekten als Unterrichtsform in den letzten Jahren Eingang in die Richtlinien aller allgemein bildenden Schulformen, Schulstufen und Fachlehrpläne an deutschen Schulen. Dabei sind die Erwartungen an Projektunterricht bzw. projektartiges Lernen hoch: Bildungspolitik und Arbeitgeber werden nicht müde, die Vorteile des Projektunterrichts zu betonen. Besonders »soft skills« wie Teamfähigkeit, Kommunikations- und Konfliktfähigkeit werden damit in Verbindung gebracht. Lehrer sehen sich z. B. in den neu eingeführten Projekt-Seminaren an

---

2 Ein Überblick über den aktuellen Stand der Reformen der Lehrerbildung soll an dieser Stelle nicht gegeben werden; dies leistet unter anderem der Sammelband von Bosse, Criblez & Hascher (2012).

3 Es werden verschiedene gebräuchliche Begrifflichkeiten – Projektunterricht, Projektlernen etc. – verwendet, die die jeweiligen inhaltlichen Akzentuierungen der Autoren widerspiegeln.

bayerischen Schulen bzw. den Projektkursen in NRW mit anspruchsvollen curricularen Vorgaben und Rahmenbedingungen konfrontiert.

Schon ein kurzer Blick in die empirische Literatur zeigt, dass die Einlösung dieser Vorgaben kein einfaches Unterfangen ist (siehe den Artikel von Schumacher & Rengstorf, in diesem Band). Eine gute Praxis im Projektunterricht stellt kein beiläufiges, sich von selbst einstellendes Resultat des Lehrerhandelns dar. Im Gegenteil – das Durchführen von Projekten ist eine anspruchsvolle und komplexe Aufgabe. Gerade die erstmalige Durchführung von Projektunterricht verläuft nicht problemlos und ohne Irritationen. Lernen und Unterrichten in Projekten unterscheiden sich vom Lehrgangsunterricht, deshalb müssen sowohl Schüler als auch Lehrer in diese Unterrichtsform eingeführt werden und dafür notwendige Lernprozesse durchlaufen.

Doch wo werden die Lehrer für diese besondere Aufgabe und Unterrichtsform systematisch vorbereitet? Welche Kompetenzen müssen erworben werden? Wo gibt es dauerhafte Strukturen, die eine qualitativ hochwertige und kontinuierliche Einführung in die Besonderheiten des Projektunterrichts gewährleisten? In den Hochschulen, in den Zentren für schulpraktische Lehrerausbildung bzw. Studienseminaren und in den Institutionen der Lehrerfortbildung findet die Vermittlung von Projektkompetenz, als zu den fachdidaktischen Inhalten querliegende Aufgabe, noch zu randständig und zumeist personenabhängig Berücksichtigung.

Projektunterricht aus der Perspektive der Professionalisierungsdebatte in den verschiedenen Phasen der Lehrerbildung zu betrachten bedeutet deshalb, die »meistdiskutierte Methode des Unterrichts« (Knoll, 2011, S. 11) endlich dort zu verankern, wo sie faktisch längst hingehören müsste – in die Aus- und Weiterbildung von Lehrern. Die aktuellen Veränderungs- und Umstrukturierungsprozesse in allen Phasen der Lehrerbildung stellen dabei eine Chance dar, auch dem Projektunterricht und der dazu notwendigen Didaktik einen höheren Stellenwert einzuräumen.

Der entscheidende Impuls zur Erstellung des vorliegenden Bandes entstand als Ergebnis der Fachtagung »Projektkompetenz in der Lehrerbildung« des Landesinstituts für Lehrerbildung und Schulentwicklung Hamburg in Kooperation mit dem Verein für Projektdidaktik und dem Oberstufen-Kolleg Bielefeld im Herbst 2011. Ein für die Tagung aufgestelltes Resümee des aktuellen Entwicklungsstands in Bezug auf die schulische Praxis sowie die verschiedenen Phasen der Lehrerbildung in Form von fünf Thesen (siehe den Beitrag von Rengstorf & Schumacher, in diesem Band) und die Formulierung von Fragen zur Weiterentwicklung der jeweiligen Bereiche verdeutlichte den dringenden Nachhol- und Ausdifferenzierungsbedarf der Angebote zur Professionalisierung im Projektunterricht für alle Phasen der Lehrerbildung. Zudem illustrierte die Tagung den Gewinn bringenden Nutzen in Hinblick auf das Zusammentragen und den Austausch der Erfahrungen der Akteure aus verschiedenen Phasen der Lehrerbildung.

Der Sammelband »Projektunterricht und Professionalisierung« stellt gewissermaßen eine Antwort auf die in Hamburg festgestellten Entwicklungsbedarfe dar. Er hat das Ziel, Begründungslinien zu systematisieren, vorhandene Professionalisierungskonzepte im Bereich des Projektunterrichts zu dokumentieren und Entwicklungsperspektiven einer Projektdidaktik der Zukunft aufzuzeigen. Der Band greift dazu die Diskussionen um Projektunterricht, Professionalisierung und projektartiges Arbeiten auf und gibt Antworten auf die Frage, wie Lehrer – und in der Folge auch die Schüler – auf die speziellen Anforderungen dieser Unterrichtsform vorbereitet werden können. Aufgrund der Breite der hier angesprochenen Thematik besteht der Band aus drei Teilen mit je eigenen, aber in Zusammenhang stehenden Schwerpunktsetzungen.

Teil I skizziert aktuelle schulpädagogische und bildungspolitische, historische sowie empirische Entwicklungslinien der Professionalisierung für Projektunterricht.

Ausgehend von einer Begriffsbestimmung führen *Felix Rengstorf* und *Christine Schumacher* in die aktuelle bildungspolitische und schulpraktische Diskussion um Projektunterricht und Professionalisierung ein. Basierend auf fünf Thesen, die eine systematisch-strukturelle Verankerung von Aus-, Fort- und Weiterbildungsangeboten zur Professionalisierung im Projektunterricht fordern, beleuchten sie den spezifischen Bildungswert des Projektunterrichts sowie die strukturelle Verankerung und die Qualität der Unterrichtsform in der Schulpraxis. Anhand einer heuristischen Denkfigur für Professionalisierungsprozesse illustrieren sie anschließend Möglichkeiten zum Erwerb von Projektkompetenz im Rahmen der universitären Lehrerbildung sowie zur Professionalisierung der Lehrerrolle im Projektunterricht.

Wolfgang Emer bestimmt den historischen Standort von Projektunterricht und Projektdidaktik, indem er, ausgehend von seiner subjektiven Perspektive als erfahrener Projektdidaktiker und -experte, einen genauen Blick in deren schulische Praxisgeschichte wirft. Die historischen Entwicklungslinien werden zu charakteristischen Phasen gebündelt und vorgestellt. Dabei zeigt Emer auf, welchen Realisierungsgrad diese ursprünglich der Bewegung des Pragmatismus in den USA zugerechnete Unterrichtsart und -methode in Deutschland erreicht hat.

Als Abschluss des ersten Teils des Buches bieten *Christine Schumacher* und *Felix Rengstorf* in ihrem Übersichtsbeitrag eine pointierte Darstellung des aktuellen Forschungsstandes zum Projektunterricht unter Einbezug einer internationalen Perspektive. Insgesamt werden 27 empirische Studien aus dem deutsch- und englischsprachigen Raum skizziert, bezüglich ihrer methodischen Qualität analysiert und ergebnisbezogen kontrastiert. Dadurch erhält der Leser einen Überblick über Chancen und Probleme bei der Einführung des Projektunterrichts sowie über die Schüler- und Lehrersicht auf diese Unterrichtsform.

Teil II gibt einen Überblick über vorliegende Konzepte und Praxisbeispiele zur Professionalisierung im Projektunterricht in unterschiedlichen Institutionen und an verschiedenen Standorten. Dabei werden Ansätze aus verschiedenen Phasen der Lehrerbildung sowie zur Schul- und Unterrichtsentwicklung vorgestellt und hinsichtlich ihrer Konzeption und Wirkung analysiert.

Die ersten drei Beiträge aus dem Standort Bielefeld fokussieren die erste Phase der Lehrerbildung.

Christina Thomas stellt vier Seminar-Modelle zur Einführung in die Didaktik des Projektunterrichts vor, von denen drei bereits an der Universität erprobt wurden. Dabei geht sie differenziert auf Lehrinhalte, zu erwerbende Projektkompetenzen, zeitlichen Umfang

(Workload) und die Leistungserbringung ein. Die inhaltliche und didaktisch-methodische Ausrichtung aller Konzepte ist durch eine zeitnahe Verzahnung der theoretischen Grundlagen des Projektunterrichts und deren Umsetzung in der Praxis charakterisiert. Der Beitrag verdeutlicht, dass es durchaus machbar ist, Lehrangebote zur Projektdidaktik dauerhaft in der Hochschule zu implementieren und gibt Anregungen zur Übernahme einzelner Elemente.

Sebastian Boller, Felix Rengstorf, Christine Schumacher und *Christina Thomas* evaluieren eines der im vorherigen Beitrag vorgestellten Seminarkonzepte zur Einführung in den Projektunterricht, welches im Zuge der Neustrukturierung der Lehrerbildung an der Universität Bielefeld entwickelt wurde. Kennzeichnend für dieses Seminarkonzept ist eine zweiwöchige schulische Praxisphase, in der Lehramtsstudierende selbst in Projekten unterrichten. Die Autoren gehen in ihrem Beitrag den Fragen nach, welche Herausforderungen bei der Durchführung von Projekten in der Schule auftreten, wie diese von den Studierenden bewältigt werden und welchen Beitrag ein solches Seminar zur Anbahnung von Projektkompetenz bzw. zur Professionalisierung für den Projektunterricht und somit letztlich auch zur Vorbereitung auf die schulische Projektpraxis leisten kann.

Sebastian Boller und *Christine Schumacher* analysieren, welche Zusammenhänge zwischen den subjektiven Lerntheorien von Lehramtsstudierenden und ihrem Verständnis der Lehrerrolle im Projektunterricht bestehen. Auf der Basis problemzentrierter Interviews rekonstruieren sie lern- und unterrichtsform-spezifische sowie professionsbezogene Vorstellungen der Studierenden querschnittigthematisch und einzelfallanalytisch. Durch die kontrastierende Darstellung dreier Fallbeispiele wird illustriert, wie unterschiedlich Studierende ihre ersten Projektunterrichtserfahrungen wahrnehmen und meistern.

Die folgenden Beiträge fokussieren die zweite und/oder dritte Phase der Lehrerbildung sowie das Potenzial der Professionalisierung im Projektunterricht für Schul- und Unterrichtsentwicklung.

Wolfgang Steiner bilanziert seine langjährige Arbeit mit Projektlernen in der ersten, zweiten und dritten Phase als Aus- und Fortbildner im Landesinstitut für Lehrerbildung und Schulentwicklung Hamburg. Dabei beschäftigt er sich mit der Frage, wie Lerngelegenheiten zum Erwerb von Projektkompetenz gestaltet sein müssen, um das »Erfahrungsdefizit« der Lehrer im Projektlernen zu beheben. Abweichend vom Habitus und der Rolle des Lehrers in den Unterrichtsformen Lehrgang und Training geht Steiner für den Projektunterricht vom Bild des Lehrers als lernender Erwachsener und ältester Teilnehmer in einer altersgemischten Lerngruppe aus. Im Anschluss an methodologische Überlegungen zur Aus- und Fortbildung hinsichtlich der Thematik der Projektkompetenz von Lehrern stellt er bewährte und nachahmenswerte Formen und Methoden verschiedener Fortbildungsangebote vor.

Thomas Hill beschäftigt sich mit den Möglichkeiten, Projektunterricht durch Qualitätsmanagement zu optimieren. Nach einer Begriffsdefinition schildert er am Beispiel des Beruflichen Gymnasiums in Schleswig konkrete Schritte einer Schule, die in diesem Bereich über mehrere Jahre intensiv Schulentwicklung betrieben hat. Dabei steht das Ausloten von Möglichkeiten und Grenzen zur Professionalisierung des Kollegiums im Projektunterricht im Mittelpunkt seiner Analyse.

Sabine Schweder fokussiert in ihrem Beitrag schul- und unterrichtstaugliche Instrumente zur Gestaltung einer projektförderlichen Lernumgebung, die gleichzeitig auch der Professionalisierung von Lehrern und Schülern sowie der Schulentwicklung dienen. Basierend auf der Erörterung struktureller Voraussetzungen zur Ermöglichung individueller und selbstorganisierter Lernprozesse der Schüler leitet sie nicht nur die veränderten Aufgaben der Lehrpersonen ab, sondern fordert darüber hinaus angemessene Zeit- und Organisationsstrukturen innerhalb des klassischen Stundenplans sowie ein erweitertes Feedback- und Bewertungsverständnis, das den Projektprozess und die individuelle Lernprogression, nicht nur das präsentable Ergebnis, bei der Vergabe von Noten berücksichtigt. Die vorgestellten Instrumente, die Kooperation und Arbeitsteilung innerhalb des Kollegiums voraussetzen, aber auch erleichtern, beinhalten das Potenzial eines »Motors für Professionalisierung« nicht nur für die Unterrichtsform Projekt.

Teil III ist zum einen bilanzierend ausgerichtet, indem die Erkenntnisse der vorherigen Beiträge gebündelt werden, zum anderen werden perspektivisch offene Fragen und die Zukunft der Professionalisierungsbemühungen in Bezug auf den Projektunterricht in den Blick genommen. In diesem Teil werden Anforderungen und Aufgaben zur Weiterentwicklung in unterschiedlichen Handlungsfeldern skizziert.

Basierend auf einer Zusammenführung und Bilanzierung zentraler Erkenntnisse aus den ersten beiden Teilen des Bandes erweitert *Ulrike Weyland* den Fokus auf aktuelle hochschuldidaktische Aufgaben zur Entwicklung von Projektkompetenz bei Studierenden. Sie geht davon aus, dass die Entwicklung von Projektkompetenz eine zentrale Aufgabe einer zukunftsorientierten Lehrerbildung sei, wobei sie zwei Aufgabenbereiche voneinander abgrenzt. Zum einen umfasst der Erwerb von Projektkompetenz eine didaktische Planungsebene, zum anderen eine schulentwicklungsbezogene Ebene, in der es auch um die erfolgreiche Durchführung von Projekten im Kontext von Schulentwicklung geht. Die Aufgabe der ersten, wissenschaftlich geprägten Phase der Lehrerbildung an der Hochschule besteht laut Weyland in der Vermittlung des für beide Ebenen notwendigen, wissenschaftlichen Begründungswissens. Hierfür sieht sie den Ansatz des Forschenden Lernens als gewinnbringend an.

Im letzten Beitrag des Bandes wirbt *Lisa Rosa* für eine radikal neue Sichtweise des Projektlernens, des schulischen Lernens allgemein und des Lehrerselbstverständnisses angesichts des Leitmediums Web 2.0. Laut Rosa verändert das digitale Zeitalter Denken und Handeln durch die digitalen Möglichkeiten der Wissensschöpfung, wodurch sich auch das Lernen selbst weiterentwickelt. Diese tiefgreifenden, epochalen Wandlungen durch das Web 2.0 werden im ersten Teil des Beitrags kulturhistorisch und kritisch konstruktiv hinsichtlich ihrer Konsequenzen für das Denken und Lernen im Unterschied zum Industriezeitalter rekonzeptualisiert. Aus dieser Perspektive erhält der Begriff Projektlernen – hier als Sinnbildungslernen und Lernen 2.0 charakterisiert – seinen zeitgemäßen Sinn als eine generelle soziale Organisationsform des 21. Jahrhunderts, in der sich privates und öffentliches Leben, Lernen und Arbeiten mehr und mehr in Form von Projekten und in Netzwerken organisiert. Eine Methodologie des Projektlernens, die Projekte als übergeordneten Rahmen und sinnbildendes Motiv des Lernens, statt ›nur‹ als Unterrichtsform interpretiert, stellt demnach ihre Antwort auf die neue

Komplexität des Lernens unter »Bedingungen der Digitalität« dar. Diese radikale Sichtweise konkretisiert die Autorin anschließend anhand von Beispielen aus ihrer eigenen Praxis in der Lehrerausbildung.

Insgesamt vereint der Band innovative Zugänge zu den Themenfeldern Professionalisierung und Projektunterricht und gibt Impulse zur Weiterentwicklung der Unterrichtsform selbst sowie zur Ausbildung von Lehrern in diesem Bereich an den verschiedenen Institutionen der Lehrerbildung.

An dieser Stelle möchten wir uns bei allen Mitautoren dieses Bandes, den Mitgliedern der Forschungs- und Entwicklungsgruppe »Projektunterricht in der universitären Lehramtsausbildung« des Oberstufen-Kollegs – Sebastian Boller, Margit Dietz, Thomas Döring, Hans Jaekel, Rica Schöbel, Hajo Sagasser und Heiko Schünemann – sowie den Mitarbeitern des Verlags Vandenhoeck & Ruprecht für die konstruktive Zusammenarbeit bedanken. Wir erhielten auch wertvolle Anregungen durch den Wissenschaftlichen Beirat sowie von Stefan Hahn und Gabriele Klewin aus der Wissenschaftlichen Leitung des Oberstufen-Kollegs. Unser besonderer Dank geht an Sebastian Boller, der uns stets ein kritisch-konstruktiver Diskussionspartner war, sowie an Gregor Lübbert, der uns bei der Manuskripterstellung ausdauernd und kompetent unterstützt hat.

Literatur

Bosse, D., Criblez, L. & Hascher, T. (2012). *Reform der Lehrerbildung in Deutschland, Österreich und der Schweiz. Teil 1: Analysen, Perspektiven und Forschung.* Magdeburg: PROLOG.

Bremer Erklärung (2000). *Aufgaben von Lehrerinnen und Lehrern heute – Fachleute für das Lernen* (Gemeinsame Erklärung der Präsidenten der Kultusministerkonferenz und der Vorsitzenden der Bildungs- und Lehrergewerkschaften sowie ihrer Spitzenorganisationen Deutscher Gewerkschaftsbund GWG und DBB – Beamtenbund und Tarifunion. Zugleich Beschluss der Kultusministerkonferenz vom 05.10.2000). Verfügbar unter: http://www.kmk.org/fileadmin/veroeffentlichungen_beschluesse/2000/2000_10_05-Bremer-Erkl-Lehrerbildung.pdf [09.06.2013].

Deutsche Gesellschaft für Erziehungswissenschaft (DGFE) (2008). *Kerncurriculum Erziehungswissenschaft.*

Geser, H. (2004). *Die Schule als lernende Organisation.* Zürich. Verfügbar unter: http://socio.ch/educ/t_hgeser2.pdf [09.06.2013].

Keuffer, J. (2010). Reform der Lehrerbildung und kein Ende? Eine Standortbestimmung. *Erziehungswissenschaft. 21(40),* 51–67.

Knoll, M. (2011). *Dewey, Kilpatrick und »progressive« Erziehung.* Bad Heilbrunn: Klinkhardt.

Kultusministerkonferenz (2004). *Standards für die Lehrerbildung: Bildungswissenschaften* (Beschluss der KMK vom 16.12.2004).

Messner, R. (2012). Leitlinien einer phasenübergreifenden Professionalisierung der Lehrerbildung. In D. Bosse, L. Criblez & T. Hascher (Hrsg.), *Reform der Lehrerbildung in Deutschland, Österreich und der Schweiz. Teil 1: Analysen, Perspektiven und Forschung* (S. 63–92). Magdeburg: PROLOG.

Rengstorf, F. & Schumacher, C. (2013). Projektunterricht in Lehrerbildung und Bildungsdiskussion. *In diesem Band.*

Schumacher, C. & Rengstorf, F. (2013). Chancen und Probleme bei der Implementation von Projektunterricht – eine Übersicht zur empirischen Unterrichtsforschung aus international vergleichender Perspektive. *In diesem Band.*

Terhart, E. (2011). Lehrerberuf und Professionalität: Gewandeltes Begriffsverständnis – neue Herausforderungen. In *Zeitschrift für Pädagogik, 57(10). Beiheft: Pädagogische Professionalität* (S. 202 ff.). Weinheim: Beltz.

Teil 1

Professionalisierung für Projektunterricht: Entwicklungslinien und Forschungsstand

Felix Rengstorf & Christine Schumacher
Projektunterricht in Lehrerbildung und Bildungsdiskussion

Möchte man analysieren, welche Stellung der Projektunterricht als Form offenen Unterrichts in der aktuellen Bildungsdiskussion einnimmt, welche Rolle ihm aufgrund seines Bildungswertes eventuell zustehen könnte oder welche Konsequenzen, Möglichkeiten und Probleme sich aufgrund der Spezifik dieser Unterrichtsform für die Lehrerbildung ziehen lassen, so muss zuerst geklärt werden, was unter Projektunterricht verstanden wird. Bei einem solch schillernd genutzten Begriff ist es unerlässlich, klare Kriterien und Standards festzulegen, die einem inflationären Gebrauch (etwa im Sinne einer Hobby- und Freizeitaktivität während einer Projektwoche) entgegenwirken. Folglich beginnt dieser Artikel mit einer Begriffsdefinition, ehe auf dieser Grundlage die Stellung des Projektunterrichts in den verschiedenen Phasen der Lehrerbildung herausgearbeitet und mit aktuellen Fragen der Bildungsdiskussion in Beziehung gesetzt wird.

1. Definition von Projektunterricht

Projektarbeit, Projektunterricht oder Projekte können gleichermaßen als »problemformulierendes und problemlösendes Handeln« (Suin de Boutemard, 1986, S. 72) mit dem Ziel der Veränderung sozialer Realität definiert werden. Etwas umfassender lassen sie sich im Sinne Deweys als pädagogisches Experiment in der sozialen Realität (Hänsel, 1997, S. 62) verstehen.

Als eine von vier Großformen des Unterrichts (Klafki, 1985, S. 223 f.) finden Projekte ihre Bezugspunkte bei einem »Problem« der sozialen Wirklichkeit und seiner Bedeutung für die Lebenspraxis der Schüler. Dieses »Problem« soll handelnd einer Lösung zugeführt werden, wodurch soziale Wirklichkeit verändert wird (Duncker, 1997, S. 12 f.) und die Schüler auf das soziale Leben in der Demokratie vorbereitet werden. Dabei wird ausgehend von einer »Forschungsfrage« in mitbestimmter Gruppenarbeit und in verschiedenen Rollen ein Produkt erstellt, das durch seine kommunikative Vermittlung verändernd auf die es umgebende Realität einwirkt. So sind Projektarbeit, Projektunterricht oder Projekte handlungsorientierte Gruppenleistungen mit Rollendifferenzierung und dem Ziel eines hohen »Gebrauchs- und Mitteilungswertes« (Duncker & Götz, 1988, S. 139). Projektarbeit kann in verschiedenen Grundformen auftauchen und wird dementsprechend begrifflich unterschiedlich gefasst (allerdings mit dem Problem der völlig uneinheitlichen Verwendung):

a) als projektorientierte Phasen im Lehrgang,
b) als zeitlich gestreckte Projekte parallel zu Lehrgangskursen und
c) in der Form ganz- und mehrtägiger oder mehrwöchiger Projektphasen.

Bzgl. der grundlegenden Methode unterscheiden sich diese Formen dabei nicht. Projektarbeit wird nicht primär und ausgehend von der Fachsystematik, sondern von handelnden Personen, ihren Interaktionen, Interessen sowie von der Sachnotwendigkeit konkreter Problemstellungen bestimmt. Projekte sind folglich von methodischer Vielfalt geprägt. Allerdings lässt sich ein eigenes methodisches Grundgerüst mit Hilfe so genannter Projektkriterien und Projektphasen festlegen und es können Bezüge zu Methodenbereichen verwandter Unterrichtskonzepte hergestellt werden, wie folgende, von Emer und Lenzen (2009) entwickelte Graphik zeigt (s. S. 21).

Im äußeren Kreis sind die projektnahen Unterrichtsformen aufgeführt, die mit ihren jeweiligen Methoden in der Projektarbeit eine Rolle spielen können. Die Handlungsorientierung als zentrale Substruktur spielt dabei die bedeutendste Rolle in einem Projekt. Diese und die jeweiligen Methodenbereiche werden durch die Kriterien eines Projekts (Kreismitte) gebündelt und bestimmt (vgl. Emer & Lenzen 2009, S. 116 ff.).

Eine etwas anders akzentuierte Definition findet sich im englischsprachigen Raum, in dem Projektunterricht begrifflich unter

Projektunterricht in Lehrerbildung und Bildungsdiskussion

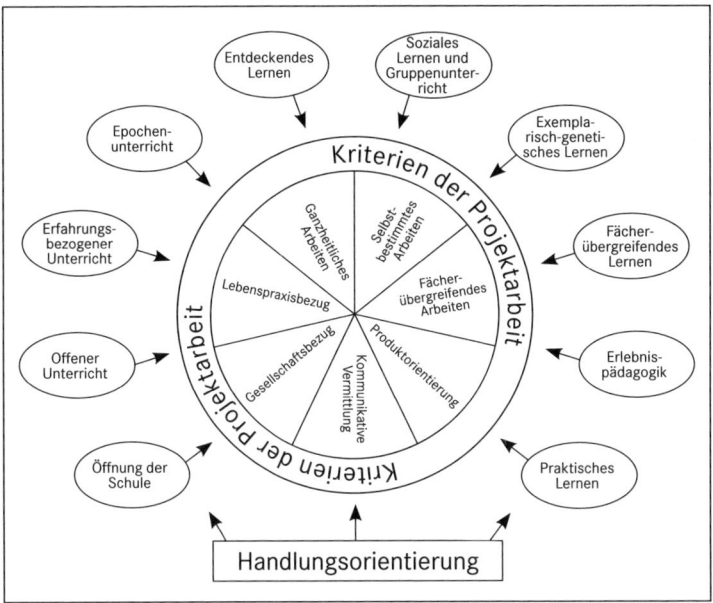

Abb. 1: Methoden und Kriterien des Projektunterrichts
(Emer & Lenzen, 2009, S. 120)

»project-based learning« (PBL) gefasst wird. So werden in einer Literaturübersicht zu empirischer Forschung über diese Unterrichtsform (Thomas, 2000) folgende fünf Kriterien zusammengefasst:

1. »PBL (Project Based Learning, d. Verf.) projects are central, not peripheral to the curriculum.«
2. »PBL projects are focused on questions or problems that ›drive‹ students to encounter (and struggle with) the central concepts and principles of a discipline.«
3. »Projects involve students in a constructive investigation.«
4. »Projects are student-driven to some significant degree.«
5. »Projects are realistic, not school like.«

Übereinstimmend mit der Definition von Emer und Lenzen (s. obige Abb. 1) finden sich hier die Aspekte Selbstbestimmung der Lernenden (4) und Bezug zur Lebenswelt (5) wieder. Die Akzentuierung bei Thomas (2000) liegt vor allem in der Forderung nach Zentralität der

Projektarbeit im Lehrplan (1) und der Bedeutung der Forschungsfragen und des Forschungsprozesses (2 und 3).

Für die weiteren Überlegungen wird das in den Ausführungen oben sichtbar werdende gemeinsame Grundverständnis von Projektunterricht als Basis genommen, ergänzt durch die besondere Akzentuierung bei Thomas (2000), um die Bedeutung dieser Unterrichtsform für Schule allgemein und speziell in der Lehrerbildung zu analysieren.

2. Fünf Thesen zum Einstieg

Lehrerbildung ist ein längerfristiger und komplexer Prozess, der sich aus verschiedenen Phasen (Lehramtsstudium mit integrierten Praktika, Referendariat, Berufseinstiegsphase, Weiterbildungsphase) zusammensetzt und der idealerweise durch lebenslanges Lernen und fortschreitende Professionalisierungsprozesse gekennzeichnet ist. Die verschiedenen Phasen der Lehrerbildung werden jedoch von verschiedensten Verantwortlichen gestaltet und begleitet, etwa von Professoren und Dozenten an der Universität, Fach- und Hauptseminarleitern im Referendariat, Lehrerfort- und Weiterbildnern im Laufe des Berufslebens oder Betreibern von Online-Foren des Web 2.0 (für ein Beispiel vgl. Internetquelle 1).

Im Oktober 2011 ist auf einer von den Autoren mit organisierten Fachtagung in Hamburg erstmals der Versuch unternommen worden, die verschiedenen, im Zusammenhang von Projektunterricht an der Lehrerbildung beteiligten Akteure zusammenzubringen, um einen Austausch, eine bessere Koordination und eine Weiterentwicklung der Professionalisierung im Projektunterricht zu gewährleisten. Ausgangsbasis für den Austausch waren fünf Thesen zum Thema »Projektkompetenz in der Lehrerbildung«, die den Entwicklungsstand in Bezug auf die schulische Praxis sowie die verschiedenen Phasen der Lehramtsausbildung kurz und prägnant zusammenfassen und Fragen zur Weiterentwicklung der jeweiligen Bereiche aufwerfen. Diese werden zur Illustration der Problematik an den Anfang dieses Artikels gestellt, bevor anschließend zu einzelnen Aspekten der Thesen eine vertiefte Auseinandersetzung erfolgt.

Projektunterricht in Lehrerbildung und Bildungsdiskussion

Die fünf Thesen der Fachtagung in Hamburg 2011

1. Projektarbeit in der Schule

Qualität und Quantität der Projektarbeit in der Schule sind immer noch sehr unterschiedlich und vielerorts beliebig, obwohl die Bedeutung von Projekten für ein zeitgemäßes Lernen in einer demokratischen Schule allgemein anerkannt wird und seit Jahren gestiegen ist.

Universitäre Pädagogik, Lehrpläne, Richtlinien, auch die außerschulische Öffentlichkeit in Produktionsbereich, Verwaltung und Kultur betonen die bildungspolitische Notwendigkeit von Projektarbeit. Die Verlage haben Anregungen und Vorschläge für Projekte in neueren Lehrbüchern umgesetzt. Aber ...

Unklar ist vielen Schulen und Lehrern weiterhin, wie eine produktive Projektphase aussieht und nach wie vor gibt es nur wenig »Projektkultur«, d. h. strukturelle Verankerung von Projektunterricht in der Schule und ihren systematisch verbundenen Lerngelegenheiten.

Die Frage der strukturellen Verankerung in verbindlichen Lernarrangements ist weiterhin ebenso offen wie die der Verantwortung für die Umsetzung von professioneller Projektarbeit an den Schulen.

2. Projektkompetenz und Lehrerrolle

Projektunterricht als »offene Unterrichtsform« verlangt andere Kompetenzen als Lehrgangs- oder Trainingsformen des Unterrichts. Eine profilierte Lehrerrolle im Projekt zeichnet sich dadurch aus, dass der Lehrer als »ältester Teilnehmer« und Projektleiter mit den Schülern die offene Problemlage (=Lernsituation) analysiert, dafür sorgt, dass die Schüler ihre eigenen Forschungsfragen entdecken, die Planung und Durchführung des gemeinsamen Lernprozesses in hohem Maß mitgestalten und die eigenen Erfahrungen und gefundenen Lösungen auf angemessenem Niveau reflektieren und dokumentieren. Diese Lehrerrolle muss professionell erlernt werden. Viele Lehrer haben in der beobachtbaren Projektpraxis der Schulen damit große Schwierigkeiten.

Warum ist das so?
Bisher gibt es erst wenige empirische Studien zur Durchführung von Projektunterricht. Diese vorliegenden Studien wurden hauptsächlich im angelsächsischen Raum durchgeführt. Noch weniger wissen wir, wie es mit der Projektkompetenz der Lehrer bestellt ist und wo und wie diese vermittelt wird. Was geschieht also in den verschiedenen Phasen der Lehrerbildung an der Universität, im Vorbereitungsdienst, der Berufseingangsphase und in der Lehrerfort- und -weiterbildung, um eine didaktische Handlungskompetenz in dieser Unterrichtsform systematisch zu entwickeln und zu fördern und wer ist dafür jeweils verantwortlich? Welche Lernarrangements werden in der jeweiligen Phase systematisch angeboten mit dem Ziel, Projektkompetenz zu fördern?

3. Projektkompetenz in der universitären Lehrerbildung

In der universitären Lehrerbildung gehört »Offener Unterricht« in der Regel zum Angebot. Fraglich ist, inwieweit dabei auf professionelle Projektarbeit und die dazu nötigen Kompetenzen eingegangen wird, ob eigene Projekterfahrungen ermöglicht und kriteriengeleitet (»denkende Erfahrung«) reflektiert werden.

Die Frage ist, wie eine reflexions- und praxisorientierte Ausbildung von Projektkompetenzen in der universitären Lehrerbildung aussehen könnte und wer sie in welcher Funktion begleiten sollte. In Hamburg bietet die stärkere Praxisorientierung des Lehrerstudiums, insbesondere das Kernpraktikum, hier interessante Möglichkeiten. Erste Erfahrungen mit einem projektdidaktischen Seminarkonzept gibt es an der Universität Bielefeld.

4. Projektkompetenz in der zweiten Ausbildungsphase (Referendariat)

In der zweiten Ausbildungsphase wird die Unterrichtsform »Projekt« zwar vorgestellt, aber in der Regel (noch) nicht systematisch in reflektierte Praxis umgesetzt.

Wie müssten Projekte für Referendare strukturiert sein, damit dabei Projektkompetenz erworben werden könnte? Es fragt sich auch, inwieweit Fach- und Hauptseminarleiter *aufgrund eigener reflektierter Projekterfahrung* dafür kompetent und von der Notwendigkeit professioneller Projektarbeit im Lehrerberuf überzeugt sind. Wie können schon in der Ausbildung die großen Unterrichtsformen Lehrgang, Training und Projekt und die dafür notwendigen Kompetenzen so miteinander verknüpft werden, dass an den Schulen gerade durch die jungen Kollegen eine professionelle »Projektkultur« gefördert wird?

5. Projektkompetenz in der Lehrerfort- und -weiterbildung

Die Schwierigkeiten, aber auch die Chancen von Projektarbeit zeigen sich vermehrt erst in der schulischen Projektpraxis. Vorhandene Erfahrungen und Kompetenzen müssen hier systematisch aufgespürt werden und »die Intelligenz der Praxis« muss durch organisierten Erfahrungsaustausch mehr Einfluss gewinnen: Durch SchiLf, projektorientierte Fortbildungsangebote der Fächer und durch Tagungen wie diese.

Manche Schulen holen sich an einem Pädagogischen Konferenztag einen Fortbildner zu Projektarbeit oder leisten sich einen Projektkoordinator oder noch besser einen Projektausschuss, der dann in kleinem Rahmen Fortbildung betreibt.
Dies sind bisher alles mehr oder weniger freiwillige Leistungen, die von Organisationen wie dem Verein für Projektdidaktik, projekterfahrenen Schulen wie dem Oberstufen-Kolleg Bielefeld oder dem Arbeitsbereich Projektdidaktik am Landesinstitut für Lehrerbildung und Schulentwicklung Hamburg

> punktuell unterstützt werden. Eine systematische Förderung von Projektkompetenz und Projektkultur an den Schulen sollte die vorhandenen Ansätze aufgreifen und weiterentwickeln, z. B. anhand folgender Fragen:
> - Wie könnte eine Fortbildungsstruktur aussehen, die die Entwicklung von Projektkompetenz auf der Basis der jeweils vorhandenen Erfahrungen in den Schulen systematisch fördert?
> - Wie könnten fachliche und projektorientierte Fortbildung besser miteinander verbunden werden?
> - Ist es denkbar und sinnvoll, nach ausgewiesenen Kriterien durch Lehrerfortbildungsinstitute und Universitäten ein Zertifikat für den Erwerb von Projektkompetenz zu entwickeln?

Im Folgenden werden wichtige einzelne Aspekte der Thesen vertieft, indem
- der Bildungswert und die Notwendigkeit von Projektunterricht in der Schule analysiert werden (These 1),
- die strukturelle Verankerung und die Qualität von Projektunterricht als Lerngelegenheit in der Praxis beleuchtet wird (Thesen 1 und 5),
- Möglichkeiten zum Erwerb von Projektkompetenz im Rahmen der universitären Lehrerbildung sowie der Professionalisierung der Lehrerrolle im Projektunterricht durch die Vorstellung eines heuristischen Rahmenmodells für Professionalisierungsprozesse (Weyland, 2010) aufgezeigt werden (Thesen 2 und 3),
- und indem die generelle Kompetenzorientierung in der zweiten Phase der Lehrerbildung in Zusammenhang mit Projektunterricht gebracht wird (These 4).

3. Bildungswert und Notwendigkeit von Projektarbeit in der Schule

Für eine Schule in einer demokratischen Gesellschaft und im Kontext der Verwendung moderner Produktionsmethoden in Industrie, Verwaltung und Kulturmanagement ist Projektarbeit ein notwendiger Bestandteil schulischen Lernens und schulischer Organisationsstrukturen. Dies hat bereits die Bildungskommission NRW »Zukunft der Bildung« 1995 herausgearbeitet und infolgedessen haben die Lehrpläne vieler, wenn nicht gar aller Fächer, Projektarbeit als notwendige Unterrichtsform in ihren Kanon aufgenommen.

Als Folge der Diskussion um Bildungsstandards und zu erwerbende Kompetenzen – ausgelöst durch die Veröffentlichungen der TIMSS- und PISA-Ergebnisse – werden zurzeit hohe Anforderungen an die Schule formuliert. Jung weist darauf hin, dass »über die Frage, ob es denn didaktische Konzeptionen gibt, die geeignet sind, diese hohen Ansprüche einzulösen, […] projektpädagogische Verfahrensweisen in den Fokus der Betrachtung [gelangen]« (Jung, 2005, S. 14f.). Projektarbeit darf sich nach Jung nicht auf wenige, randständige Projektwochen reduzieren, sondern es muss eine »Entfaltung des Projektunterrichts als ›unterrichtliche Normalform‹« (ebd.) angestrebt werden. Gleichberechtigt müsse der Projektunterricht als didaktische Konzeption neben anderen Unterrichtsformen stehen, wie es schon Wolfgang Klafki in den Grundtypen des Lernens angedacht hatte (vgl. ebd., 1985, S. 223f.). Unterrichtsvorhaben, die projektartiges Arbeiten in den organisatorischen Schranken des Fachunterrichts einfordern, seien zwar wichtig, könnten hierfür aber keinen gleichwertigen Ersatz bieten (vgl. Meyer, 1994, S. 144).

Angesichts der gegenwärtigen Diskussion um Effizienzsteigerung und Kompetenzerwerb ist es gerade die Projektarbeit, aus der Impulse und Handlungsorientierungen zur demokratischen Schulgestaltung mit Erfolg versprechenden Zukunftsaussichten entwickelt werden können – etwa durch die Mitplanung und Mitgestaltung eigener Lernerfolge, durch die Entwicklung von Selbstständigkeit und die Übernahme von sozialer Verantwortung, durch praktische Teamfähigkeit aus Konsenskompetenz sowie durch die Aneignung von Orientierungs- und Prozesswissen (vgl. Emer & Lenzen, 2009, S. 33ff.). Diese grundlegenden Zielvorstellungen für Lehr-Lern-Zusammenhänge sind fundamentale Bestandteile einer zukunftsfähigen Gesellschaft und einer Wirtschaft, die die soziale Gerechtigkeit im Blick behält. Das groß angelegte Programm der Bund-Länder-Kommission (BLK) der KMK »Demokratie lernen und leben« (Edelstein & Fauser, 2001) betont, dass eine Schule in einer demokratischen Gesellschaft neben inneren demokratischen Strukturen auch offenere Unterrichtsformen wie z.B. Projektarbeit entwickeln sollte, die selbstständiges, handlungsorientiertes und demokratiepädagogisches Lernen ermöglichen. Dies stärkt nachgewiesenermaßen die Selbstwirksamkeitsüberzeugung und legt damit eine Basis für demokratisches Handeln der Subjekte (vgl. Beutel & Himmelmann, 2005; Steiner & Emer, 2007). Auch in der Wirtschaft werden Entwicklungs- und Produktionsprozesse in wachsendem Umfang in Form von Projekten organisiert (vgl. Eyerer, 2000). Innerhalb der markt- und profitorientierten Strukturen lassen sich ganz offensichtlich durch die Projektarbeit Motivation, Kreativität und individuelle Kompetenzentfaltung derart fördern, dass auch bei der systembedingten externen Zielvorgabe eine signifikante Steigerung von Effizienz bzw. Produktivität erzielt wird. Projekte in der Schule als einer non-profit-Organisation gehen dagegen von den Bedürfnissen der Subjekte aus, zielen auf deren individuelle Entwicklung und die Stärkung ihrer je eigenen Fähigkeiten im Rahmen eines möglichst selbstbestimmten Planungs- und Entscheidungsprozesses, der getragen wird von einer klaren Produktorientierung, von demokratischen Verfahrensweisen und der Chance zum Erwerb von Schlüsselqualifikationen. Auch wenn es sich also um zwei verschiedene Projektkulturen handelt, gibt es deutliche Überschneidungen, weswegen schulischer Projektunterricht auch eine Reihe von Anforderungen der heutigen Wirtschaft und Gesellschaft erfüllt. Diese Zusammenhänge werden nicht nur im deutschsprachigen Raum gesehen, sondern z. B. auch in einer amerikanischen Studie von Ravitz (2008, S. 2):

> Project based learning (PBL) is an innovative and empirically proven instructional strategy that engages students in learning and encourages deep understanding. [...] Recent interest has developed from the recognition that students are not being prepared for productive lives in the workforce and society by traditional instruction.

4. Strukturelle Verankerung und Qualität von Projektunterricht als Lerngelegenheit in der Praxis

Zwei Beispiele aus den Bundesländern Bayern und Nordrhein-Westfalen zeigen strukturelle Anstrengungen, um Projektarbeit zu stärken. Im Schuljahr 2009/2010 wurde in Bayern das Konzept der reformierten gymnasialen Oberstufe im achtjährigen Gymnasium flächendeckend eingeführt (vgl. Internetquelle 2). In der Beschreibung der Grundlagen der neuen gymnasialen Oberstufe taucht Projektunterricht als zentraler Bestandteil auf. Die drei zentralen Anliegen der Oberstufe sind 1. die Sicherung von Kernkompetenzen, 2. die individuelle Schwerpunktsetzung und 3. die systematische Studien- und Berufsorientierung. Der dritte Aspekt wird wie folgt erläutert: »Wissenschaftsorientiertes sowie *praxisbezogenes Arbeiten an einem Projekt* [Hervorhebung d.d.V.] sind Kennzeichen des Unterrichts in zwei Seminaren und Grundlage einer umfassenden Studien- und Berufsorientierung« (Internetquelle 3). Die neu eingeführten sogenannten W- und P-Seminare (Internetquelle 4, S. 39) sollen demnach eine umfangreiche Studien- und Berufsorientierung sicherstellen. Im »Projekt-Seminar« ist Projektarbeit dabei die zentrale Unterrichtsform.

In NRW sind im Rahmen der neuen Strukturierung und inhaltlichen Ausgestaltung der gymnasialen Oberstufe die Vertiefungs- und Projektkurse neu geschaffen worden. Die beiden Kursformen »eröffnen Chancen, das Fächer- und Kursspektrum der bewährten Grund- und Leistungskurse um Kursformen zu erweitern, die flexibel, bedarfs- und interessenorientiert eingerichtet und gestaltet werden können« (Internetquelle 5, S. 5). Im Unterschied zu den Vertiefungskursen sind die Projektkurse grundsätzlich offen in ihrer Anlage hinsichtlich einzubeziehender Fächer, inhaltlicher Schwerpunktsetzungen und angestrebter Kompetenzen (vgl. Internetquelle 6). Die Vorgaben und Rahmenkonzeption der Projektkurse, die in der »Verordnung über den Bildungsgang und die Abiturprüfung (APO-GOSt)« festgelegt sind, geben allgemeine Hinweise bzgl. der Zielperspektiven und der inhaltlichen Ausrichtung:

> Mit der neu geschaffenen Möglichkeit des Angebots und der Einbringung von Projektkursen in die Gesamtqualifikation wird das Ziel verfolgt, Schülerinnen und Schülern verstärkt die Möglichkeit zu selbstständigem und kooperativem, projekt- und anwendungsorientiertem sowie ggf. fächerverbindendem und fächerübergreifendem Arbeiten zu ermöglichen. Fachlich angebunden an Referenzfächer können Schüler mit den neuen Projektkursen das eigene fachliche Profil schärfen, da in den einzelnen Projekten verstärkt wissenschaftspropädeutisches, praktisch-gestalterisches, expe-

rimentelles oder auch bilinguales Arbeiten ermöglicht wird, ohne dabei direkt curricularen bzw. abschlussbezogenen Zwängen unterworfen zu sein.

Trotz dieser exemplarisch aufgezeigten strukturellen Veränderungen, der positiven Aussagen über die Bedeutung von Projektarbeit in der didaktisch-theoretischen Literatur und der Forderungen aus Wirtschaft und Gesellschaft wird die Umsetzbarkeit von Projektarbeit und projektartigem Arbeiten an vielen Schulen und bei vielen Kollegen – insbesondere seit Einführung des Zentralabiturs – weiterhin mit Skepsis gesehen. Dies liegt vor allem daran, dass sich dem Projektunterricht als Lerngelegenheit viele Hemmnisse in den Weg stellen (vgl. u. a. Jung, 2005, S. 28):

- Die zeitliche Verdichtung des schulischen Lernens führt dazu, dass Unterrichtsphasen, die hinsichtlich eines angestrebten Outputs weniger genau kalkulierbar sind, in Frage gestellt werden. Der Unterricht ist auf die schnelle Übernahme von Faktenwissen fokussiert, was immer weniger selbstständig qualifizierendes, sozial erworbenes und in politischen Bezügen stattfindendes Lernen zulässt. Dieses ist aber für den Projektunterricht konstitutiv und bildet überdies eine wichtige Voraussetzung für ein demokratisch gestaltetes Gemeinwesen.
- Durch den von der Bildungspolitik initiierten Zug zu mehr und immer detaillierterer Erfassung und Bewertung der Lernergebnisse haben offenere Unterrichtsformen es schwer, sich zu legitimieren. Hier gibt es verschiedene Möglichkeiten der Bewertung, allerdings sind diese zeitaufwendig und bedürfen eigener Standards.
- Mit der Einführung des Zentralabiturs in NRW im Jahr 2007 haben viele Schulen gerade im Bereich der Sekundarstufe II den Anteil der Projektarbeit wieder stark eingeschränkt. Die Begründungen hierfür sind mannigfaltig. So sei beispielsweise der zu vermittelnde Unterrichtsstoff, der auf das Zentralabitur hinführen soll, nicht mit der Projektmethode vereinbar. Überdies drängen die zeitlichen Umstände sowie die Stofffülle die Projektphasen mit freieren Arbeitsanteilen immer mehr in den Hintergrund. Wenn für das Zentralabitur relevante Inhalte mit

der zeitaufwendigen Projektmethode erarbeitet werden, unterliegt dies einem starken Legitimationsdruck – besonders, wenn von einigen Didaktikern die Effektivität der Projektmethode als nicht hoch eingeschätzt wird (vgl. Diederich, 1994).
- Die schulischen Arbeitsräume sind oftmals nur auf den lehrerzentrierten Unterricht ausgelegt. Sie bieten strukturell nur schlechte Möglichkeiten für Einzel- oder Gruppenarbeit. Schon die räumliche Gestaltung der Schulen ist wenig auf andere Arbeitsformen eingerichtet. Ein weiteres Hindernis stellen die starren Zeitstrukturen dar.
- Auch mit dem Projektunterricht gelingt es nicht immer, hohe Erwartungen zu realisieren und damit auch gegenwärtige Probleme der Schulentwicklung zu lösen. Lehrer genauso wie Schüler wenden sich dann enttäuscht von dieser Unterrichtsform ab.

Es gibt zwei übergreifende Antworten auf die Frage nach den Gründen für den Widerspruch zwischen der theoretisch-normativen Wertschätzung und der praktischen Umsetzung von Projektunterricht. Erstens scheitert die konkrete Realisierung daran, dass Schulen wie auch Universitäten keinen adäquaten strukturellen Rahmen für dessen Umsetzung schaffen. Lässig und Pohl bringen dies auf den Punkt:

> Eine der größten Barrieren, die sich vor Projekten aufrichten, ergibt sich aus den Lern- und Ausbildungssystemen selbst: Projektunterricht einerseits, Regelschulen und Universitäten andererseits – das erscheint prinzipiell wie Feuer und Wasser. Geht man mit Dagmar Hänsel davon aus, dass der Projektunterricht das verschulte, von der Lebenspraxis abgeschnittene, in Fächer aufgespaltene, unfreie Lernen durch ein selbstbestimmtes Lernen ersetzen sollte, dann stößt sich diese Methode von vornherein an der starren – nach wie vor autoritären – Struktur und am grundsätzlich disziplinären Zuschnitt der deutschen Schule, aber auch der Universität. In Schule und Hochschule gibt es ein festgelegtes ›oben‹ und ›unten‹ […] (Lässig & Pohl, 2007, S. 11).

Die Problematik liegt demnach also nicht primär auf der konkreten Ebene einzelner Projekte oder Projektkurse, sondern betrifft einen viel weiteren, eher strukturellen Bereich, der sich z. b. mit der Tatsache einer häufig fehlenden »Projektkultur« umschreiben lässt (vgl. Emer & Rengstorf, 2010). Zweitens wird der Projektunterricht als anspruchsvolle Lehr- und Lernform in der Lehrerausbildung nicht gleichberechtigt neben den anderen Unterrichtsformen eingeführt; es gibt kein systematisches Lernen des Lehrens in diesem Bereich. Ebenso finden sich im Bereich der Fort- und Weiterbildung keine systematischen Unterstützungsstrukturen, die Lehrende auf das Unterrichten in dieser Unterrichtsform vorbereiten bzw. weiterbilden. Dieser zweite Bereich wird im Folgenden näher in den Blick genommen.

5. Erwerb von Projektkompetenz und Professionalisierung der Lehrerrolle im Projektunterricht – Vorstellung eines Rahmenmodells für Professionalisierungsprozesse

Die Einführung von Bildungsstandards, der Anspruch, fachliche und überfachliche Basiskompetenzen im Sinne des Literacy-Konzepts zu vermitteln, der Paradigmenwechsel von der In- zur Outputorientierung und die unterrichtliche Kompetenzorientierung fordern nicht nur Veränderungen in der laufenden Praxis und in schulischen Strukturen, sondern ebenso in der Ausbildung derjenigen, die in Zukunft diese neue Praxis erfolgreich tragen sollen. Die tiefgreifenden Reformen in der Lehrerbildung, in der die einzelnen Ausbildungsphasen in ihrer Funktion neu aufeinander abgestimmt werden, ist als Antwort auf diese Forderungen zu sehen. Zentrale Punkte der Reformbemühungen bestehen dabei u. a. in der Verortung von Praxisanteilen und der Bestimmung von Aufgaben der neuen »Zentren für schulpraktische Lehrerausbildung« (ZfsL). So sei beispielhaft erstens genannt, dass die vier universitären Praxisanteile (Eignungs-, Orientierungs- und Berufsfeldpraktikum sowie das Praxissemester) als kontinuierlicher, verknüpfter Prozess mit dem Begleitinstrument eines Portfolios konzeptionalisiert werden und zweitens, dass die ZfsL ein von Noten unbeeinflusstes Coaching durchführen sollen.

Die Debatte um die Verbesserung der Lehrerausbildung ist die notwendige Folie für die hier interessierenden Fragen, wie Lehrer besonders gut befähigt werden können, Projektunterricht zu planen, durchzuführen und zu reflektieren. Professionelles Lehrerhandeln stellt den zentralen Orientierungspunkt dar, wenn Ziele für die Lehrerbildung formuliert werden sollen. Dies geschieht hier mit Blick auf den Projektunterricht, der als eine zu anderen Unterrichtsformen differente Lerngelegenheit charakterisiert wird. Dabei richtet sich Professionalisierung allerdings grundsätzlich nicht auf einzelne Unterrichtsformen, seien es nun Lehrgang, Projektunterricht oder Trainingseinheit. Die professionellen Fähigkeiten eines Lehrers lassen sich nicht auftrennen nach Unterrichtsarten, sondern werden in jeweils unterschiedlich akzentuierter Form benötigt.

Lern- und Professionalisierungsprozesse auf Lehrerseite folgen nicht einem linearen Muster, ableitbar aus spezifischen Unterrichtssituationen und -anforderungen. Stattdessen erfolgt die Entwicklung pädagogischer Professionalität in einem komplexen Gefüge der Bezugssysteme Wissenschaft, Praxis und Person (siehe Abb. 2). Dieses Gefüge bildet einen heuristischen Rahmen, mit dessen Hilfe Ziele für die unterschiedlichen Phasen der Lehrerbildung konkretisiert und Ausbildungssituationen hinsichtlich ihrer Qualität beurteilt werden können.

Die Entfaltung und Entwicklung der Lehrerprofessionalität innerhalb der Bezugssysteme Wissenschaft, Praxis und Person arbeiten Weyland (2010) in ihrer Dissertation und Weyland und Wittmann (2010) in der »Expertise. Praxissemester im Rahmen der Lehrerbildung. 1. Phase an hessischen Hochschulen« systematisch aus. Besonders wichtig erscheint in diesem Rahmenmodell die Erkenntnis, dass die drei Systeme sowohl jeweils für sich eine Einheit bilden als auch in gegenseitigen Wechselbeziehungen zueinander stehen. Die Bezugssysteme folgen ergo einer eigenen inneren Logik und unterliegen bestimmten spezifischen Prinzipien bzgl. der individuellen Entwicklung einer Person. Dies spiegelt sich auch in den dort jeweils erworbenen Wissensformen:
- Wissenschaft: generalisiertes theoretisches Begründungs-/Reflexionswissen,
- Praxis: praktisches und pragmatisches Handlungs-/Erfahrungswissen,
- Person: einzelfallbezogenes (Selbst)Reflexionswissen.

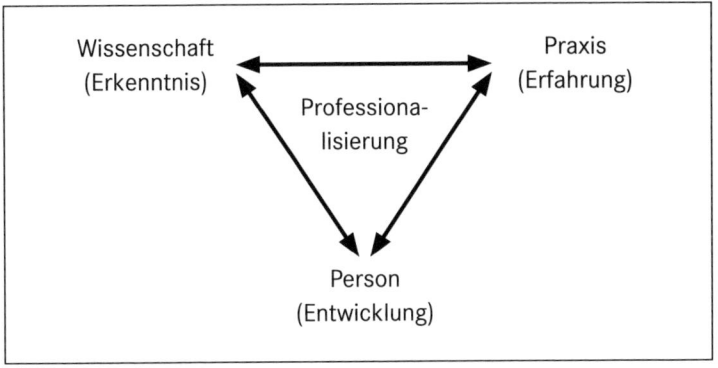

Abb. 2: Bezugssysteme und Wissensformen im Professionalisierungsprozess (Weyland, 2010, S. 320)

Hier wird auf den ersten Blick sichtbar, dass die lange Zeit als Ziel verfolgte Verwissenschaftlichung der Lehrerbildung mit dem Ziel der Qualitätsverbesserung in der Schule abgelöst worden ist von einer komplexeren Sicht, in der die drei Dimensionen gleichgewichtig nebeneinander stehen und v. a. auch deren Interaktion berücksichtigt wird. Eine besondere Bedeutung verdient dabei die oftmals vernachlässigte Rolle der Lehrperson und deren persönlicher Entwicklung, die Bayer, Carle und Wildt schon 1997 betonten:

> Gegenüber der Dominanz von Wissenschaft und Praxis als Bezugssysteme herkömmlicher Lehrerbildung ist der ›Eigensinn‹ der Person in der Lehrerbildung zu behaupten. Auf dem Weg vom Novizen zur entwickelten Professionalität geht es immer auch um persönliche Autonomie, Distanznahme gegen vorgegebene Praxis, Erhalt von Identität und Engagement. Zu lernen, sich selbst in der pädagogischen Situation zu reflektieren, ist schon deshalb erforderlich, weil – um mit Hentig zu sprechen – der ›Lehrer das Curriculum‹ ist. (Bayer, Carle & Wildt, 1997, S. 9).

Von Weyland wird die »Reflexion« als Leitlinie für die Professionalisierung herausgestellt, die neben der Weiterentwicklung der eigenen Persönlichkeit auch zu einer Durchdringung der gegenseitigen Verstrickung der Bezugssysteme helfen soll: »es geht um die Reflexion über Praxis, die Reflexion über Wissenschaft und die Reflexion über die eigene Person« (Weyland & Wittmann, 2010, S. 22).

Dieses übergreifende »Professionalisierungsdreieck« kann als heuristischer Rahmen dienen, um für den Projektunterricht spezifische Ausbildungs- und Anforderungssituationen zu entwickeln und diese auf ihre Wirksamkeit und Bedeutsamkeit hin zu überprüfen. Die folgende Abbildung stellt eine Möglichkeit der Konkretisierung zentraler Anforderungen für die Entwicklung von Projektkompetenz dar, die auf Basis der Evaluation eines Seminars an der Universität Bielefeld zur Einführung in die Projektdidaktik mit integrierter Praxisphase entwickelt wurde (für die Beschreibung des Seminarkonzepts siehe den Beitrag von Boller, Rengstorf, Schumacher & Thomas, in diesem Band).

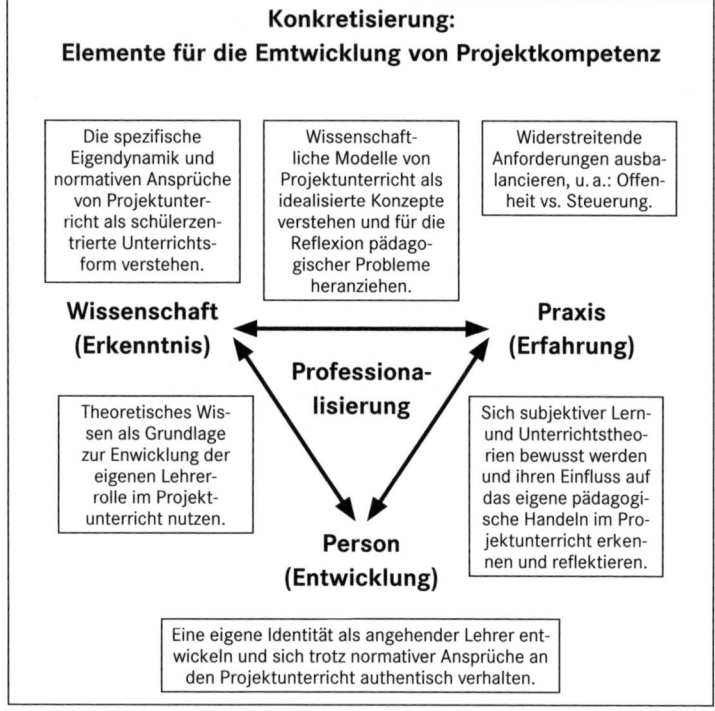

Abb. 3: Exemplarische Konkretisierung des heuristischen Rahmenmodells von Weyland (2010, S. 320) für die Professionalisierung im Projektunterricht

In der Abbildung, die exemplarisch einzelne Elemente von Projektkompetenz benennt, wird deutlich, dass sich (projektunerfahrenen) Lehrern spezifische Anforderungen sowohl innerhalb als auch im Spannungsfeld zwischen den einzelnen Bezugssystemen stellen. Ein Beispiel für Ersteres besteht etwa darin, seine eigene Identität als Lehrer zu entwickeln und dabei nicht zwanghaft zu versuchen, normative Ansprüche zu erfüllen, sondern den eventuell vorhandenen Wunsch nach Eigenaktivität und Kontrolle zu erkennen, zu reflektieren und zu den normativ wahrgenommenen Anforderungen in Beziehung zu setzen, um sich so letztendlich weiterzuentwickeln. Ein Beispiel für eine Anforderungssituation im Spannungsfeld von Praxis (Erfahrung) und Person besteht darin, sich eigener subjektiver Theorien bewusst zu werden und zu reflektieren, welche Auswirkungen diese auf das eigene Handeln haben.

Auf Grundlage solcher konkretisierter Rahmenmodelle, in denen Anforderungssituationen auch im Sinne von Kompetenzen ausdifferenziert werden könnten, lassen sich Lernarrangements zur systematischen Förderung von Projektkompetenz und des professionellen Erlernens der Lehrerrolle entwickeln, durchführen und evaluieren.

6. Kompetenzorientierung in der zweiten Phase der Lehrerausbildung im Zusammenhang mit Projektunterricht

Die Frage nach Professionalisierung ist unmittelbar gekoppelt an die Diskussion um den Erwerb von Kompetenzen. In den KMK-Vorgaben werden die Anforderungen des beruflichen Handelns als Grundlage genommen, um Kompetenzen mit zugeordneten Standards zu formulieren. Entgegen der weitläufigen Meinung, dass die strikte Orientierung an Standards, Kompetenzen und zentralen Prüfungen einer Schwerpunktsetzung auf Projektunterricht in einzelnen Phasen der schulpraktischen Ausbildung widerspreche, lässt sich diese gut begründen durch die Herstellung von Bezügen zwischen einzelnen Kompetenzbereichen, die meist relativ abstrakt formuliert sind, auf der einen und Projektunterricht im Sinne einer möglichen Konkretisierung auf der anderen Seite. Dies soll im Folgenden exemplarisch aufgezeigt werden.

Im Kompetenzbereich »Unterrichten«[1] lautet Kompetenz 2:

> Lehrerinnen und Lehrer unterstützen durch die Gestaltung von Lernsituationen das Lernen von Schülerinnen und Schülern. Sie motivieren Schülerinnen und Schüler und befähigen sie, Zusammenhänge herzustellen und Gelerntes zu nutzen.

Hier finden sich in den Standards für die praktischen Ausbildungsabschnitte die Anforderungen, erstens dass »die Absolventinnen und Absolventen unterschiedliche Formen des Lernens an[regen] und [sie] unterstützen«, und zweitens dass sie »Lehr-Lernprozesse unter Berücksichtigung der Erkenntnisse über den Erwerb von Wissen und Fähigkeiten [gestalten].« Der Bezug zum Projektunterricht kann zum einen dadurch hergestellt werden, dass Projektunterricht als wichtige und lohnenswerte Lernform erkannt und geschätzt wird. Zum anderen ist Projektunterricht prädestiniert für eine Gestaltung von Lehr-Lernprozessen unter Berücksichtigung lerntheoretischer Erkenntnisse, die die Bedeutung selbstbestimmter Lernprozesse für eine erfolgreiche und langfristige Wissensaneignung hervorheben.

In Kompetenz 3 ist der Bezug noch offensichtlicher: »Lehrerinnen und Lehrer fördern die Fähigkeiten von Schülerinnen und Schülern zum selbstbestimmten Lernen und Arbeiten.« Die formulierten Standards entsprechen zentralen Kriterien für die Projektarbeit (vgl. Kap. 1):

> Die Absolventinnen und Absolventen
> – vermitteln und fördern Lern- und Arbeitsstrategien und
> – vermitteln den Schülerinnen und Schülern Methoden des selbstbestimmten, eigenverantwortlichen und kooperativen Lernens und Arbeitens.

Diese Anforderungen an Lehrerhandeln spiegeln sich dann auch in den Erwartungen an die Fachleiter, wie sie auszubildende Referendare bewerten sollen. So heißt es z. B. in einem »Vorschlag für den

---

1 Die folgenden Zitate beziehen sich alle auf die von der KMK vorgegebenen Standards, die im Internet einsehbar sind: Internetquelle 7.

Aufbau und Anregungen für die Ausgestaltung eines kompetenzorientierten Ausbildungslehrergutachtens« des Studienseminars für Lehrämter an Schulen in Paderborn:

> Anregungen zur Erstellung einer kompetenzorientierten Beurteilung [...]
> Lehrerfunktion: Unterrichten
> Kompetenz 1: Grundlegende Kenntnisse, Fähigkeiten, Fertigkeiten und Methoden adressatengerecht vermitteln [...]
> Standard 2: ein breites Repertoire unterschiedlicher Unterrichtsformen einsetzen [...]
> Standard 5: selbstständiges Lernen, den Einsatz von Lernstrategien und die Fähigkeit zu deren Anwendung in neuen Situationen fördern.

Die Standards 2 und 5 lassen sich unmittelbar auf Projektunterricht beziehen, da dieser eine der möglichen differenten Unterrichtsformen ist, die es, wie in 2 gefordert, gilt umzusetzen und die genuin für das Erreichen der Ziele unter 5 geeignet sind.

Obwohl die Kompetenzorientierung in der zweiten Phase der Lehrerbildung somit viele Anknüpfungspunkte für den Projektunterricht bietet und dieser sich aufgrund seiner Besonderheiten (und damit einhergehend seines spezifischen Anforderungsprofils an die Lehrperson) besonders gut für den Erwerb bestimmter Kompetenzen zu eignen scheint, wird das Potenzial dieser Unterrichtsform in diesem Rahmen bislang kaum ausgeschöpft.

Fazit

Anknüpfend an die fünf Thesen der Fachtagung in Hamburg im Oktober 2011 soll die hier erfolgte weitere inhaltliche Entfaltung des Themas »Projektunterricht in der Lehrerbildung und Bildungsdiskussion« abschließend in wenigen Aussagen zugespitzt werden:
- In der didaktischen Literatur ist Projektunterricht klar definiert.
- Der Bildungswert von Projektunterricht ist unstrittig.
- Die Praxissituation des Projektunterrichts als Lerngelegenheit hat sich zwar in den letzten Jahren verbessert, es besteht aber weiterhin dringender Entwicklungsbedarf.

- Die Professionalisierung für Projektunterricht ist im Zusammenhang grundsätzlicher Konzepte zur Professionalisierung von Lehrern zu sehen.
- Innerhalb der aktuellen Kompetenzkataloge (KMK-/Beurteilungsvorgaben) finden sich deutliche Bezüge zum Projektunterricht, die bislang jedoch kaum Beachtung finden.
- Hauptthese: Es braucht auf der Basis gesicherter Informationen eine verantwortliche Umsetzung einer kontinuierlichen Aus- und Fortbildung im Bereich Projektunterricht und selbstbestimmten Lernens.

Die Beiträge in diesem Band sollen hierzu einen Beitrag leisten!

Literatur

Bayer, M., Carle, U. & Wildt, J. (1997). Editorial. In M. Bayer, U. Carle & J. Wildt (Hrsg.), *Brennpunkt: Lehrerbildung. Strukturwandel und Innovationen im europäischen Kontext* (Schriften der DGfE; Beiträge zum 15. Kongress der DGfE an der Martin-Luther-Universität in Halle-Wittenberg 1996) (S. 7–16). Opladen: Leske + Budrich.

Beutel, W. & Himmelmann, G. (2005). Erfahrungen mit Projekten machen! Zur Aktualität von Konzepten des Demokratie-Lernens. In V. Reinhardt (Hrsg.), *Projekte machen Schule* (S. 90–107). Schwalbach: Wochenschau.

Bildungskommission NRW (1995). *Zukunft der Bildung – Schule in der Zukunft*. Neuwied: Luchterhand.

Boller, S., Rengstorf, F., Schumacher, C. & Thomas, C. (2013). Professionalisierung durch und für Projektunterricht in der universitären Lehrerbildung. Ergebnisse eines handlungs- und reflexionsorientierten Seminars zur Einführung in die Projektdidaktik an der Universität Bielefeld. *In diesem Band*.

Diederich, J. (1994). Zweifel an Projekten – Eine reformpädagogische Idee und ihr Pferdefuß. *Friedrichs Jahreshefte XII*, 92–94.

Duncker, L. (1997). Soziale Phantasie und verantwortliches Handeln. Chancen für das Lernen im Projektunterricht. In W. Emer, D. Lübbeke & A. Wenzel (Hrsg.), *Erstes bundesweites Projektforum 1994* (S. 4–15). Bielefeld: Oberstufen-Kolleg.

Duncker, L. & Götz, B. (1988). *Projektunterricht als Beitrag zur inneren Schulreform* (2. Auflage). Langenau: Vaas.

Edelstein, W. & Fauser, P. (2001). *Demokratie lernen und leben. Gutachten zum Programm* (Bund-Länder-Kommission für Bildungsplanung und Forschungsförderung (BLK)). Bonn: BLK, Geschäftsstelle.

Emer, W. & Lenzen, K.-D. (2009). *Projektunterricht gestalten – Schule verändern* (3. Auflage). Baltmannsweiler: Schneider-Verlag Hohengehren.

Emer, W. & Rengstorf, F. (2010). Bedeutung einer Projektkultur an Schulen und ihre Merkmale. *TriOS*, (2), 17–22.
Eyerer, P. (2000). *Theoprax – Bausteine für lernende Organisationen*. Stuttgart: Klett-Cotta.
Hänsel, D. (1997). *Handbuch Projektunterricht*. Weinheim: Beltz.
Jung, E. (2005). Projektpädagogik als didaktische Konzeption. In V. Reinhardt (Hrsg.), *Projekte machen Schule* (S. 13–34). Schwalbach: Wochenschau.
Klafki, W. (1985). *Neue Studien zur Bildungstheorie und Didaktik. Allgemeinbildung und kritisch-konstruktive Didaktik*. Weinheim: Beltz.
Lässig, S. & Pohl, K. H. (2007). Projekte statt Paukerei? Historisches Lernen im 21. Jahrhundert. In S. Lässig & K. H. Pohl (Hrsg.), *Projekte im Fach Geschichte* (S. 5–17). Schwalbach: Wochenschau.
Meyer, H. (1994). *Unterrichtsmethoden* (6. Auflage). Frankfurt a. M.: Cornelsen Scriptor.
Ravitz, J. (2008). *Project Based Learning as a Catalyst in Reforming High Schools*. Buck Institute for Education. Verfügbar unter http://www.newtechnetwork.org/sites/default/files/news/aera_ pbl_2008.pdf [12.01.2013].
Steiner, W. & Emer, W. (2007). Demokratiepädagogik und Projektlernen. In *Demokratie erfahrbar machen – demokratiepädagogische Beratung in der Schule* (S. 51–73). LISUM Berlin-Brandenburg.
Suin de Boutemard, B. (1986). Projektunterricht – Geschichte einer Idee, die so alt ist wie unser Jahrhundert. In J. Bastian, & H. Gudjons (Hrsg.), *Das Projektbuch I* (S. 62–77). Hamburg: Bergmann und Helbig.
Thomas, J. W. (2000). *A Review of research on project-based learning*. Verfügbar unter www.bobpearlman.org/BestPractices/PBL_Research.pdf [12.01.2013].
Weyland, U. (2010). *Zur Intentionalität Schulpraktischer Studien im Kontext universitärer Lehrerausbildung* (Dissertation). Paderborn.
Weyland, U. & Wittmann, E. (2010). *Expertise. Praxissemester im Rahmen der Lehrerbildung. 1. Phase an hessischen Hochschulen*. Frankfurt a. M.: DIPF.

Internetquellen

Internetquelle 1: http://prezi.com/inzyuboyqxnc/projektlernen/[09.06.2013].
Internetquelle 2: http://www.bildunginbayern.de/bib/upload/downloads/pdf/ P-Seminar_Flyer.pdf [Stand: 27.03.09].
Internetquelle 3: http://www.gymnasium.bayern.de/gymnasialnetz/oberstufe/ grundlagen/[Stand: 08.04.09].
Internetquelle 4: http://www.isb.bayern.de/isb/download.aspx?Download FileID=00ee06f0204032a a3d13a9fada8d0eea, S. 39 [Stand: 27.03.09].
Internetquelle 5: http://www.standardsicherung.schulministerium.nrw.de/ cms/upload/vertiefungs faecher/Vertiefungsfaecher_ef.pdf [09.06.2013].
Internetquelle 6: http://www.standardsicherung.schulministerium.nrw.de/ cms/projektkurse_sii/teil-a-vorgaben-und-rahmen/ [09.06.2013].
Internetquelle 7: http://www.kmk.org/fileadmin/veroeffentlichungen_ beschluesse/2004/2004_12 _16-Standards-Lehrerbildung.pdf [09.06.2013].

Wolfgang Emer
Historische Entwicklungslinien von Projektunterricht und Projektdidaktik in der BRD

Das Konzept einer Praxisgeschichte

Zur Vergewisserung des historischen Standorts von Projektunterricht und Projektdidaktik soll im Folgenden ein Blick in deren schulische Praxisgeschichte der BRD geworfen werden, in der diese aus den USA stammende Unterrichtsart und -methode eine mehr oder weniger intensive Realisierung erfuhr und immer noch erfährt.

Bisher ist in den wissenschaftlichen Darstellungen zur Geschichte des Projektunterrichts vorrangig die konzeptionelle Ebene beschrieben worden. Im Vordergrund standen die Theorien großer Pädagogen, die akademische Konzeptdiskussion (Begriff, Merkmale, Ziele etc.) und die didaktischen Entwürfe.

In die pädagogische Praxis an den Schulen wurde meist nur anhand exemplarischer Projektbeschreibungen hinabgeleuchtet, wenn sie in Handbüchern (vgl. Hänsel, 1997; Bastian & Gudjons, 1986) oder in Einzelberichten meist gelungener Projekte, z. B. in Fachzeitschriften (z. B. betrifft:erziehung; päd. extra; Westermanns pädagogische Beiträge; Pädagogik; Praxis Geschichte; Geschichte lernen), zu Wort kam. Oft haben die Darstellungen dabei einen anregenden, beispielgebenden bis illustrativen, weniger einen praxisreflektierenden bzw. -entwickelnden Charakter.

Eine Geschichte der theoretischen Konzeptentwicklung ausgehend von Dewey und Kilpatrick (1935) bis zur universitären Erforschung und Entfaltung soll hier nicht dargelegt werden. Sie wird beispielsweise in Publikationen von Suin de Boutemard (1986), Frey (1982), Knoll (1984), Emer und Lenzen (2009) entfaltet. Bei der Skizzierung der Praxisgeschichte des Projektunterrichts soll der Aspekt der

Professionalisierung von Lehrern für diese Unterrichtsform berücksichtigt werden. Beim jetzigen Stand der Forschung kann hier nur ein erster Einblick geliefert werden. Eine ausführliche Praxisgeschichte der Umsetzung von Projektdidaktik sowie ihrer Berücksichtigung in der Professionalisierung der Lehrer bleibt ein Forschungsdesiderat.[1]

Unter dem Begriff Praxisgeschichte sollen hier Entwicklungstrends in der Projektpraxis verstanden werden, wie sie in Eigenveröffentlichungen der Schulen, überschulischer Arbeitsgruppen – wie z. B. der Gemeinnützigen Gesellschaft Gesamtschule (GGG), Initiativgruppen der GEW, Projektbüros –, in ministeriellen Schriften und denen von Elterninitiativen, in Praxisreflexionen Einzelner und in Äußerungen des Vereins für Projektdidaktik sichtbar werden. Dieses zum Teil ›graue Material‹[2] ist von der Theorie, abgesehen von Werken mit starkem Praxisbezug (Heller & Semmerling, 1983; Bastian & Gudjons, 1990), bisher kaum rezipiert worden. Die in diesem Material sichtbare Praxis hat sich in ihrer Eigendynamik zum Teil neben der universitären Theorie entwickelt, diese beeinflusst und sich von ihr beeinflussen lassen, ohne dass dies immer wahrgenommen und reflektiert worden wäre.

Die dargelegte Geschichte der Praxis des Projektunterrichts erhebt keinen Anspruch auf Vollständigkeit. Sie ist im Wesentlichen auf die nord- und westdeutsche Entwicklung in der Sekundarstufe I und II fokussiert und kann hier nur für die Zeit ab den 70er-Jahren in der BRD skizziert werden, weil mir nur dafür Dokumente und eigene Erfahrungen vorliegen. Bis zu dieser Zeit hat es besonders im Bereich der Grund- und Hauptschulen sowie in der beruflichen Bildung ›Vorhaben‹ sowie handlungs- und produktorientiertes Lernen gegeben. An

---

1 Bisher haben dazu m.W. nur Emer/Lenzen eine erste Untersuchung vorgelegt: Vgl. Emer/Lenzen, 2009, S. 21–31. Es gibt zur Praxisgeschichte bisher auch keine Untersuchungen in Schularchiven, sofern solche vorhanden sind. Beispielsweise hat das Oberstufen-Kolleg Bielefeld zum Projektunterricht ein umfangreiches Archiv angelegt, das bisher nicht ausgewertet wurde. Für die Umsetzung von Projektdidaktik in der Lehrerbildung gibt es m.W. bisher kaum spezifische Literatur. Eine erste Sondierung zum Referendariat bei Goetsch, 2000, S. 57.

2 Unter grauem Material werden hier nicht durch ISBN registrierte Publikationen verstanden.

den Gymnasien gab es in Arbeitsgruppen (Theater, Musik) zum Teil zielorientiertes Arbeiten auf eine Schulveranstaltung hin (Theateraufführung, Konzert). Diese mehr der Vorhabenpädagogik verbundenen Ansätze bezogen sich jedoch nicht explizit auf eine Projektmethode.

Folgende Entwicklungsphasen lassen sich abgrenzen und werden dann jeweils genauer beschrieben:

1. Startphase: Projektunterricht als alternative Lernform (1975 bis Anfang der 1980er-Jahre)
2. Krise der Projektwochen (Mitte der 1980er-Jahre)
3. Überwindung der Krise: Innere Schulreform, Öffnung und Vernetzung der Projektpraxis (ca. 1983 bis Anfang 1990er-Jahre)
4. Methodisch-didaktische Differenzierung (ab 1990)
5. Die Notwendigkeit von Professionalisierung und Fortbildung (1990er-Jahre)
6. Schulentwicklung und Institutionalisierung (Ende 1990er-Jahre bis in die Gegenwart).

1. Startphase: Projektunterricht als alternative Lernform (1975 bis Anfang der 1980er-Jahre)

Das von der Redaktion der Zeitschrift »betrifft: erziehung« veröffentlichte Bändchen »Projektorientierter Unterricht« (vgl. Geisler, 1976) war so etwas wie ein theoretischer Startschuss der praktischen Beschäftigung mit dem Projektunterricht. Der Gesamtschulbewegung kommt das Verdienst zu, das Konzept des Projektunterrichts in der Tradition von Dewey auf dieser Grundlage rezipiert und umgesetzt zu haben, zunächst hauptsächlich in Projektwochen (»ProWos«). Die besonders früh gegründeten und engagierten Gesamtschulen, wie z. B. Dortmund-Scharnhorst und Köln-Holweide, bauten Projektwochen in ihr didaktisches Schulkonzept ein. Im Rahmen der GGG (Gemeinnützige Gesellschaft Gesamtschule) entstand dann die Bundesarbeitsgruppe Projektwochen unter der Leitung von Albert Heller und Rüdiger Semmerling, die 1983 ihre Erfahrungen im »Prowo-Buch« kondensierten (vgl. Heller & Semmerling, 1983). Diese Arbeitsgruppe war ab 1977 auf den Gesamtschulkongressen präsent und wurde ab 1979 vom Bundesministerium für Bildung und Wissenschaft (BMBW) gefördert.

Eine von der Arbeitsgruppe 1980 erhobene Statistik, die sich auf 75 Gesamtschulen bezog, zeigte, dass ab 1975/76 ein Ansteigen der Projektwochen auf etwa 50 % der befragten Schulen zu bemerken ist (Heller & Semmerling, 1983, S. 55). Die Schulen gingen dabei stärker von praktischen Innovationsabsichten und Impulsen als von der Umsetzung der Projekttheorie aus, die sich zu diesem Zeitpunkt auch noch auf wenige Titel (z. B. Geisler, 1976; Struck, 1980; Frey, 1982) beschränkte: »Wenn wir die Entwicklung der ProWos an deutschen Schulen verfolgen, so fällt uns jedoch auf, dass die stärksten Handlungsimpulse von konkreten beobachtbaren Versuchen ausgingen und nicht so sehr von der Umsetzung bestimmter pädagogischer Ideen, wie sie bei Kilpatrick und Dewey zu finden sind«, schreiben Heller und Semmerling (1983, S. 25).

Die ProWos bezogen sich »provozierend« (ebd., S. 7) auf die Schulmüdigkeit einer neuen Jugendkultur (»no future«, »kein Bock«), die auf festgefahrene Lernorganisationen reagierte. So hoffte man, die zum Stillstand gekommene Bildungsreform und die bürokratischen Restriktionen zu überwinden und die Projektwochen als Teil einer inneren, Schule verändernden Reform zu nutzen, »als ein Weg zur Entwicklung alternativer Lernformen« (ebd., S. 53), »ein Weg zur Entschulung« (ebd., S. 94). Schülerinteressen, Spaß, Selbstorganisation, Spontaneität, Kreativität und Förderung von Lebensperspektiven standen dabei im Vordergrund. Dies konnte an den Gesamtschulen mit ihrem »Versuchs-Know-How« (ebd., S. 54) eher als an anderen Schulformen in Angriff genommen werden (ebd., S. 57 ff.).

Teilweise wurde Projektunterricht als Mittel für gesellschaftspolitische Auseinandersetzungen übernommen, radikalisiert und als Kampfinstrument gegen die verkrusteten Schulstrukturen eingesetzt. Vertreter dieses Ansatzes sahen sich im Widerspruch zum herrschenden System; ihre Vorstellungen reichten bis zu Aussagen wie: »Projektorientiertes Lernen sprengt den Rahmen der Schule« (Stubenrauch, 1976, S. 12). Die Praxis blieb bei aller theoretischen Radikalität jedoch, von den Problemen des Alltags und den anders gelagerten Schülerinteressen geprägt, nüchterner.

Die anderen Schulformen nahmen nach anfänglicher ideologischer oder praktischer Distanz allmählich Notiz von der Attraktivität der Projektwochen an Gesamtschulen und entdeckten, beeindruckt von sinkenden Schülerzahlen, Projektunterricht als Werbeträger. Oft räumten sie ihm allerdings nur einen Randplatz im Gefüge der Lernformen ein, meist am Schuljahresende. Dort wurde er zum Teil wenig ernst genommen und degenerierte zur »Bonbonpädagogik« (Duncker & Götz, 1984, S. 34). Diese Art von Projektwochen war oft geleitet von theoretischer Konzept- und Anspruchslosigkeit sowie von der Orientierung an vordergründigen Freizeitinteressen der Schüler. Typisch dafür ist die durchaus ernst gemeinte Projektwoche an einem Bielefelder Gymnasium in den achtziger Jahren, über die eine Lokalzeitung unter dem Titel »Surfbrettbauen für Jungen, Stricken für Mädchen« berichtete.

Eine Professionalisierung und Qualifizierung der Lehrkräfte für Projektunterricht fand in dieser Phase ansatzweise schulintern an Gesamtschulen und angeregt durch die GGG mit ihren Kongressen und Initiativen statt. Ansonsten wurde Professionalisierung in der Projektdidaktik in der Lehrerausbildung nicht verankert, blieb ein marginales Randthema für mutige Fachleiter und Referendare.

2. Krise der Projektwochen (Mitte der 1980er-Jahre)

Seit Mitte der 80er-Jahre trat mit dem Projektunterricht in der vorrangigen Form der Projektwochen eine Ermüdung auf. Kritische Stimmen in den Kollegien (Was lernt man da eigentlich?), die Unverbundenheit der Projektwochen mit dem übrigen Unterricht (Randlage, wenig inhaltlicher Input und Reflexion), die unklare Konzeptualisierung (Was ist überhaupt ein Projekt?) und die mangelnde institutionelle Verankerung (keine ›Fachkonferenz‹ ist zuständig) führten zu einer Krise der Unterrichtsform Projektwoche. 1984 warnte Jochen Grell in einer provozierenden Rezension zu dem Prowo-Buch von Heller und Semmerling (1983) unter dem Titel »Müssen Projektwochen verboten werden?« vor überzogenen Erwartungen an diese Form des Projektunterrichts: »Gute Ideen sind prima. Aber die trivialen infrastrukturellen Zeit-, Raum- und Personaldefizite lassen sich wohl besser durch Geld als durch Ideen beseitigen« (Grell, 1984, S. 13 f.). Dennoch sah er in den Projektwochen einen Weg, Unterricht lebendiger zu machen und den Fächeregoismus zu überwinden. Auch die Autoren des Prowo-Buchs haben schon gesehen, dass Projektunterricht nicht bei der Projektwoche stehen bleiben darf, sondern mit dem übrigen Unterricht verzahnt werden muss (Heller & Semmerling, 1983, S. 92).

Die Schulverwaltung NRW schaltete sich mit Verfügungen ein, die die neue Unterrichtsart näher bestimmen, verorten und zeitlich auf »einen oder mehrere Tage« begrenzen sollten (vgl. Philologen-Verband Nordrhein-Westfalen, 1984, S. 284 f.) und sie in einer ministeriellen Handreichung für das Gymnasium ihrer Kontrolle unterwarf. Für Projektwochen, die möglichst nur alle zwei bis drei Jahre stattfinden sollten, wurden die Schulen angehalten, für eine »Vorabinformation der Dezernenten« zu sorgen, einen »Antrag […] an die Schulaufsicht« zu stellen und eher projektorientiertes Arbeiten in den Fächern zu fördern. Fachtage dazu sollten aber auch nur einen Tag dauern, wie einer Handreichung »Projektorientiertes Arbeiten am Gymnasium« (Ministerium für Schule und Weiterbildung NRW, 1990) zu entnehmen ist. Andere Bundesländer wie Hamburg (Richtlinien Sek. I von 1985) und Berlin (1989) waren mit ihren Regelungen durchaus liberaler.

Die Veränderung des Schulalltags durch Projektwochen rief auch die Landeselternschaft der Gymnasien NRW auf den Plan. Sie gaben 1990 zur Projektwoche eine »Elterninformation für die Praxis« heraus. Dort wurde zwar über die Intention der neuen Unterrichtsform informiert und die mögliche »Belebung der Unterrichtsroutine« betont, aber gleichzeitig vor »›blindem‹ Aktionismus« gewarnt und der wissenschaftspropädeutische Bildungsauftrag des Gymnasiums als Orientierungsrahmen gesetzt. Zugleich wurde hervorgehoben, dass »die Planung einer Projektwoche rechtzeitig der unteren Schulbehörde mitzuteilen sei« (Mitteilungsblatt der Landeselternschaft, 1990a, S. 4 ff.).

Im Mai wurde der Vorstoß der Landeselternschaft der Gymnasien noch durch ihre Mitgliederversammlung u. a. zum Thema »Projektwoche – vertane Zeit oder zeitgemäßer Unterricht?« verstärkt. Nach zwei Referaten, u. a. eines von einem Ministerialrat aus dem Kultusministerium, wurde in einer Zusammenfassung der Versammlung trotz möglicher »erzieherischer Erfolge« durch diese Unterrichtsform deren zeitliche Eingrenzung (»höchstens alle 2–3 Jahre« eine Projektwoche) und die Orientierung an den Fachrichtlinien sowie eine

Beratung durch die Schulaufsicht gefordert. Die Notwendigkeit, projektorientierten Unterricht in die Lehrerausbildung einzubeziehen, wurde gesehen. Sie sei Teil der »derzeitige[n] Ausbildung«, ohne dass allerdings gesagt wurde, in welchem Ausmaß. Für die schon in der Praxis stehenden Lehrer sei Fortbildung notwendig, da sie nur zum Teil »mit projektorientiertem Arbeiten vertraut« seien (Mitteilungsblatt Landeselternschaft, 1990b, S. 7 f.). Aus den obigen Aussagen zur Lehrerausbildung wird deutlich, dass die Krise der Projektwochen nicht zuletzt auch ein Symptom der mangelnden Qualifizierung in Projektdidaktik war, die selbst noch in ihren Anfängen steckte.

3. Überwindung der Krise: Innere Schulreform, Öffnung und Vernetzung der Projektpraxis (ca. 1983 bis Anfang 1990er-Jahre)

In der Mitte der 80er-Jahre liegt der Startpunkt für eine Überwindung der Krise und wurde ein Weg aus der Sackgasse gefunden. Gleichzeitig mit einem universitär-erziehungswissenschaftlichen Theorieschub – erinnert sei hier nur an Duncker und Götz (1984), Hänsel (1986), Hänsel und Müller (1988), Dewey und Schreier (1986), Bastian und Gudjons (1986) – kamen von der Basis und aus der Praxis drei verschiedene Initiativen, die dem Projektunterricht neuen Anschub gaben:
1. Es erschienen Publikationen aus der Praxis für die Praxis: Die Hamburger Lehrer Jürs, Tobel und Goetsch (1990) sowie Huth (1986), die Bielefelder Lehrer des Oberstufen-Kollegs Emer & Horst (1987) und andere arbeiteten ihre vielfältigen Projekterfahrungen auf, entwickelten Praxisanleitungen und ermutigten zu einer veränderten Unterrichtspraxis. Ähnlich wie Duncker und Götz auf der Konzeptebene sahen sie Projektunterricht als essenziellen »Beitrag zur inneren Schulreform«, der die verkrusteten Formen der Schule aufbrechen und sie für ihre Umgebung öffnen sollte (vgl. Duncker & Götz, 1984; Emer, Horst & Ohly, 1991, S. 10).
2. In Richtung Öffnung von Schule erhielt der Projektunterricht Unterstützung von außen u. a. durch die Community-Education-Bewegung (vgl. Zimmer & Niggemeyer, 1986), den 1973 gestarteten Geschichtswettbewerb des Bundespräsidenten und

das didaktische Konzept der Regionalisierung des Lernens (vgl. Hillebrand & Waltrup, 1989). Diese Bewegungen hatten zum Ziel, Schule und Gemeinwesen stärker zusammenzubringen, neue Handlungsfelder zu finden und Aktivitäten in der umgebenden Realität zu ermöglichen (vgl. Emer u. a., 1991, S. 11 f.). Sie gaben dem Projektunterricht, auch in Anknüpfung an ein theoretisches Postulat von Dewey (»Der einzige Weg, für das Leben im Staate vorzubereiten, ist, sich zu bewegen im sozialen Leben«, zit. nach Suin de Boutemard, 1975, S. 248), viele neue Impulse. Eine Folge dieser Aktivitäten war in NRW die Gründung der Initiative »Gestaltung des Schullebens und Öffnung der Schule«, die 1987 vom Landtag als Rahmenkonzept verabschiedet wurde (vgl. Landesinstitut für Schule und Weiterbildung, 1989).

3. Schließlich entstand eine Vernetzung der Projektpraxis in kommunalen und in interkommunalen Kooperationsformen, die viele positive Effekte für den Projektunterricht bewirkte. Eine wichtige Keimzelle dieser Entwicklung war das reformfreudige Hamburg (vgl. Daschner & Lehberger, 1990); auch die berühmten Buß- und Bettagstreffen der GEW spielten für den Projektunterricht und die Qualifizierung für diesen eine wichtige Rolle. Durch die Einrichtung der ersten Stelle eines Projektberaters in der BRD (1983 zuerst besetzt mit Gerhard Jürs, Nachfolger Wolfgang Steiner) beim Institut für Lehrerfortbildung (IfL) entstand ein Klima des Austausches und der Vertiefung im Bereich Projektarbeit (vgl. Steiner, 1991). Durch den interkommunalen Kontakt zu Reformschulen mit Besuchen und Hospitationen, z. B. in der Helene-Lange-Schule, Glocksee-Schule, Laborschule und im Oberstufen-Kolleg, wurden die Hamburger Kontakte intensiviert. Andere Vernetzungs- und Kooperationsformen gingen von Projektbüros in Münster (Ende der achtziger Jahre) und Nürnberg (seit 1991) aus. Sie stellten den Kontakt zwischen Schule und Stadt her und förderten Projektarbeit (vgl. Lanig, 1997, S. 41 f.; Pädagogische Arbeitsstelle Münster, 1994). Bedeutsam war in diesem Zusammenhang auch die Einrichtung von Stadtteilschulen wie z. B. in Hamburg und in Hagen-Haspe (vgl. Institut für Lehrerfortbildung Hamburg, 1988; Gemeinnützige Gesellschaft Gesamtschule, 1987, S. 13–16).

4. Methodisch-didaktische Differenzierung (ab 1990)

Aus der Kooperation und Vernetzung im Hamburger Reformkontext entstand in einer neuen Reflexionsstufe das Projektbuch II (Bastian & Gudjons, 1990). Von den 27 Autoren – 16 aus Hamburg – waren die Mehrzahl Praktiker, die ihre Erfahrungen auswerteten und eine Phase der methodisch-didaktischen Differenzierung einleiteten. Das Buch wollte mit seinem programmatischen Untertitel »Über die Projektwoche hinaus« besonders Projektlernen weiter fundieren und eine Weiterentwicklung für den Fachunterricht erreichen, »indem die Projektidee in den Fachunterricht hineinzutragen« sei (Bastian & Gudjons, 1990, S. 12). Es wurden didaktische Überlegungen differenziert und neue Verfahren und Formen ausprobiert, so z. B. die »Fachtage«: »Fachtage versuchen, die Projektidee [...] mit den Anforderungen eines Unterrichtsfachs in Verbindung zu bringen. Für einen oder mehrere Tage bearbeiten die Schüler eines Jahrgangs einen Themenbereich des Faches« (Köhler, 1990, S. 266) ergänzt durch »fächerübergreifende Themenstellungen« (ebd.). Die Max-Brauer-Gesamtschule probierte 1989 als eine der Ersten diese neue Form mit dem Projekt »Einladung in die Renaissance« für den Jahrgang 11 erfolgreich aus (vgl. Ilsemann, 1991). Auch für das didaktische Problem der Bewertung von Projektarbeit wurden neue Wege gesucht (vgl. Goetsch, 1990).

Ergebnisse dieser methodisch-didaktischen Differenzierung verdichteten sich schließlich auf der vom Oberstufen-Kolleg Bielefeld ausgehenden Tagung im Jahr 1994, die den ersten bundesweiten Expertentreff von Projektdidaktikern darstellte (vgl. Emer, Lübbeke & Wenzel, 1997) und auf der vom Hamburger Institut für Lehrerfortbildung veranstalteten Tagung 1997 »Die Schule lebt« (vgl. Kressel, 1997a; 1997b). In Bielefeld wurden von Duncker (1994) drei künftige Entwicklungs- und Differenzierungsbereiche benannt:
- »Es geht in der Projektarbeit nicht ohne Begriffsklärung.
- Woraus gewinnen wir die Themen der Projektarbeit?
- Etüden sind eine Möglichkeit der Verzahnung von Lehrgang und Projekt« (vgl. Duncker, 1994, S. 72).

Diese Bereiche wurden in der Diskussion durch Fragestellungen anderer Teilnehmer ergänzt. Da diese Fragen auch heute noch für die

Qualifizierung in Projektdidaktik relevant sind, werden hier exemplarisch vier Bereiche skizziert:
- Projektorganisation und -qualifizierung: Wie kann die Projektidee weitergetragen werden? Wie kann sie in die Lehreraus- und -fortbildung integriert werden? Wie kann Projektunterricht verbindlich gemacht werden? Wie kann er Alltag werden?
- Integration in Unterrichtsarten: Wie kann Projektarbeit in den Fachunterricht integriert werden? Sollte man nicht Projektwochen zugunsten einer Integration der Projektarbeit in normalen Unterricht aufgeben?
- Bewertung: Wie kann der Prozess der Projektarbeit bewertet werden?
- Lehrerrolle: Wie können Ängste vor Kompetenz- und Kontrollverlust des Lehrers überwunden werden? (vgl. Emer u. a., 1997, S. 76 f.)

Auf der Tagung in Hamburg reflektierte das Gymnasium Kirchdorf/Wilhelmsburg z. B. die veränderte Rolle von Projektunterricht in ihrem didaktischen Konzept der Mittelstufe:

> Projektarbeit ernst nehmen hieß, die Projektwoche abzuschaffen zu Gunsten unterrichtsbezogener Projekte, die in die Zeit von Schuljahresbeginn bis zu den Herbstferien gelegt wurden; nach den Ferien wurden die Präsentationen vorbereitet und durchgeführt, meistens vor Parallelklassen. Projektkonferenzen dienten der Vorbereitung und Auswertung des Projektunterrichts (Kressel, 1997b, S. 39).

Projektarbeit wurde fester Bestandteil eines »Lernfeldprofils« für die Mittelstufe, das den Fachunterricht auf einer anderen Stufe integrierte.

Auch die Idee der Öffnung von Schule und Unterricht, die in der vorangegangenen Phase entstanden war, führte zu weiteren didaktischen Impulsen. So entstand in Hamburg über die Idee des »Lernens im Stadtteil« (vgl. Institut für Lehrerfortbildung Hamburg, 1992a; 1988) das Konzept der Nachbarschaftsschule.

Anregungen erhielt der Differenzierungsprozess schließlich auch durch verschiedene Impulse und Interessen von außen: Gesellschaft und Industrie trugen unter dem Eindruck sich wandelnder Zeitsignaturen und veränderter Produktionsbedingungen, in denen Projektarbeit eine immer größere Rolle spielte, ihre Interessen und Forderungen an das Schulwesen heran. Schlüsselprobleme der Gesellschaft und Demokratie (z. B. hinsichtlich Umwelt, Partizipation) und Schlüsselqualifikationen modernen sozialen und ökonomischen Handelns (z. B. Teamwork, vernetztes Denken) sollten Eingang in die Schule finden und gefördert werden. Das führte für den Projektunterricht zu einer Aufwertung, da gerade in ihm Prozesswissen als Kern der Schlüsselqualifikationen erworben werden kann und viele Probleme aus den Gegenstandsbereichen der Schlüsselprobleme aufgegriffen und handelnd bearbeitet werden können. Als Beispiel für diesen von der Projektdidaktik mitgeprägten Umsetzungsprozess sei hier auf eine Hamburger Schule (Gymnasium Kirchdorf/Wilhelmsburg) verwiesen, die diesen Differenzierungsprozess so kennzeichnete:

> Die in den vielen Jahren entstandene reformpädagogische Methodenkompetenz der Lehrerinnen und Lehrer ist die heute vom Kollegium erfüllte notwendige Voraussetzung, relevante Themen (Schlüsselprobleme) in ihrer Komplexität erarbeiten zu lassen, so dass das Ziel von Schule, eine erweiterte Bildung (Zukunftsfähigkeit) und der Erwerb von Schlüsselqualifikationen neben der Erarbeitung und Sicherung von Grundkenntnissen und -fähigkeiten, erreicht werden kann (Kressel, 1997b, S. 39).

5. Die Notwendigkeit von Professionalisierung und Fortbildung (1990er-Jahre)

Die Notwendigkeit von Professionalisierung wurde sporadisch immer wieder betont und in einzelnen Initiativen aufgegriffen. Die GGG z. B. veröffentlichte 1999 eine Entschließung zur Lehrerbildung und eine Dokumentation der verschiedenen Reformversuche in diesem Bereich (vgl. Heuser, 1999). In ihrer Entschließung wurde gefordert, dass u. a. Projektarbeit, als fächerübergreifende Unterrichtsarbeit, »verbindliche(r) Bestandteil […] der Prüfungs-, Ausbildungs- und Fortbildungsordnungen werden« und die Ausbildung entsprechende

»Angebote zur Qualifizierung« enthalten müsse (ebd., S. 13). Auch die DGfE hatte bereits 1997 gefordert, »gegen die einseitige Dominanz des ›lehrerzentrierten‹ Frontalunterrichts [...] arbeitsteilige Projekte u. a. Formen der Kooperation viel stärker als bisher« in die Hochschulausbildung der Lehramtsstudenten mit hineinzunehmen (vgl. Kommission, 1997). Eine explizite Einführung in die Projektdidaktik ist dabei nicht vorgesehen. Dies bleibt auch bei anderen Initiativen zur Reform der Lehrerausbildung aus. Der Bundeselternrat betont 1996 lediglich die Notwendigkeit »fächerübergreifenden und handlungsorientierten Unterricht [...] zu gestalten« (Heuser, 1999, S. 96) und die SPD fordert 1997 von den Lehrerausbildungszentren an den Universitäten »projektorientierte Arbeitsmöglichkeiten« für Studenten und Lehrer zu schaffen und eine Betreuung durch Studienseminare zu veranlassen (vgl. Heuser, 1999, S. 71 ff.; 79; 95 ff.).

Eine Bremer Initiative des dortigen Landesinstituts erkannte die Möglichkeit, auch die sozialökonomische Umwelt für die Fortbildung von Lehrern in Projektdidaktik zu nutzen. Sie nahm die im Industriebereich unter »DIN 69901: Projektmanagement« und in vielen Publikationen zu industrieller Projektarbeit (vgl. Madauss, 1993; Lock, 1997) entwickelte Methode des Projektmanagements zur Kenntnis und nutzte sie für eine gemeinsame Fortbildung (»Wir verändern aktiv unsere (Um-)Welt«) in einem Projekt-Planspiel unter Beteiligung der Handelskammer. Schüler der Klassen elf und zwölf bewarben sich mit ihren Projektideen und wurden von einem Unternehmensberater begleitet, der für Lehrer ebenfalls Methoden der Projektführung anbot (vgl. Cramer, 1999). Aus diesem und vielen anderen Beispielen wird erkennbar, dass der methodisch-didaktische Differenzierungsprozess einen gesteigerten Fortbildungsbedarf im Bereich der Projektarbeit hervorrief. Ein breites Netz von Fortbildungsmöglichkeiten wurde u. a. von den Lehrerfortbildungsinstituten der Länder über SchiLF-Programme, der GEW über ihr Bildungsinstitut und Fachgruppentage sowie von freien Bildungswerken wie Umbruch (Ruhrgebiet) oder manchen Reformschulen angeboten. Ein interessantes Beispiel dafür ist die »Projektbörse« im Saarland, die vom Landesinstitut für Pädagogik und Medien angeregt wurde. Seit 1993 wurden in diesem Kontext Fortbildungen in Form von Workshops und im Zusammenhang mit Ausstellungen durchgeführter Projekte organisiert (vgl. Winkel, 1997; GEW Landesverband Saarland, 1994).

Das Oberstufen-Kolleg und die Laborschule Bielefeld führten nach eigener didaktischer Festigung im Projektbereich verstärkt seit 1989/90 viele Fortbildungen mit anderen Schulen auf deren pädagogischen Tagen durch und betreuten Projektbesucher vor Ort. Besonders der regelmäßige und rege Hospitationsbesuch Hamburger Referendare und Lehrer unter Leitung von Jürs, ab 1987 von Steiner, hat beide Seiten in der Differenzierung und Professionalisierung der Projektarbeit vorangebracht und 1994 zu einem ersten bundesweiten Expertentreffen geführt (vgl. Emer u. a., 1997).

So wurde die Qualifizierung und Weiterentwicklung der Projektarbeit in der gymnasialen Oberstufe unter anderem durch einen Austausch zwischen dem Oberstufen-Kolleg und der Gesamtschule Gelsenkirchen-Horst beeinflusst. 1994/95 entwickelte der Leiter der dortigen Gesamtschuloberstufe (H. Kratz) ein Konzept, das Projektarbeit für die Ziele der Oberstufe als notwendig ansah, und setzte es an seiner Schule organisatorisch um (vgl. Kratz, 1993, S. 21–29; 1995, S. 30–34; Extrablatt OS, 1998).

Dieser differenzierte Ansatz ging über frühere Ansätze (vgl. Kaufmann, 1987) hinaus. Die Projektarbeit sollte jungen Erwachsenen »Studierfähigkeit«, »Berufsfähigkeit im Sinne von Schlüsselqualifikationen« und »Allgemeinbildung im Sinne von Schlüsselproblemen« vermitteln und sie zu verantwortlichem, selbstbestimmtem Handeln befähigen (Kratz, 1995, S. 30 f.).

Die Gesamtschule Hagen-Haspe setzte als eine der Ersten die Schwerpunktsetzung für projektorientiertes fächerübergreifendes Lernen in der Sekundarstufe II um. Diese Projektbildung, in der ein Leistungs- mit einem Grundkurs zur fächerübergreifenden Arbeit inhaltlich verbunden wurde, führte in der Folge zur Ausbreitung der Profiloberstufen (vgl. Goetsch, 2002).

Entscheidende Impulse für Fortbildung und methodisch-didaktische Differenzierung gingen auch von der deutschen Einigung aus. Projektunterricht wurde in den Ländern der ehemaligen DDR neu entdeckt und zum Teil begeistert aufgenommen, weil er an Erfahrungen mit Jahresarbeiten und wissenschaftlich-praktischen Arbeiten im alten System anknüpfen und zugleich neue Akzente setzen konnte.

Frank Tosch vom Institut für Pädagogik in Potsdam reflektierte diese »atemberaubende Phase äußerer Schulreformprozesse« seit Beginn der 90er-Jahre, die zugleich mit einem inneren Reformprozess einhergingen, so: Es bestehe die Zuversicht, »mit dem Projektansatz tatsächlich die Kultur schulischen Lernens nachhaltig zu verändern, Wege erkennbarer Demokratisierung zu beschreiten und Öffnung von Schule [...] wirksam werden zu lassen« (Tosch, 1997, S. 54). Das Land Brandenburg stellte, um diesen Prozess zu fördern, 1992–1994 finanzielle Mittel zur Förderung »innovativer Lernprojekte« bereit und evaluierte im Anschluss 506 davon quantitativ, 21 qualitativ. Dabei wurden u. a. zwei Notwendigkeiten deutlich:
- »die Verschränkung von normalem und Projektunterricht«,
- die Verankerung von »Projektunterricht in der Lehrerausbildung« (ebd., S. 54)

Ein Teil der neuen Bundesländer und einzelne Schulen dort setzten diesen Fortbildungsbedarf um. Das Land Sachsen beispielsweise gab 1998 eine instruktive neunseitige Hilfe für Projektarbeit an Gymnasien heraus (vgl. Sächsisches Staatsministerium für Kultur, 1998). Einzelne Schulen kamen in der Anfangsphase der 90er-Jahre ihrem Umsetzungsinteresse an Projektunterricht durch Reisen zu Reformschulen im Westen oder auf Tagungen ihrer Landesinstitute nach.

6. Schulentwicklung und Institutionalisierung (Ende 1990er-Jahre bis in die Gegenwart)

Die vorläufig letzte Phase der Praxisgeschichte kann hier nur angedacht werden, weil sie in die Gegenwart hineinreicht. Sie lässt sich durch die Prozesse der Schulentwicklung und Institutionalisierung um die Jahrtausendwende charakterisieren. Sie setzte sicher schon in den 90er-Jahren ein, so wie die methodisch-didaktische Differenzierung auch noch nach 2000 weiterläuft. Johannes Bastian legte auf der Tagung »Die Schule lebt« in Hamburg 1997 den Akzent auf die »Pädagogische Schulentwicklung« als neue Aufgabe der Schulen. Sie »versteht sich als Entwicklungskonzept in der Tradition Innerer Schulreform!« Der Weg müsse von der Unterrichtsreform zur Entwicklung der Einzelschule gehen (Bastian, zit. nach Kressel, 1997a,

S. 9). In dieser Entwicklung kam dem Projektunterricht eine besondere Rolle zu, wie eine Reihe von Bemühungen einzelner Schulen in Hamburg und anderswo zeigen – z. b. der Max-Brauer-Gesamtschule Hamburg, der Gymnasien Finkenwerder und Kirchdorf-Wilhelmsburg oder der IGS Flensburg (vgl. Kressel, 1997b, S. 7 ff.; 37 ff.; 39 ff.; 41 ff.), bei denen Projektlernen eine zentrale Rolle im Prozess der Schulentwicklung spielte. In diesem Kontext verhalf auch die Diskussion und Aufgabe der Erstellung von Schulprogrammen dem Projektunterricht zu einer neuen Akzentuierung und Berücksichtigung.

Der Prozess der Institutionalisierung von Projektunterricht schloss zwei Entwicklungen ein, zum einen eine Verrechtlichung vonseiten der Kultusbürokratien, zum anderen die Entstehung verschiedener den Projektunterricht fördernder außerschulischer Institutionen. In den 80er-Jahren waren bereits Projektberatungsstellen (innerhalb der Lehrerfortbildungsinstitute), projektfördernde Programme (wie »Gestaltung des Schullebens und Öffnung von Schule« (»GÖS«)) und kommunale Projektbüros entstanden. Während Projektberatungsstellen in Nürnberg und Münster eingestellt bzw. verändert wurden, hatte sich die Projektberatungsstelle in Hamburg erhalten und um die Aufgabe des fächerübergreifenden Unterrichts erweitert. Nach einem schleppenden Beginn von GÖS war durch die Einrichtung von Regionalberatern, finanzielle Ausstattung und inhaltliche Differenzierung wieder mehr Engagement und Interesse seitens der Schulen in Gang gekommen.

Zum Ende des Jahrhunderts kamen eine Reihe von institutionellen Neugründungen im außerschulischen Bereich hinzu, die Projektunterricht fördern wollten und wollen. 1997 wurde in Hamburg als eine Folge des ersten Expertentreffens 1994 in Bielefeld der erste bundesweite »Verein für Projektdidaktik« von einer Reihe von Projektexperten aus Hochschule, Schule und Weiterbildung gegründet. Der Verein veranstaltete eine Reihe von Symposien zu Projektthemen, führte Sondierungen zum Stand der Projektdidaktik in ministeriellen Erlassen und der Lehrerausbildung durch, bemühte sich um eine Begriffsbestimmung, baute Kontakte auf und bietet in einem Netzwerk weiterhin Fortbildungen und Referenten an (vgl. Horst, 2010, S. 155–159; Internetquelle 1).

Aus dem Bereich der Ingenieurausbildung ging in Kooperation mit der Wirtschaft die Organisation »Theoprax« hervor. Sie sammelte Projektvorschläge aus Wirtschaft und öffentlicher Verwaltung und vermittelte diese zur Durchführung an Schulen und Hochschulen (vgl. Eyerer, 2000). In ähnliche Richtung arbeitete der freie Träger »Perpetuum novile, Gemeinnützige Schulprojektgesellschaft«, gegründet 1999. Er wollte die Zusammenarbeit zwischen Schule, Fachhochschule und Unternehmen durch konkrete Projekte an außerschulischen Lernorten und durch Kongresse fördern (vgl. Perpetuum novile, 2000).

Die zweite Komponente der Institutionalisierung des Projektunterrichts war die Verrechtlichung durch Kultusbürokratien. Bedurfte der Projektunterricht in der Entstehungsphase der 70er- und 80er-Jahre noch der einzelschrittigen Genehmigung, war er in den 90er-Jahren in fast allen Rahmenrichtlinien und vielen Fachlehrplänen zu finden. Auch in der gymnasialen Oberstufe, die lange skeptisch gegenüber einer ernsthaften Verankerung war, ist ihm mittlerweile durch die Betonung fächerübergreifenden Lernens in der KMK Vereinbarung von 1997 (Kultusministerkonferenz, 1997, Punkt 2.5) eine Zugangsmöglichkeit in das Lernangebot der Oberstufe gegeben. Dies haben einzelne Länder unterschiedlich umgesetzt. NRW sieht in seiner APO-GOSt in § 17 Projekte als »besondere Lernleistung« und seit 2010 die fakultative Einrichtung von Projektkursen in der Qualifikationsphase vor (vgl. Internetquelle 2; Emer & Rengstorf, 2010). Da diese nur ein möglicher, aber kein notwendiger Bestandteil der Ausbildung sind, wird viel von der Initiative der einzelnen Schule abhängen. Die Länder Bayern und Baden-Württemberg haben dagegen für die Qualifikationsphase verpflichtende Veranstaltungen (»Projekt-Seminar« bzw. »Seminarkurs«) vorgesehen (vgl. Internetquelle 3; Internetquelle 4).

Die Forschungsgruppe Projektunterricht am Oberstufen-Kolleg hat exemplarisch die Projektpraxis von sechs Schulen der Sekundarstufe II in Ostwestfalen untersucht und eine durch äußere Zwänge wie das Zentralabitur eingeschränkte und reduzierte Projektpraxis vorgefunden. In diesem Kontext wurde der Begriff »Projektkultur« als Untersuchungs- und Entwicklungselement für die Gestaltung von Projektarbeit an der Einzelschule neu geprägt und auf einer Fachtagung im Januar 2010 in Bielefeld vorgestellt (vgl. Keuffer & Hahn, 2010).

Was die Professionalisierung der Projektdidaktik in der Lehrerbildung anbelangt, liegen mir nur wenige Informationen vor. Einzelne Institutionen haben dazu Initiativen gestartet bzw. Maßnahmen durchgeführt. So hat die Deutsche Gesellschaft für Demokratiepädagogik 2005 und 2006 ein Qualifizierungsprogramm für Multiplikatoren aufgelegt, bei dem intensive Fortbildung in Projektdidaktik ein wesentlicher Baustein in der Ausbildung zum ›Demokratiepädagogen‹ war (vgl. Internetquelle 5; Emer & Steiner 2007). In Bielefeld etwa wurde seit dem Wintersemester 2009/10 im Rahmen der Umsetzung des neuen Lehrerbildungsgesetzes an der Fakultät für Erziehungswissenschaft ein Seminar zur Einführung in die Projektarbeit und -didaktik im Lehramtsstudium mit Erfolg erprobt (vgl. Thomas 2010) und zeigt Möglichkeiten der Professionalisierung schon im Studium auf, die auch andernorts Nachahmung finden sollten (siehe hierzu auch den Beitrag von Boller, Rengstorf, Schumacher & Thomas, in diesem Band).

Emer und Rengstorf (2006) haben für die Lehrerfortbildung an vielen Schulen im Rahmen von SchiLF und in anderen Formen eine Materialsammlung entwickelt und in den vergangenen Jahren mehrmals eingesetzt. Auch die Kultusministerien von Nordrhein-Westfalen, Bayern und Baden-Württemberg stellen auf ihren Webseiten Hilfen und Materialien bereit.

Eine systematische Verankerung der Projektdidaktik im Lehrerstudium, im Referendariat und in Fortbildungen – wie es schon länger gefordert wird – gibt es noch nicht. Sie bleibt ein notwendiges, noch zu realisierendes Element der Professionalisierung von Lehrern einer modernen Schule der demokratischen Gesellschaft.

Fazit und Ausblick

Die Unterrichtsart Projekt hat sich in einem wechselvollen Prozess seit den 70er-Jahren allmählich durchgesetzt, wurde sowohl in der erziehungswissenschaftlichen Theorie als auch auf der Ebene der Richtlinien zu einer akzeptierten Form entwickelt. In der schulischen Praxis ist sie in den unterschiedlichsten Ausprägungen angekommen, hat aber noch nicht die Selbstverständlichkeit erreicht, mit der der klassische Lehrgang praktiziert wird. In den letzten Jahren ist durch die Tendenz zur Standardisierung und zu vielfältigen Einschränkungen der Raum für Projektunterricht in der Praxis wieder enger geworden (vgl. Keuffer & Hahn, 2010). Insgesamt zeigen die oben skizzierten Spuren der Praxisgeschichte recht klar abgrenzbare Entwicklungsschritte und Veränderungen auf, in gewissem Maße lassen sich auch positive Tendenzen der Weiterentwicklung von Projektarbeit und Ansätze zur Professionalisierung von Lehrern in dieser Unterrichtsform erkennen. Aus den einzelnen Etappen können auch Rückschlüsse für zukünftige Reformmaßnahmen abgeleitet werden.

Die Darstellung konnte die Umsetzung von Reformen sowie Probleme an Einzelschulen nicht aufzeigen. Ebenso wurden die vielen unterschiedlichen Praxen nicht berücksichtigt, die z. B. an Sonderschulen (vgl. Heimlich, 1999), in der Ingenieurausbildung oder an Berufsschulen vorzufinden sind (vgl. Hahne & Schäfer, 2011), sowie die Berichte in Fachzeitschriften u. ä. (vgl. z. B. Geschichte lernen, 110 (Februar 2006)). Schließlich fehlen hier auch die dem Projektunterricht gegenläufigen Tendenzen, die durch die Schulorganisation und gesetzliche Regelungen den Projektunterricht einschränken – man denke nur an die KMK-Regelungen zur gymnasialen Oberstufe mit ihrem relativ engen Korsett für den Projektunterricht.

Festzuhalten ist, dass für die Professionalisierung von Lehrern in der Ausbildung trotz mancher guten Ansätze noch viel zu tun bleibt. Das hat nicht zuletzt eine Tagung »Projektkompetenz in der Lehrerbildung« in Hamburg 2011 gezeigt. Deren Thesen und Ergebnisse können Leitlinien für die zukünftige Weiterentwicklung der Professionalisierung von Lehrern im Bereich der Projektdidaktik aufzeigen (vgl. Internetquelle 6 und 7).

Literatur (enthält auch sogenanntes graues Material)

Bastian, J. & Gudjons, H. (Hrsg.). (1990). *Das Projektbuch II: Über die Projektwoche hinaus*. Hamburg: Bergmann + Helbig.
Bastian, J. & Gudjons, H. (Hrsg.). (1986). *Das Projektbuch: Theorie – Praxisbeispiele – Erfahrungen*. Hamburg: Bergmann + Helbig.
Boller, S., Rengstorf, F., Schumacher, C. & Thomas, C. (2013). Professionalisierung durch und für Projektunterricht in der universitären Lehrerbildung.

Ergebnisse eines handlungs- und reflexionsorientierten Seminars zur Einführung in die Projektdidaktik an der Universität Bielefeld. *In diesem Band.*

Cramer, H. H. Wir verändern aktiv unsere (Um-)Welt. Ein Projekt-Planspiel. (Ein Faltblatt des Landesinstituts Bremen vom 15.4.1999) (nicht durch ISBN registrierte Publikation).

Daschner, P. & Lehberger, R. (Hrsg.). (1990). *Hamburg – Stadt der Schulreformen.* Hamburg: Curio.

Dewey, J. & Kilpatrick, W. H. (1935). *Der Projekt-Plan – Grundlegung und Praxis.* Weimar: Böhlau.

Dewey, J. (1986). *Erziehung durch und für Erfahrung.* Hrsg. von H. Schreier. Stuttgart: Klett-Cotta.

Duncker, L. (1994). Statement auf dem Projektforum 1994. In W. Emer, D. Lübbeke & A. Wenzel (Hrsg.), *Projektforum 1994: Projektunterricht und Veränderung von Schule: Diskussionen und Anregungen* (S. 72). Bielefeld: Oberstufen-Kolleg.

Duncker, L. & Götz, B. (1984). *Projektunterricht als Beitrag zur inneren Schulreform: Begründungen, Erfahrungen, Vorschläge für die Durchführung von Projektwochen.* Langenau-Ulm: Vaas.

Emer, W. & Horst, U. (1987). Info-Mappe Projektunterricht, Bielefeld. (nicht durch ISBN registrierte Publikation).

Emer, W., Horst, U. & Ohly, K. P. (Hrsg.). (1991). *Wie im richtigen Leben: Projektunterricht für die Sekundarstufe II* (AMBOS 29). Bielefeld: Oberstufen-Kolleg.

Emer, W. & Lenzen, K.-D. (2009). *Projektunterricht gestalten – Schule verändern* (3. Auflage). Baltmannsweiler: Schneider-Verlag Hohengehren.

Emer, W., Lübbeke, D. & Wenzel, A. (Hrsg.). (1997). *Projektforum 1994: Projektunterricht und Veränderung von Schule: Diskussionen und Anregungen.* Bielefeld: Oberstufen-Kolleg.

Emer, W. & Rengstorf, F. (2010). Die neuen Projektkurse in der gymnasialen Oberstufen in NRW: das Umsetzungsbeispiel »Aufeinandertreffen zweier Welten: Die Varusschlacht 9 n. Chr.«. *TriOS,* 2, 135–146.

Emer, W. & Rengstorf, F. (2006). *Projektunterricht – Eine Materialsammlung aus dem Oberstufen-Kolleg* (Blaue Reihe 109). Bielefeld: Oberstufen-Kolleg.

Emer, W. & Steiner, W. (2007). Demokratiepädagogik und Projektlernen. In Landesinstitut für Schule und Medien Berlin-Brandenburg (Hrsg.), *Ein Handbuch für Beraterinnen und Berater der Demokratiepädagogik: Demokratie erfahrbar machen – demokratiepädagogische Beratung in der Schule* (S. 51–73). Ludwigsfelde: LISUM.

Extrablatt OS (Oberstufen-Kolleg) 1998: Beschreibung der Projektarbeit an der Oberstufe der GS Gelsenkirchen-Horst. In: OS-Extrablatt Nr. 52 vom 9.2.1998. (nicht durch ISBN registrierte Publikation).

Eyerer, P. (2000). *Theoprax – Projektarbeit in Aus- und Weiterbildung: Bausteine für lernende Organisationen.* Stuttgart: Klett-Cotta.

Frey, K. (1982). *Die Projektmethode.* Weinheim: Beltz.

Geisler, W. (Hrsg.). (1976). *Projektorientierter Unterricht: Lernen gegen die Schule?* Weinheim: Beltz.

Gemeinnützige Gesellschaft Gesamtschule (GGG) (Hrsg.). (1987). Bericht zur Stadtteilschule Hagen-Haspe. GGG-Fesch-Info, 13–16. (nicht durch ISBN registrierte Publikation).

Geschichte lernen, 110 (Februar 2006): Projekte. Velber: Friedrich.

GEW Landesverband Saarland (Hrsg.). (1994). Dokumentation der Projektbörse '94: Kohle und Stahl am 17. Mai 1994 in der Gasgebläsehalle, Völklingen. Saarbrücken. (nicht durch ISBN registrierte Publikation).

Goetsch, K. (Hrsg.). (2002). Bundeskongress Profiloberstufe (Dokumentation des Bundeskongresses am 07. u. 08.12.2000). Hamburg. (nicht durch ISBN registrierte Publikation).

Goetsch, K. (2000). Projektarbeit – auch ein Ausbildungsziel im Referendariat? Bundesweite Umfrage bei den Kultusministerien. *Lernwelten (1)*, S. 57.

Goetsch, K. (1990). Projektunterricht bewerten. In J. Bastian & H. Gudjons (Hrsg.), *Das Projektbuch II: Über die Projektwoche hinaus* (S. 257–265). Hamburg: Bergmann + Helbig.

Grell, J. (1984). Müssen Projektwochen verboten werden? Rezension zum 1983 erschienen Prowo-Buch von Heller & Semmerling. *Gesamtschul-Kontakte,* (2), 13 f.

Hahne, K. & Schäfer, U. (2011). *Das Projekt als Lehr-Lern-Form in der Berufsbildung in Deutschland: Eine Bibliographie für die Jahre 1956 bis 2010.* Frankfurt a. M.: DIPF.

Hänsel, D. (1997). *Handbuch Projektunterricht.* Weinheim: Beltz.

Hänsel, D. (Hrsg.). (1986). *Das Projektbuch Grundschule.* Weinheim: Beltz.

Hänsel, D. & Müller, H. (Hrsg.). (1988). *Das Projektbuch Sekundarstufe.* Weinheim: Beltz.

Heimlich, U. (1999). *Gemeinsam lernen in Projekten: Bausteine für eine integrationsfähige Schule.* Bad Heilbrunn: Klinkhardt.

Heller, A. & Semmerling, R. (Hrsg.). (1983). *Das Prowo-Buch: leben, lernen, arbeiten in Projekten und Projektwochen.* Königstein: Scriptor.

Heuser, Ch. (Hrsg.). (1999). *LehrerInnenbildung für Gesamtschulen: Dokumente, Informationen, Arbeitsmaterialien.* Aurich: GGG.

Hillebrand, E. & Walltrup, A. (Hrsg.). (1989). *Die Region im Unterricht: Ein Lesebuch zur Öffnung von Schule.* Bielefeld: Oberstufen-Kolleg.

Horst, U. (2010). Experten und Praktiker zusammenführen – ein Netzwerk für Projektdidaktik. *TriOS,* (2), S. 155–159.

Huth, M. (1988). 77 Fragen und Antworten zum Projektunterricht. Hamburg

Ilsemann, C. von (1991). Einladung in die Renaissance. Fachtage in Jahrgang 11. In W. Emer, U. Horst, & K. P. Ohly (Hrsg.), *Wie im richtigen Leben: Projektunterricht für die Sekundarstufe II* (AMBOS 29) (S. 377–389). Bielefeld: Oberstufen-Kolleg.

Ingendahl, W. (Hrsg.). (1974). *Projektarbeit im Deutschunterricht: Theorie und Praxis einer lebenspraktisch orientierten Spracherziehung.* München: List.

Institut für Lehrerfortbildung Hamburg (Hrsg.). (1992a). Lernen im Stadtteil Altona. Hamburg. (nicht durch ISBN registrierte Publikation).
Institut für Lehrerfortbildung Hamburg (Hrsg.). (1992b). Projektunterricht am Gymnasium und in der Sekundarstufe II. Hamburg. (nicht durch ISBN registrierte Publikation).
Institut für Lehrerfortbildung Hamburg (Hrsg.). (1988). Hamburg macht Schule, 4: Schule und Nachbarschaft. Hamburg: Pädagogische Beiträge. (nicht durch ISBN registrierte Publikation).
Jürs, G., Tobel, K. & Goetsch, K. (Hrsg.). (1990). Projekte an Hamburger Schulen (6. Auflage). Hamburg: Didaktisches Zentrum Hamburg. (nicht durch ISBN registrierte Publikation).
Kaufmann, H. B. (Hrsg.). (1987). *Projektlernen in der gymnasialen Oberstufe.* Münster: Comenius-Institut.
Keuffer, J. & Hahn, S. (Hrsg.). (2010). Projektunterricht und Projektkultur in der Schule. *TriOS, 5(2):* Münster: LIT.
Knoll, M. (1984). Paradoxien der Projektpädagogik. Zur Geschichte und Rezeption der Projektmethode in den USA und in Deutschland. *Zeitschrift für Pädagogik, 30,* 663–674.
Köhler, L. (1990). Projektzeiten als Fachtage. In J. Bastian & H. Gudjons (Hrsg.), *Das Projektbuch II: Über die Projektwoche hinaus* (S. 266–272). Hamburg: Bergmann + Helbig.
Kommission Schulpädagogik/Didaktik in der DGfE (Hrsg.). (1997). Empfehlung zur Weiterentwicklung der Ausbildung von Lehrerinnen und Lehrern. *Erziehungswissenschaft, 8*(16), 82–111.
Kratz, H. (1995). Verantwortung für den eigenen Lernprozess übernehmen: Projektunterricht in der gymnasialen Oberstufe. *Pädagogik, (7/8),* 30–34.
Kratz, H. (1993). Projektlernen in der Sekundarstufe II. Ein praxiserprobter Ansatz an der Gesamtschule Gelsenkirchen-Horst. *GGG-Fesch-Info, 3,* 21–29.
Kressel, T. (Hrsg.). (1997a). Die Schule lebt: Anfänge, Erfahrungen und Visionen von Schulentwicklung. Teil A. IfL-Tagung zu Schulentwicklung und Schulprogramm 17.–19. April 1997. Hamburg: Institut für Lehrerfortbildung. (nicht durch ISBN registrierte Publikation).
Kressel, T. (Hrsg.). (1997b). Die Schule lebt: Anfänge, Erfahrungen und Visionen von Schulentwicklung. Teil B. IfL-Tagung zu Schulentwicklung und Schulprogramm 17.–19. April 1997. Hamburg: Institut für Lehrerfortbildung. (nicht durch ISBN registrierte Publikation).
Kultusministerkonferenz (Hrsg.). (1997). Vereinbarung zur Gestaltung der gymnasialen Oberstufe in der Sekundarstufe II. Beschluss vom 28.2.1997. (nicht durch ISBN registrierte Publikation).
Landesinstitut für Schule und Weiterbildung (Hrsg.). (1989). *Rahmenkonzept Gestaltung des Schullebens und Öffnung der Schule.* Soest: Soester Verlagskontor.
Lanig, J. (1997). »Gehen Sie doch mal ins Büro«. In W. Emer, D. Lübbeke & A. Wenzel (Hrsg.), *Projektforum 1994: Projektunterricht und Veränderung von*

Schule: Diskussionen und Anregungen (S. 41f.). Bielefeld: Oberstufen-Kolleg des Landes Nordrhein-Westfalen.
Lock, D. (1997). *Projektmanagement, Projektfinanzierung, Projektcontrolling.* Wien: Ueberreuter.
Madauss, B. (1993). *Handbuch Projektmanagement* (5. Auflage). Stuttgart: Schäffer-Poeschel.
Ministerium für Schule und Weiterbildung NRW: Projektorientiertes Arbeiten im Gymnasium (Entwurf vom Oktober 1990) (Broschüre). (nicht durch ISBN registrierte Publikation).
Mitteilungsblatt der Landeselternschaft (1990a): April. (nicht durch ISBN registrierte Publikation).
Mitteilungsblatt der Landeselternschaft (1990b): August. (nicht durch ISBN registrierte Publikation).
Pädagogische Arbeitsstelle Münster (Hrsg.). (1994). *Schule in der Stadt.* Münster. (nicht durch ISBN registrierte Publikation).
Perpetuum novile (Hrsg.). (2000). *Kongress »Schule und Arbeitswelt«* (Oktober 2000 Bochum-Wattenscheid). Schwäbisch-Hall: Selbstverlag. (nicht durch ISBN registrierte Publikation).
Philologen-Verband Nordrhein-Westfalen (Hrsg.). (1984). *Bildung aktuell, 35(10).* Düsseldorf: Pädagogik & Hochschulverlag.
Sächsisches Staatsministerium für Kultur (Hrsg.): Merkblatt. Projekte im gymnasialen Unterricht (06.02.98). o.O. 1998. (nicht durch ISBN registrierte Publikation).
Steiner, W. (1991). Der Beratungsdienst für Projektunterricht im IfL – ein Stützpunkt der inneren Schulreform. In W. Emer, U. Horst, & K. P. Ohly (Hrsg.), *Wie im richtigen Leben: Projektunterricht für die Sekundarstufe II* (AMBOS 29) (S. 387–391). Bielefeld: Oberstufen-Kolleg.
Struck, P. (1980): *Projektunterricht.* Stuttgart: Kohlhammer.
Stubenrauch, H. (1976). Projektorientiertes Lernen im Widerspruch des Systems. In W. Geisler (Hrsg.), *Projektorientierter Unterricht: Lernen gegen die Schule?* (S. 9–15). Weinheim: Beltz.
Suin de Boutemard, B. (1986): Projektunterricht – Geschichte einer Idee, die so alt ist wie unser Jahrhundert. In J. Bastian & H. Gudjons (Hrsg.). *Das Projektbuch: Theorie – Praxisbeispiele – Erfahrungen* (S. 62–77). Hamburg: Bergmann + Helbig.
Suin de Boutemard, B. (1975). *Schule, Projektunterricht und soziale Handlungsperformanz.* München: Fink.
Thomas, Ch. (2010). »Wir waren von unserer eigenen Kreativität begeistert.« Ein Seminar zur Projekarbeit und Didaktik im Lehramtsstudium. *TriOS, 5*(2), 147–154.
Tosch, F. (1997). Gedanken zum Projektlernen an allgemeinbildenden Schulen Brandenburgs und Fragen an die Lehrerbildung. In W. Emer, D. Lübbeke & A. Wenzel (Hrsg.), *Projektforum 1994: Projektunterricht und Veränderung*

von Schule: Diskussionen und Anregungen (S. 54–58). Bielefeld: Oberstufen-Kolleg des Landes Nordrhein-Westfalen.

Tymister, H.-J. (Hrsg.). (1975). *Projektorientierter Deutschunterricht.* Düsseldorf: Pädagogischer Verlag Schwann.

Winkel, K. (1997). Die Projektbörse. In W. Emer, D. Lübbeke & A. Wenzel (Hrsg.), *Projektforum 1994: Projektunterricht und Veränderung von Schule: Diskussionen und Anregungen* (S. 59–62). Bielefeld: Oberstufen-Kolleg des Landes Nordrhein-Westfalen.

Zimmer, J. & Niggemeyer, E. (1986). *Macht die Schule auf, lasst das Leben rein: von der Schule zur Nachbarschaftsschule.* Weinheim: Beltz.

Internetquellen

Internetquelle 1: www.projektdidaktik.de

Internetquelle 2: www.standardsicherung.schulministerium.nrw.de/cms/projektkurse

Internetquelle 3: www.gymnasium.bayern.de/gymnasialnetz/oberstufe/seminare

Internetquelle 4: www.schule-bw.de/unterricht/faecher/biologie/medik/seminarkurs

Internetquelle 5: www.degede.de/index

Internetquelle 6: www.projektdidaktik.de/indexdateien/Thesen%20zur%20Tagung%20Projektkompetenz%20in%20der%20Lehrerbildung.pdf [10.12.2012]

Internetquelle 7: www.projektdidaktik.de/indexdateien/Ergebnisse%20der%20Fachtagung%20 Projektkompetenz.pdf [10.12.2012]

Christine Schumacher & Felix Rengstorf
Chancen und Probleme bei der Implementation von Projektunterricht – eine Übersicht zur empirischen Unterrichtsforschung aus international vergleichender Perspektive

1. Einleitung

Projektunterricht wird in der pädagogischen Literatur und in vielen (kultusministeriellen) Vorgaben für Schulen hoch gelobt, fristet in der täglichen Unterrichtspraxis aber oftmals ein ›Mauerblümchendasein‹ oder degradiert zum ›Hobby- und Freizeitaktionismus‹ in der Woche vor den Sommerferien. Den Forderungen von Kultusministerien und Wirtschaft nach regelmäßiger Ausübung dieser Unterrichtsform stehen hinderliche schulische Rahmenbedingungen, Skepsis und fehlende Professionalität der Lehrer gegenüber. Aus diesem Widerspruch ergeben sich viele Fragen: Wie lassen sich Projekte in den Schulalltag integrieren? Welche Erkenntnisse ergeben sich aus der spezifischen Sicht von Lehrern und Schülern auf Projektunterricht? Welche Herausforderungen ergeben sich hinsichtlich der Durchführung von qualitativ hochwertigen Projekten?

In diesem Übersichtsartikel soll untersucht werden, welche Antworten die empirische Unterrichtsforschung zum Projektunterricht auf solche Fragen bereithält. Die Grundlagen des Projektunterrichts wurden nicht in Deutschland gelegt, sondern in Amerika am Anfang des 20. Jahrhunderts – als bedeutsame Vertreter seien Dewey und Kilpatrick genannt. Nicht nur diese Tatsache lässt einen internationalen Blick sinnvoll erscheinen. Hierzu rät auch die vielfach festzustellende Festgefahrenheit der Diskussion um Projektunterricht in Deutschland, in der sich bestimmte Aussagen sowohl auf normativer Ebene als auch hinsichtlich der existenten Praxis zum Teil gebetsmühlenartig wiederholen.

Ein Überblick über empirische Studien zum Projektunterricht

gestaltet sich insbesondere für den deutschsprachigen Raum schwierig, da einschlägige Arbeiten von hoher methodischer Qualität rar sind. Häufiger findet man Erfahrungsberichte, die zwar vielfältige Anregungen zur eigenen Gestaltung von Projektunterricht geben, die aber weder verallgemeinerbare Aussagen zulassen, noch bestimmte Aspekte, wie etwa die Durchführung von Projektunterricht, systematisch untersuchen. Zudem gibt es kaum Überblicksberichte. Gudjons (2008) fasst auf anderthalb Seiten die Ergebnisse einiger empirischer Studien zum Projektunterricht zusammen. Frey (1990, S. 194–198) merkt an, ihm seien keinerlei empirische Studien zum Projektunterricht bekannt und beruft sich auf Studien zur Motivationsforschung, um so indirekt (und damit methodisch problematisch) die Effektivität von Projektunterricht zu belegen.

Im englischsprachigen Raum fällt es leichter, einen Überblick über einschlägige Untersuchungen zu erhalten. Dies liegt zum einen daran, dass dort deutlich mehr Studien zum Projektunterricht durchgeführt wurden. Zum anderen gibt es bereits einige gute Überblicksberichte. So liegt von Thomas (2000) ein ausführlicher Bericht vor, indem er relevante Studien zum Thema Projektarbeit systematisch resümiert und bewertet. Allerdings bezieht er sich auch auf Studien, die sich mit anderen Unterrichtsformen (etwa problemzentriertem Lernen) – und somit nur in Ausschnitten oder indirekt mit dem hier im Fokus stehenden Thema – befassen.

Den Bezugsrahmen zur Auswahl der Studien für diesen Beitrag bildet erstens ein Verständnis von Projektunterricht als »problemformulierendes und problemlösendes Handeln« (Suin de Boutemard, 1986, S. 72) mit dem Ziel der Veränderung sozialer Realität, bei dem ausgehend von einer Forschungsfrage mit zentralem Bezug zur Lebenspraxis der Schüler in mit- oder selbstbestimmter Gruppenarbeit ein Produkt von hohem Gebrauchs- und Mitteilungswert erstellt wird. Anders als in bereits bestehenden Übersichtsartikeln werden hier ausschließlich Studien erfasst, die sich direkt mit Projektunterricht im Rahmen der obigen Definition befassen. In welcher Form Projektarbeit auftaucht und inwieweit zentrale Qualitätskriterien tatsächlich erfüllt werden, variiert dabei jedoch beträchtlich. Zweitens werden Studien fokussiert, die sich mit den Einstellungen zu und Erfahrungen mit Projektunterricht befassen. Arbeiten, die die

Häufigkeit und Effektivität des Projektunterrichts analysieren, werden nicht in diesen Artikel mit einbezogen, obwohl auch zu diesen Themen einige empirische Studien zu finden sind.[1]

In diesem Beitrag wird das Forschungsfeld des Projektunterrichts entlang zweier themenspezifischer Kategorien strukturiert. In der ersten werden Arbeiten ausgewertet, die Chancen und Herausforderungen des Projektunterrichts aus der jeweils spezifischen Lehrer- oder Schülerperspektive beleuchten, in der zweiten kommen Studien in den Blick, die die Implementation und Durchführung der Unterrichtsform in der Schule analysieren. Die einzelnen Studien werden innerhalb dieser Kategorien in Bezug auf methodische Designs und Ergebnisse skizziert und ihre jeweiligen Erträge kontrastiert. Dazu werden jeweils zuerst Studien aus dem deutschsprachigen und dann aus dem englischsprachigen Raum vorgestellt, bevor ein vergleichendes Fazit gezogen wird. Am Ende dieses Artikels steht ein übergreifendes Fazit, in dem der Ertrag der Forschungsliteratur hinsichtlich der eingangs gestellten Fragen zusammengefasst und weiterer Forschungs- und Entwicklungsbedarf expliziert wird.

2. Projektunterricht aus Sicht der Akteure

Fasst man die Ergebnisse der Studien im deutschsprachigen Raum zusammen, die sich mit Bestandsaufnahmen (vgl. etwa Nuhn & Vaupel, 1991; Petri, 1991; Schümer, 1996) bzgl. der Häufigkeit von Projektunterricht befassen, so lässt sich ein ernüchterndes Fazit ziehen. Der in fast allen didaktischen Schriften zum Projektunterricht beklagte Punkt, dass dieser entgegen seiner pädagogischen Wertschätzung insgesamt im Schulalltag nur eine Randbedeutung hat, lässt sich empirisch bestätigen. Trotz dieser ernüchternden Ergebnisse zeigt sich jedoch in Arbeiten, die die Einstellung der beteiligten Akteure gegenüber Projektunterricht fokussieren, dass die meisten Lehrer und auch viele Schüler dem Projektunterricht gegenüber überwiegend positiv eingestellt sind.

---

1 Für einen Überblick über empirische Arbeiten zur Häufigkeit und Effektivität von Projektunterricht siehe Rengstorf & Schumacher (2010).

2.1 Lehrersicht

Petri (1991) führte eine Bestandsaufnahme zum Projektunterricht an den allgemeinbildenden, höheren Schulen Österreichs durch. Die 400 befragten Lehrer gaben an, rund 1800 Projekte im Befragungszeitraum (die Schuljahre 1985/1986 und 1986/1987) durchgeführt zu haben, von denen laut Autor aber ein Großteil keine ›echten‹ Projekte darstellten, da ihnen zentrale Qualitätskriterien fehlten. Er schätzt den durchschnittlichen zeitlichen Anteil echten Projektlernens im Unterricht auf etwa 0.5 % ein. Dennoch beurteilten in der Studie von Petri (1991) nur 10 % der befragten Lehrer die Unterrichtsform negativ, die übrigen 90 % befürworten sie.

Auch in einer Studie von Köhler und Klautke (1994), die den projektorientierten Biologieunterricht von elf Lehrern und 201 Schülern anhand strukturierter Lehrerinterviews und Fragebögen für Lehrende und Lernende im Prä-Post-Design analysierten, bewerteten die Lehrer den Projektunterricht sehr positiv.

Um diese grundlegend positiven Einstellungen gegenüber der Unterrichtsform weiter zu differenzieren, werden in einigen Studien Argumente für bzw. gegen Projektunterricht erhoben. Da sich ähnliche Argumente in vielen Studien wiederfinden, werden sie im Folgenden stichpunktartig zusammengefasst:

Häufig genannte Argumente für Projektunterricht sind:
- das größere Interesse, die höhere Motivation, das stärkere Engagement der Schüler (Petri, 1991; Hedewig, 1994; Riedel, Griwatz, Leutert & Westphal, 1994; Schart, 2003),
- lebensnahes, selbstbestimmtes, interessengeleitetes Lernen (Petri, 1991; Hedewig, 1994; Riedel u. a., 1994; Schart, 2003),
- das Einüben sozial-kooperativen Lernens und kritischen Denkens bzw. die Persönlichkeitsentwicklung der Schüler (Petri, 1991; Hedewig, 1994),
- die Verbesserung des Verhältnisses der Schüler untereinander sowie zur Lehrperson (Hedewig, 1994),
- die Praxisnähe (Schart, 2003),
- eine positive Resonanz in der Öffentlichkeit (Hedewig, 1994),
- erleichterte Berufsfindung (Hedewig, 1994).

Als Argumente gegen den Projektunterricht werden genannt:
- der zeitlich höhere Planungs- und Vorbereitungsaufwand (Petri, 1991; Hedewig, 1994; Schart, 2003),
- das Fehlen von Materialien, Modellen zur Orientierung oder Fortbildungsmöglichkeiten (Petri, 1991; Hedewig, 1994; Schart, 2003),
- die Unselbstständigkeit bzw. geringe Mitarbeit der Schüler (Petri, 1991; Hedewig, 1994; Schart, 2003),
- Zweifel am Ertrag des Projektes (besonders einzelner Projekttage), vor allem in Form von Lernzuwächsen (Petri, 1991; Hedewig, 1994; Schart, 2003),
- institutionelle Hemmnisse wie Stundenplanschemata, schwere Vereinbarkeit mit Lehrplänen oder fehlende finanzielle Mittel (Petri, 1991; Hedewig, 1994),
- Schwierigkeiten in Hinblick auf die Leistungsbewertung (Hedewig, 1991),
- schnelle Frustration bei Fehlschlägen (Hedewig, 1991).

Petri (1991) ist der Meinung, die positiven und negativen Argumente bzgl. des Projektunterrichts seien hauptsächlich aus zufälligen Erfahrungen abgeleitet und entbehrten jeder Systematik. Für diese Einschätzung sprechen die teilweise sehr divergierenden Erfahrungen der Lehrer (z. B. größeres Engagement vs. geringere Mitarbeit der Schüler). Dennoch ist aufgrund der wiederholten Nennung gleicher Argumente in unabhängigen Studien davon auszugehen, dass Projektunterricht einen Großteil der Lehrenden vor ähnliche Möglichkeiten und Probleme stellt. Besonders bei einer genauen Betrachtung der Argumente gegen Projektunterricht fällt auf, dass nicht die Unterrichtsform an sich, sondern institutionelle Barrieren, fehlende Professionalität in Bezug auf Teilkompetenzen (wie beispielsweise die prozessbezogene Leistungsbewertung) und zu geringe Orientierungs- oder Fortbildungsmöglichkeiten zu einer Skepsis gegenüber der Unterrichtsform führen.

Die Argumente der Lehrenden für bzw. gegen den Projektunterricht sind aber immer auch von deren persönlicher Vorstellung und Auslegung des Projektbegriffs geprägt. Schart (2003) führte mit 17 Fremdsprachenlehrenden von Sommerkursen halbstandardisierte

Interviews, welche er mit quantitativ ausgewerteten Fragebögen von 34 Lehrenden ergänzte. Er kam dabei zu dem Schluss, dass zwar alle Lehrer ein grobes gemeinsames Schema von Projektunterricht hatten, dass die individuellen Projektkonzeptionen aber stark vom jeweiligen beruflichen Selbstverständnis, der beruflichen Ausbildung sowie der Vorstellung von Unterricht und dessen Zielen beeinflusst wurden. Aus einer vagen Idee wurden demnach subjektive Projektvorstellungen konzipiert, bei denen einige Aspekte berücksichtigt und andere vernachlässigt wurden, so dass sich die Projektkonzeption widerspruchsfrei mit den subjektiven Theorien bzgl. Lernen und Unterricht verschmelzen ließ. So ordneten diejenigen befragten Lehrenden, die der Ansicht waren, dass Sprachenlernen hauptsächlich aus Grammatik- und Vokabellernen bestehe, Projektunterricht auf der Ebene der Unterrichtstechniken an, die eine marginale Form des Übens darstellen. Für Lehrende, die Sprache als Kommunikationsmittel vermitteln wollten, stellte Projektunterricht hingegen die idealtypische Umsetzungsform dar.

Obwohl das Fehlen von Modellen zur Orientierung ein wiederholt genanntes negatives Argument darstellt, scheint es ein unterschiedlich starkes Schulungsbedürfnis seitens der Lehrenden zu geben. In der Befragung von Petri (1991) im österreichischen Raum lehnten etwa 50 % der Lehrer Fortbildungen zum Thema Projektunterricht ab, da sie der Ansicht waren, natürliche Fähigkeiten wie Spontaneität oder Begabung seien entscheidend für die erfolgreiche Durchführung von Projekten.

In einer Fragebogenstudie von Riedel u. a. (1994) in Ostberlin nach dem Mauerfall fiel das Schulungsbedürfnis hingegen wesentlich höher aus. Die Autoren untersuchten die Veränderungen im Schulsystem am Ende des Schuljahres 1991/1992, in dem die Vereinheitlichung des Berliner Schulsystems administrativ vollzogen wurde. Sie befragten 175 Lehrer und 684 Schüler aus der Sekundarstufe I, die von der Einheitsschule in ein dreigliedriges Schulsystem überführt worden waren. Beide Seiten gaben an, dass Projektunterricht im Vergleich zu anderen Unterrichtsformen nur sehr selten bzw. gar nicht stattfände. In dieser Befragung belegten Fortbildungen zur Durchführung und Organisation von Projektwochen Platz zwei der von den Lehrern am häufigsten genannten Fortbildungsinteressen.

Hedwig (1994) erhob bei einer Befragung von 30 Biologielehrern verschiedener Schultypen zusätzlich zur Einstellung gegenüber Projektunterricht Verbesserungsvorschläge zur Erleichterung von Projektarbeit. Diese Vorschläge bezogen sich vor allem auf den organisatorischen Kontext (Verankerung von Projektarbeit im Lehrplan, gemeinsame Absprachen in Teamkonferenzen, Aufhebung des 45-Minuten-Taktes etc.), auf fachliche Hilfen (mehr Fortbildungsmöglichkeiten, Erstellung von Materialsammlungen etc.) und auf personelle Voraussetzungen (z. B. kleinere Klassen, verstärkte Kooperation im Kollegium, Auffinden fester Kooperationspartner im zugehörigen Stadtteil). Diese Vorschläge geben wertvolle Hinweise darauf, wie Professionalisierung und Schulentwicklung im Bereich Projektunterricht vorangetrieben werden können.

Auch im englischen Sprachraum liegen einige Studien vor, die bei einer Vielzahl Lehrender eine überwiegend positive Sicht des Projektunterrichts belegen (Cognitive and Technology Group at Vanderbilt University, 1992; Chard, 2000; Mergendoller & Thomas, 2000; Sarwar, 2002). Diese ergeben allerdings kein repräsentatives Bild, da speziell Lehrende befragt wurden, die gewillt waren, sich mit Projektunterricht auseinanderzusetzen.

Ravitz (2008) befragte 1568 Lehrer aus US-amerikanischen High Schools, die entweder persönlich in Projektunterricht investiert hatten (z. B. durch den Kauf von Handbüchern) oder deren Schulen sich enger mit Projektlernen beschäftigten. Diese nannten folgende Argumente für Projektunterricht: Erlernen von Soft Skills, persönlicheres, interessanteres, spannenderes Lernen sowie eine höhere Motivation der Schüler. Wesentlich seltener wurden die Aspekte ›besseres Unterrichten fachlicher Inhalte‹ und ›Heranführen an ziviles Engagement‹ erwähnt. Als Argumente gegen Projektunterricht wurde am häufigsten der größere Zeit- und Planungsaufwand genannt, gefolgt von fehlenden Fähigkeiten der Schüler.

Zusammenfassend lässt sich feststellen, dass sich bei Lehrern im anglo-amerikanischen und im deutschen Raum ähnliche Argumente für und gegen Projektunterricht finden, was dafür spricht, dass Projektarbeit als Unterrichtsform spezifische Chancen und Probleme mit sich bringt. Positiv werden vor allem die Interessenförderung und Motivation der Schüler sowie Möglichkeiten zur Persönlichkeitsbildung bewertet. Projektunterricht wird in der subjektiven Wahrnehmung der Lehrer im Allgemeinen jedoch nicht als effektive Unterrichtsform zur Vermittlung fachlicher Kompetenzen eingeschätzt. Als hinderlich am Projektunterricht werden vor allem der größere Planungsaufwand und fehlende Modelle zur Orientierung angesehen. Je nach beruflichem Selbstverständnis wird Projektunterricht von verschiedenen Personen jedoch sehr unterschiedlich wahrgenommen und ausgelegt. Abhängig davon bilden sich differente Projektkonzeptionen aus.

2.2 Schülersicht

Geist, Jungblut und Philipp (1986) befragten im Rahmen des schulischen Modellversuchs »Pädagogische Unterstützung verbundener Schulen unter besonderer Berücksichtigung schulformbezogener Gesamtschulen bei sinkenden Schülerzahlen« (PUSCH) in Hessen in den Schuljahren 1983/84 und 1984/85 1230 bzw. 1908 Schüler zum Projektunterricht. Die Schüler wurden hier schultypübergreifend (Hauptschule, Realschule, Gymnasium) in stabilen Lerngruppen jeweils für einige Stunden pro Woche im Projektunterricht unterrichtet. Die Bewertung des Projektunterrichts durch die Lernenden fiel im Vergleich zu ihrer Bewertung des Regelunterrichts sehr positiv aus. Die meisten Schüler gaben an, der Projektunterricht sei lockerer, sie kämen dort besser mit, hätten weniger Angst und würden sich öfter gegenseitig helfen. Allerdings gaben nur 48,6 % der Probanden an, im Projektunterricht etwas Wichtiges zu lernen (im Regelunterricht immerhin 54,2 %). Der deutliche Praxisbezug im Projektunterricht und die Verknüpfung von Kopf- und Handarbeit wurden von allen Lernenden (am stärksten von den Gymnasiasten) als besonders wichtig und positiv hervorgehoben. Als Kritikpunkte am Projektunterricht wurden am häufigsten schlechtes Betragen der Mitlernenden, eine zu hohe Belastung durch lange Unterrichtstage und zuviel Theorie bzw. Mangel an Praxisaspekten genannt. Diese Punkte führen die Autoren teilweise auf ein ›mismanagement‹ bei der Projektumsetzung der betreffenden Schulen zurück. Sowohl bei positiven wie bei negativen Aspekten unterscheiden sich die einzelnen Schulen allerdings gravierend voneinander.

In der Studie von Köhler und Klautke (1994) bewerteten 70 % der Schüler Projektunterricht positiv und 6 % negativ. In der von

Riedel u. a. (1994) in Ostberlin schneidet Projektunterricht in der Schülerbefragung wesentlich schlechter ab. Bei der Frage, welche Unterrichtsmethoden die Schüler am liebsten mögen, belegt er den vorletzten Platz und nur ein Sechstel der Befragten wünscht sich Projektlernen noch einmal. Positiv bewertet wurden ein interessantes, vielfältiges Themenangebot, selbstbestimmte Themen- und Gruppenwahl, gemeinsames Arbeiten, Abwechslung vom Schulalltag und eine lockere Atmosphäre. Kritisiert wurden die teilweise starke Steuerung durch Lehrende, mangelnde Mitarbeit von Mitlernenden, organisatorische Mängel und unzureichende Materialbereitstellung. Die Kritikpunkte der Schüler verdeutlichen, dass die negative Bewertung des Projektunterrichts nicht unbedingt an der Unterrichtsform an sich, sondern sicherlich auch an deren ›mismanagement‹ liegt.

Im englischen Sprachraum liegen ebenfalls Studien vor, in denen Projektunterricht vom Großteil der Lernenden sehr positiv bewertet wird. In einer Lehrer-Forscher-Studie von Sarwar (2002) untersuchten einige Lehrer, die in Pakistan Englisch als Fremdsprache unterrichten, ob Projektunterricht die Fähigkeit ihrer 18- bis 20-jährigen Schüler zum selbstbestimmten Lernen fördere. Die Lernenden, die bis dahin nur lehrerzentrierten Unterricht gewohnt waren, erhielten die Möglichkeit, an Englischprojekten außerhalb des Regelunterrichts teilzunehmen und in diesem Rahmen selbstständig eine englische Zeitung zu erstellen. Die Studie wurde mithilfe von Fragebögen im Prä-Post-Design an 26 zufällig ausgewählten Schülern, durch Telefoninterviews mit einigen Lernenden sowie mit 38 Reflexionsberichten ausgewertet. 90 % der Schüler gaben an, dass sie nach Abschluss des Projekts auch im Regelunterricht gerne projektorientiert arbeiten würden. Sie bewerteten diese Unterrichtsform als wesentlich effektiver für die Verbesserung ihrer Englischkenntnisse als den lehrerzentrierten Regelunterricht. Aufgrund der kleinen Stichprobe – 26 von 153 Teilnehmern wurden per Fragebogen befragt – besitzt die Studie allerdings nur eine begrenzte Aussagekraft.

Boaler (1998) begleitete 300 Schüler an zwei englischen Schulen über drei Jahre von Klasse neun bis elf. In einer Schule wurde Mathematik traditionell, lehrerzentriert und textbuchlastig unterrichtet, in der anderen Schule in zwei- bis dreiwöchigen Projekten. Laut dieser Studie erlebt der Großteil der Schüler der reformorientierten Schule ihren projektorientierten Mathematikunterricht sehr positiv – das Lernen sei interessant und die Atmosphäre gut. Ein Fünftel der Lernenden ist allerdings mit dem projektorientierten Unterricht nicht zufrieden und wünscht sich eine stärker strukturierte und kontrollierte Lernumgebung. Dieser Teil erlebt sich als hilflos und allein gelassen.

Eine Studie von Meyer, Spencer und Turner (1997) zeigt ebenfalls, wie unterschiedlich Projektunterricht in Abhängigkeit von der jeweiligen Schülerpersönlichkeit wahrgenommen werden kann. Die Autoren untersuchten 14 Fünft- und Sechstklässler in Bezug auf ihr Risikoverhalten im projektartigen Mathematikunterricht mithilfe von Fragebögen, Interviews und Unterrichtsbeobachtungen. In der Studie werden vier Lernende genauer dargestellt. Alle gaben an, Projektunterricht mache ihnen grundsätzlich Spaß; trotzdem erlebten sie ihn sehr unterschiedlich. Die Risikovermeider (»risk-avoider«) mit geringer Selbstwirksamkeitserwartung nahmen das Projekt teilweise als Bedrohung wahr, fühlten sich häufig überfordert und ängstlich. Die leistungsstarken, risikobereiten Schüler (»risk-taker«) erlebten im Projektunterricht »flow«; sie konnten ihre Stärken ausprobieren und nahmen Herausforderungen gerne an. Es ist zu beachten, dass es hier nur um vier Einzelfälle geht und dass zudem keine ausschließlich für den Projektunterricht relevante Eigenschaft untersucht wurde. Allerdings spielen Risikobereitschaft und Selbstständigkeit im Projektunterricht, in dem Lernende in besonderem Maße Verantwortung für ihre Lernprozesse übernehmen müssen, eine wichtigere Rolle als im Lehrgangsunterricht.

Bei der Bewertung des Projektunterrichts aus Schülersicht liefern die Studien somit kein einheitliches Bild. Während ein Großteil der Lernenden Projektunterricht positiv bewertet, ihn interessant findet, den Praxisbezug und eine größere Selbstbestimmung schätzt, stehen einige Probanden, z. B. in den Studien von Riedel u. a. (1994) und Boaler (1998), dem Projektlernen sehr skeptisch gegenüber. Auch oder gerade in dieser Unterrichtsform kann es zu Überforderungen der Lernenden kommen. Somit werden Lehrer im Projektunterricht vor die Aufgabe gestellt, eine Balance zu finden zwischen der Vorgabe von Orientierungspunkten und der Offenhaltung von Spielräumen für selbstständige Entscheidungen, um den unterschiedlichen Lernvoraussetzungen gerecht zu werden. Das Erlernen dieses ständigen »Balanceakts« muss deshalb ganz offensichtlich fester Bestandteil im Rahmen der Professionalisierung von Lehrern in dieser Unterrichtsform sein.

3. Studien zur Implementation und Durchführung von Projektunterricht

Eng verbunden mit der Einstellung zum Projektunterricht sind die Erfahrungen, die die Beteiligten in ihren ersten Projekten gesammelt haben. Aus dem deutschsprachigen Raum liegen nur wenige Studien vor, die sich explizit mit Chancen und Problemen bei der Einführung und Professionalisierung von projektorientiertem Unterricht beschäftigen. Größere Untersuchungen sind dabei fast immer angebunden an umfangreiche Strukturveränderungen durch Vorgaben von außen, die dann einer wissenschaftlichen Evaluation unterzogen werden.

Kastner (2008) analysierte die Herausforderungen bei der Einführung von Projektunterricht in Sachsen-Anhalt auf Basis einer äußeren Schulreform nach der Wiedervereinigung. Im Zuge der Einführung der Förderstufe avancierte Projektunterricht dort zum Kernthema der Bildungsreform; ein wohl einmaliger Vorgang in der bildungspolitischen Vergangenheit. Im zeitlichen Rahmen von drei bis sechs Unterrichtswochen sollte in den Klassenstufen 5 und 6 Projektunterricht nach Pflicht- und Wahlpflichtthemen verpflichtend durchgeführt werden. Im Rahmen des formativen Evaluationsprojekts »Wissenschaftliche Begleitung der Einführung der Förderstufe in Sachsen-Anhalt« wurde die praktische Umsetzung des Projektunterrichts an vier Einzelschulen zwei Jahre lang begleitet. Die Datengrundlage der qualitativen Fallbeschreibungen bildeten Projektprotokolle aus teilnehmenden Beobachtungen im Unterricht, Datenmaterial zu vorausgegangenen Planungsschritten und Leitfadeninterviews.

Die Ergebnisse der Studie verdeutlichen laut Kastner (2008, S. 242), dass auch mit einer von oben angeordneten Reform zentrale Spannungsverhältnisse des Projektunterrichts zur Institution Schule nicht immer gelöst werden konnten. Die Lehrenden nahmen besonders den konzeptionellen Bruch der Einführung von »Pflichtprojekten«, in denen Inhalte von außen festgesetzt wurden, mit dem Grundgedanken eines von Schülern und Lehrern gemeinsam geplanten und entwickelten Projektunterrichts deutlich wahr. Diese zumindest partiell vom Gesetzgeber provozierte Antinomie wurde jedoch auf unterschiedliche Art aufgelöst. Projektunterricht verlief bei denjenigen Lehrern erfolgreich, die mit der Gefahr umzugehen gelernt hatten, dass fachliche Inhalte im Projektunterricht zu kurz kommen und evtl. im Fachunterricht nachgeholt werden müssen. Diese Lehrenden zeichneten sich durch einen professionellen Umgang mit auftretenden Spannungsverhältnissen aus und räumten ihren Schülern im Rahmen der festgesetzten Thematik möglichst viel Gestaltungsspielraum ein. Bei Lehrern, die sich stattdessen eng an den inhaltlichen Vorgaben orientierten, wurden laut Kastner (2008, S. 236) wichtige Planungs- und Aushandlungsprozesse auf Schülerseite ausgeblendet, so dass letztlich lediglich ein abwechslungsreicher Frontalunterricht durchgeführt wurde. Die Leistungsbewertung stellte ein weiteres, weitgehend ungelöstes Problem dar. Ansätze zur alternativen, prozessbezogenen und reflexionsfördernden Leistungsbewertung in Form von Projekttagebüchern oder Arbeitsprozessberichten wurden in den beobachteten Schulen nicht gefunden; der traditionelle Leistungsbegriff blieb dort ›unangetastet‹. Als wichtige Quelle für die Professionalisierung im Projektunterricht auf Ebene der Einzelschule konnten zum einen die Schulleiter identifiziert werden, die »zur kreativen Nutzung der einzelschulischen Ressourcen einen Beitrag leisteten, Vertretungspläne und Verantwortlichkeiten organisierten, Veränderungen im Stundenplan zuließen und damit den Weg für erfolgreiche Projektarbeit ebneten.« (ebd., S. 240). Zum anderen zeigten sich die Kommunikations- und Kooperationsbeziehungen im Kollegium als zentraler Gelingensfaktor für die gemeinsame Bearbeitung schulinterner Spannungsverhältnisse.

Eine weitere aktuelle Studie liegt von Rabenstein (2003) vor, die die Entwicklung des Umweltprofils der Jahrgangsstufe 12 der Profiloberstufe an der Max-Brauer-Schule in Hamburg im Jahr 2000 begleitete und evaluierte. Im Mittelpunkt der Forschung stand die ausführliche Rekonstruktion der Lehr-Lernprozesse während des Projektunterrichts. Die Daten wurden durch teilnehmende Beobachtung, Tonbandaufnahmen und Leitfadeninterviews mit neun Schülern gewonnen. Die Ergebnisse der Studie zeigen, dass sowohl auf Lehrer- als auch auf Schülerseite Lernprozesse stattfinden müssen, damit Projektunterricht erfolgreich umgesetzt werden kann. Die Lehrenden müssen lernen, die Anforderungen des Projektunterrichts an die Jugendlichen, ihre aktuelle Entwicklungsphase und ihre bisherige Lernbiografie anzupassen. Die Schüler müssen lernen, eigenständig und selbstverantwortlich zu arbeiten. Dazu sind ein intensiver Austausch zwischen Lehrenden und Lernenden und individuelles Feedback nötig. Als besondere Schwierigkeit hat sich die wechselseitige Explikation von Erwartungen und Anforderungen auf Lehrenden- und Lernendenseite herauskristallisiert. Zieht man den Prozesscharakter des Projektunterrichts in Betracht, so wird deutlich, dass beide Seiten lernen müssen, Ungewissheiten am Anfang auszuhalten. Das anzustrebende Ziel steht nicht von vorneherein fest, sondern muss sorgfältig ausgehandelt werden.

Köhler und Klautke (1994) stellen in ihrer Studie fest, dass es Lehrern teilweise nicht leicht fällt, Verantwortung an ihre Schüler abzugeben. Die Lehrenden zeigten die Tendenz, ihren Unterricht zu lehrerzentriert durchzuführen und Schülern zu wenig Mitbestimmung einzuräumen. In der Studie zeigte sich außerdem, dass die eigenen Handlungserfahrungen der Lehrer (bspw. die gemeinsame Durchführung von Versuchen während der Fortbildung) sich deutlich auf die Handlungsorientierung in ihrem Unterricht auswirkten. Daher betonen die Autoren die Wichtigkeit von Fortbildungen zum Projektunterricht, in denen Praxiserfahrungen ermöglicht werden und die Relevanz praktischer Erfahrungen für Lernende verdeutlicht wird. Gerade im Bereich der Fortbildung wird ein starker Nachholbedarf konstatiert.

Weiterhin liegt für den deutschsprachigen Raum eine Studie aus Österreich (Hackl, 1994) vor, die herausarbeitet, aufgrund welcher Schwierigkeiten Projektunterricht in der schulischen Praxis häufig scheitert und wo und wie Professionalisierung von Lehrern für Projektunterricht ansetzen kann, um diesem Scheitern entgegenzuwirken. Alleinstellungsmerkmale der Studie bestehen zum einen im methodischen Design in Form qualitativer Handlungsforschung, zum anderen in der Aufbereitung der Ergebnisse mit dem Ziel, dass der Leser diese zum Ausgangspunkt seines eigenen »forschenden Handeln[s]« (ebd., S. 19) macht. An sechs Wiener Schulen wurden über einen Zeitraum von etwa fünf Jahren 18 Unterrichtsprojekte begleitet, wodurch eine Kooperation von Forschenden (zumeist Lehramtsstudierende) mit in der Schule aktiven Lehrern, die ein Interesse an Veränderung ihres eigenen Unterrichts hatten, erfolgen sollte. Die Lehrenden wurden also nicht von außen ›beforscht‹, sondern gemäß dem Verständnis von Handlungsforschung aktiv in das Forschungsteam integriert und in den Forschungsprozess einbezogen. Die Ergebnisse aus der Analyse des qualitativen Forschungsmaterials (basierend v. a. auf Lehrer- und Schülerinterviews sowie Tagebucheinträgen der Lehrer) verdeutlichten vielfältige schulinstitutionelle, organisatorische und didaktische Problemstellen, die bei einer Nichtbewältigung zu funktionalen und motivationalen Behinderungen führten und die von der Forschergruppe zu folgenden, für den Projektunterricht spezifischen Problemfeldern, verdichtet wurden: 1. Projektunterricht als Lernaufgabe, 2. Motivationale Probleme, 3. Kollisionen mit dem System und 4. Subjektive Dilemmata der Lehrenden. Hackl kommt bei der Analyse krisenhafter Versuche der Projektimplementation zu der Erkenntnis, dass Planung und Durchführung von Projekten »unter den schulischen ›Normalbedingungen‹ eine kontinuierliche Abfolge von dilemmatischen Entscheidungssituationen« (ebd., S. 17) bilden, in der die Lehrenden einerseits erkennen, dass ihre bewährten Handlungsstrategien nicht für die Unterstützung selbstständigen Lernens geeignet sind, der Entwurf und die Erprobung neuer Strategien jedoch zu Unsicherheiten und Ängsten bzgl. des Verlusts von Gestaltungsmöglichkeiten führen. Interessant und richtungweisend erscheint in diesem Zusammenhang vor allem die Erkenntnis, dass sich in schulischen Lernzusammenhängen »Funktionssysteme mit einer Tendenz zu inneren Konsolidierung« (ebd., S. 15) bilden. Sowohl der traditionelle Präsentationsunterricht als auch der Projektunterricht stellen solche »in sich stimmige[n] Funktionsstrukturen« mit einem jeweils speziellen »Bedingungs-Begründungs-Handlungs-Gleichgewicht« dar. Um seinen Unterricht in Richtung Projektunterricht zu verändern, müssen solch komplexe Funktionsstrukturen aufgebrochen und ein neues Gleichgewicht muss hergestellt werden.

Besonders aus den USA stammen einige einschlägige Studien zu Erfahrungen mit der Einführung von Projektunterricht in den Schulalltag.

Eine ausführliche qualitative Langzeitstudie zur Implementation von Projektunterricht liegt in Form der Entwicklung, Durchführung und Evaluation eines Lehrertrainingsmodells von einer Forschungsgruppe der University of Michigan (Blumenfeld, Krajcik, Marx & Soloway, 1994; Krajcik, Blumenfeld, Marx & Soloway, 1994; Ladewski, Harvey & Krajcik, 1994; Marx u. a., 1994; Marx, Blumenfeld, Krajcik & Soloway, 1997) vor. Diese arbeitete zwei Jahre lang mit zehn Lehrern, die naturwissenschaftlichen Unterricht in den Klassenstufen sechs bis acht erteilten, in einem Forschungsteam zusammen und half ihnen dabei, Projektunterricht in ihren naturwissenschaftlichen Unterricht zu integrieren. Die Lehrer führten zwei sechs- bis achtwöchige Projekte durch, die vom National Geographic Kids Network entwickelt worden waren. Einmal im Monat trafen sich Lehrende, Wissenschaftler und Projektexperten zur gemeinsamen Analyse der Unterrichtsvorgänge. Zur Datenerhebung wurden Videographien des Unterrichts, von den Lehrenden geführte Portfolios, Interviews sowie Audio- und Videomitschnitte der Teamsitzungen herangezogen. Aus diesen Daten wurden fünf Porträts erstellt. Die Studie zeigt, dass die Lernprozesse der Probanden nicht linear verliefen, sondern durch wiederkehrende Zyklen aus Praxiserfahrungen, Reflexion und deren Analyse im Forschungsteam beeinflusst wurden. Die Lehrer konzentrierten sich zu Beginn nur auf ein bis zwei Aspekte (z. B. Zusammenarbeit der Schüler), die relativ konform mit ihrem bisherigen Unterrichtsstil waren, und ignorierten andere. Sie begannen erst nach und nach neue Strategien einzusetzen, fielen aber besonders in Stresssituationen in alte Muster zurück. Erst bei tieferem Verständnis der zugrunde liegenden Prinzipien von Projektarbeit tauchten Konflikte zwischen diesen und subjektiven Überzeugungen bezüglich des Unterrichts auf und einige Lehrer mussten lernen, grundlegend umzudenken. Die praktische Umsetzung war letztendlich zentral für die Entwicklung eines tiefergehenden Verständnisses von Projektunterricht seitens der Lehrenden.

Obwohl sich jeder Proband individuell entwickelte, tauchten doch immer wieder ähnliche Probleme auf. Diese bestanden vor allem in schneller Frustration aufgrund anfänglicher Misserfolge sowie in der Schwierigkeit, Kontrolle an Schüler abzugeben. Zudem wurden durch das Einlassen auf eine neue Unterrichtsform aus Experten wieder Neulinge, die sich unsicher fühlten und erprobte Praktiken zur Steuerung des Unterrichts nicht mehr einsetzen konnten.

Chard (2000) analysierte schriftliche Reflexionsberichte von Grundschullehrern (zwölf aus Texas und neun aus Kanada), die zur Vorbereitung auf den Projektunterricht lediglich einen kurzen Workshop oder einen Kurs zur Projektmethode besucht hatten. Auch die Lehrenden dieser Studie empfanden vor allem die ersten Phasen des Projektes als Herausforderung. Es gab jedoch große Unterschiede zwischen den einzelnen Personen. Während einige das Gefühl hatten, aufgrund ihrer bisherigen Erfahrungen Projekte leicht in ihren Unterricht integrieren zu können, hatten andere größere Schwierigkeiten und kamen trotz hoher Motivation mehrere Monate lang nicht über die Einführung kleinerer Zwischenprojekte hinaus. Diese Lehrer berichteten, dass sie, um auf die noch unbekannten Wünsche und Forderungen der Lernenden eingehen zu können, ihren Unterricht umstellen müssten. Dies verlange die Bereitschaft, sich auf Ungewohntes einzulassen, sowie Vertrauen in die eigenen Fähigkeiten. Alle Lehrenden zeigten sich am Ende jedoch fasziniert von ihren Projekterfahrungen, wie folgendes Zitat eines Lehrers einer ersten Klasse verdeutlicht:

> The children now see me, not just as a teacher, but also as a companion on a fantastic journey of learning. This is what I always imagined teaching should be. I have searched for years to achieve this symbiotic relationship with my learners. I don't think I could ever go back to my old style of teaching now (ebd., S. 15).

Die Studie von Sarwar (2002) beleuchtet Entwicklungsprozesse bei der Einführung von Projektunterricht auf Lehrenden- wie auf Lernendenseite. Beide Parteien waren am Anfang dem Projektunterricht gegenüber skeptisch eingestellt. Die Lehrer bezweifelten, dass ihre Schüler dazu bereit seien, an dem Projekt mitzuarbeiten und beschrieben sie teilweise als faul und konzentrationsschwach. Die Schüler, die bis dahin nur Lehrgangsunterricht gewohnt waren, empfanden Angst vor neuen Herausforderungen und dem selbstständigen Arbeiten. Während des Projektes veränderte sich jedoch die Einstellung aller Beteiligten. Die Lernenden beschrieben, dass ihre Selbstsicherheit während des Projektverlaufs anstieg und sie gezielt Strategien anwandten, um ihre Ziele zu erreichen. Die Lehrenden beschrieben, dass erst die motivierteren und intelligenteren, später aber auch die lernschwächeren Schüler aktiv am Projektunterricht teilnahmen und ihre Stärken ausspielten. Am Ende bewerteten beide Seiten den Projektunterricht sehr positiv. Die Lehrer zeigten sich überrascht von den Fähigkeiten ihrer Schüler, wie das folgende Zitat eines Lehrerforschers verdeutlicht:

> The designs, colour combinations plus the information about themselves was a sight to watch. I could not believe that the work was done by the same students whom I had labeled as dull, slow, lazy ... so much can be achieved by a little effort on the part of a teacher! (ebd., S. 10)

Krajcik u. a. (1998) erstellten Fallstudien von acht Schülern aus zwei siebten Klassen während der parallelen Durchführung von zwei Projekten im naturwissenschaftlichen Unterricht. Die Projekte liefen in Form zweier naturwissenschaftlicher Experimente unterrichtsbegleitend über sieben Monate. Die Lehrer nahmen zuvor an Fortbildungen zum Projektunterricht teil. Die Daten für die Fallstudien wurden durch Beobachtung und Videographie des Unterrichts (60 Zeitstunden pro Klasse), fünf Interviews à 30 Minuten pro Schüler und verschiedenen Unterrichtsprodukten erhoben.

Die Ergebnisse legen nahe, dass man bei der Einführung von Projektunterricht keine lineare, einheitliche Progression erwarten darf, dass Schüler mit entsprechender Hilfestellung aber signifikante Fortschritte erzielen können. So wiesen etwa erste entwickelte Fragestellungen der Schüler Fehler auf, konnten jedoch mithilfe von Lehrerfeedback und der Beschaffung von Hintergrundinformationen qualitativ verbessert werden. Die Lehrer räumten einzelnen Phasen des Projekts, wie der Präsentation von Produkten, zu wenig Zeit ein und überforderten die Schüler mit der Anfertigung von Produkten ohne Hilfestellung. Aus diesen Beobachtungen schlussfolgern die

Autoren, dass gründliche Überlegungen nötig sind, in welcher Reihenfolge Materialien zu präsentieren und wie Projekte zu gestalten sind, die aufeinander aufbauen. Zudem ist es wichtig, den Lernenden vielfältige Hilfestellungen bei der Durchführung komplexer Projekte anzubieten.

Barron u. a. (1998) weisen in ihrer Studie ebenfalls darauf hin, dass nicht nur Lernende, sondern auch Lehrende gründlich auf den Projektunterricht vorbereitet werden müssen. Als Hilfestellungen schlagen sie Teamteaching, Videofeedback oder Online-Diskussionsforen vor, in denen sich Lehrer über ihre Erfahrungen austauschen können und vielfältige Anregungen und Materialien finden.

Im englischsprachigen Raum finden sich auch Studien, die sich mit der Projektdurchführung durch projekterfahrene Lehrer befassen. Mitchell, Foulger, Wetzel und Rathkey (2008) analysierten in einer Fallstudie Verhalten und Strategien einer amerikanischen Grundschullehrerin, die in ihrer Schule als Projektexpertin gilt. Die Prozessstruktur des Unterrichts bei der Einführung eines Projekts in einer ersten Grundschulklasse wurde mithilfe von Beobachtungsprotokollen, Lehrer- und Schüler-Interviews sowie Videographien dokumentiert. Das Verhalten der Grundschullehrerin zeichnete sich durch einen spezifischen Strategieeinsatz aus. Sie informierte sich vor Projektbeginn über die vom Distrikt vorgegebenen Kompetenzstandards, um dann während der gemeinsamen Aushandlung des Projektthemas mit ihren Schülern Verbindungen zwischen Standards und Schülerinteressen zu ziehen. Dabei passte sie jedoch die Standards an die Interessen und Bedürfnisse der Kinder an, nicht umgekehrt (»You manipulate the standards, not the children«, Mitchell u. a., 2008, S. 5). Weitere Strategien der Lehrerin bestanden in der Aufteilung von Verantwortlichkeiten für die Unterrichtsinhalte zwischen einzelnen Schülergruppen und ihr als Lehrperson, der Kommunikation von Fehlern als wertvolle Erfahrungen im Lernprozess, der bewussten Zurückhaltung von Anweisungen bei Auftreten eines Problems, das die Schüler auch selbst lösen konnten, und der Kommunikation ehrlichen Feedbacks in Kombination mit konkreten Verbesserungsvorschlägen.

Mergendoller und Thomas (2000) befragten per Telefoninterview zwölf Lehrende, die von anderen als Experten für Projektunterricht eingeschätzt wurden, mit dem Ziel, Tipps für die erfolgreiche Planung und Durchführung von Projekten zu erhalten. Die befragten Personen gaben an, dass Projektunterricht als Unterrichtsform spezifische Probleme und Chancen mit sich bringe und dass man deshalb als Lehrer ein breites Repertoire an Strategien benötige, die für den lehrerzentrierten Unterricht nicht nötig seien, um sich in dieser Unterrichtsform zu behaupten. Zusätzlich gehe die Projektidee auch mit einem anderen Schülerbild einher. Der Lehrende sollte sich als Lernhelfer verstehen, der den Schülern dabei hilft, Verantwortung für ihre Lernprozesse zu übernehmen. Er darf jedoch nicht davon ausgehen, dass die Lernenden bereits alle Fertigkeiten mitbringen.

Die Studien mit projekterfahrenen Lehrern zeigen, dass diese ein breites Repertoire an komplexen Strategien zur erfolgreichen Gestaltung des Projektunterrichts besitzen und einen Perspektivwechsel vollzogen haben. Sie sehen sich als Lernhelfer, die ihre Schüler bei der eigenverantwortlichen Projektdurchführung unterstützen und sie orientieren sich in erster Linie an den genuinen Interessen und Wünschen der Schüler, um Kompetenzstandards und vorgegebene Lernziele dann an diese anzupassen.

Die Studien zur erstmaligen Implementation von Projektunterricht verdeutlichen, dass solch ein Perspektivwechsel und der Erwerb projektspezifischer Strategien für Lehrer, aber ebenso für Schüler, nicht immer problemlos verlaufen. Beide Parteien sehen sich neuen Strukturen und Prozessen gegenüber, mit denen sie sich auseinandersetzen müssen. Dabei benötigen sowohl Schüler als auch Lehrer vielfältige Hilfestellungen. Dies bedeutet für die Lehrenden zwangsläufig eine doppelte Schwierigkeit. Sie müssen ihren Schülern Hilfestellung leisten und sind gleichzeitig selbst wieder in der Rolle der Lernenden. Als umso wichtiger stellen sich Fortbildungen für den Erfolg beim Umsetzen von Projektunterricht heraus (vgl. Blumenfeld u. a., 1994; Köhler & Klautke, 1994; Krajcik u. a., 1994; Ladewski u. a., 1994; Marx u. a., 1994; Marx u. a., 1997; Krajcik u. a., 1998). Welche Art von Fortbildungsangebot die Lehrenden am effektivsten auf die neuen Herausforderungen des Projektunterrichts vorbereitet, lässt sich dabei nicht ohne Weiteres bestimmen. In dieser Hinsicht besteht dringender Entwicklungs- und Forschungsbedarf.

4. Fazit

Zu Beginn eines Resümees ist noch einmal der Hinweis bedeutsam, dass auch unter Einbezug einer internationalen Perspektive relativ wenige empirische Arbeiten zum Projektunterricht vorliegen und diese von sehr unterschiedlicher Qualität sind. Dementsprechend sind die im Folgenden stichpunktartig aufgeführten Schlussfolgerungen als erste, vorläufige Ergebnisse zu betrachten:

- Lehrer haben gegenüber Projektunterricht angesichts seiner Seltenheit im Schulalltag eine überraschend positive Einstellung. Aus Lehrersicht ähneln sich im internationalen Vergleich Pro- und Contra-Argumente, was dafür spricht, dass diese Unterrichtsform eine Vielzahl von Lehrenden vor typische Chancen und Probleme stellt. Insofern ist Studien wie denen von Hedewig (1994) oder Mergendoller und Thomas (2000), die nicht nur Kritikpunkte, sondern auch Strategien und Ratschläge zur professionellen Durchführung von Projektunterricht sammeln, eine wichtige Bedeutung zuzuschreiben. Diese können Lehrenden als konkrete Hilfestellung dienen.
- Viele Schüler schätzen den Projektunterricht, vor allem aufgrund des Praxisbezugs und der Möglichkeiten zur Selbstbestimmung. Bestehende Studien haben gezeigt, dass Projektunterricht das Potenzial aufweist, ungeahnte Kräfte seitens der Lernenden zu entfalten. Gleichzeitig kann er sie durch zu viel Selbstbestimmung aber auch überfordern. Lehrer müssen adäquat ausgebildet werden, damit sie für ihre Schüler differenzierte Stützstrukturen schaffen können, die solche Überforderungen verhindern.
- Die Studien zur erfolgreichen Durchführung von Projektunterricht zeigen, dass Projektexperten ein breites Strategierepertoire besitzen und einen Perspektivwechsel in Bezug auf ihre Unterrichtsplanung und -gestaltung vollzogen haben.
- Erste Erfahrungen mit Projektunterricht können große Erfolge sein und Lehrer wie Schüler begeistern. Sie können jedoch auch mühsam verlaufen, da auf Lehrer- wie auf Schülerseite Lernprozesse stattfinden müssen. Beide Seiten benötigen Stützstrukturen für die erfolgreiche Auseinandersetzung mit Projektunterricht. Zwei Studien aus den USA (Blumenfeld u. a., 1994; Krajcik u. a.,

1994; Ladewski u. a., 1994; Marx u. a., 1994; Marx u. a., 1997; Krajcik u. a., 1998), die in Form von zweijährigen, intensiven Begleitprogrammen bzw. kurzen Workshops sehr unterschiedliche Fortbildungsmaßnahmen analysiert haben, stellen gute Ansatz- und Vergleichspunkte dar, um Unterstützungsangebote, z. B. in Form von Ausbildungs- und Fortbildungskonzepten, zu entwickeln. Die Studie von Hackl (1994) gibt ebenfalls wertvolle Hinweise, wie Lehrer sich und ihren Unterricht durch eigenes »forschendes Handeln« professionalisieren können. Besonders für die neue Ausgestaltung der Lehrerausbildung in Deutschland liegt hier eine Chance und Aufgabe, strukturelle Grundlagen zu legen.

Literatur

Barron, B. J. S., Bransford, J. D., Moore, A., Petrosino, A., Schwartz, D. L., Vye, N. J., & Zech, L. (1998). Doing with Understanding: Lessons from Research on Problem- and Project-Based Learning. *The Journal of the Learning Sciences, 7(3/4),* 271–311.

Blumenfeld, B. C., Krajzik, J. S, Marx, R. W. & Soloway, E. (1994). Lessons Learned: How Collaboration Helped Middle Grade Science Teachers Learn Project-Based Instruction. *The Elementary School Journal, (5),* 539–551.

Boaler, J. (1998). Open and Closed Mathematics. Student Experiences and Understandings. *Journal for Research in Mathematics Education, 29,* 41–62.

Chard, S. (2000). The challenges and the rewards: A study of teachers undertaking their first projects. In D. Rothenberg (Hrsg.), *Issues in Early Childhood Education: Curriculum, Teacher Education & Dissemination of Information* (Proceedings of the Lilian Katz Symposium, November 5–7, 2000). Champaign, IL: Children's Research Center, University of Illinois at Urbana-Champaign.

Cognitive and Technology Group at Vanderbilt University (1992). The Jasper Series as an Example of Anchored Instruction: Theory, Program Description, and Assessment Data. *Educational Psychologist, 277,* 291–315.

Frey, K. (1990). *Die Projektmethode.* Weinheim: Beltz.

Geist, M., Jungblut, G. & Philipp, E. (1986). Projektlernen – Eine Zauberformel? *Die Deutsche Schule, (3),* 306–315.

Gudjons, H. (2008). *Handlungsorientiert Lehren und Lernen. Schüleraktivierung, Selbsttätigkeit, Projektarbeit* (6. Aufl.). Bad Heilbrunn: Klinkhardt.

Hackl, B. (1994). *Projektunterricht in der Praxis: Utopien, Frustrationen, Lösungswege.* Innsbruck: Österreichischer Studien-Verlag.

Hedewig, R. (1994). Vorteile und Grenzen des Projektunterrichts im Fach Biologie – Ergebnisse einer Befragung von Lehrern im Schuljahr 1993/94. In L. Jäkel, M. Schallies, J. Venter & U. Zimmermann (Hrsg.), *Der Wandel im*

Lehren und Lernen von Mathematik und Naturwissenschaften. Band II, Naturwissenschaften (S. 56–63). Weinheim: Deutscher Studienverlag.

Kastner, H. (2008). Pflichtprojekte – Projektunterricht im Spannungsverhältnis zur Institution Schule. In G. Breidenstein & F. Schütze (Hrsg.), *Paradoxien in der Reform der Schule. Ergebnisse qualitativer Sozialforschung* (Studien zur Schul- und Bildungsforschung, Bd. 22) (S. 231–245). Wiesbaden: Verlag für Sozialwissenschaften.

Köhler, K. & Klautke, S. (1994). Ergebnisse der Erprobung eines praxisorientierten Ansatzes zur Umweltbiotechnik (gemeinsam mit Biologielehrern der Sekundarstufen I und II). In H. Bayrhuber & O. Grönke (Hrsg.), *Interdisziplinäre Themenbereiche und Projekte im Biologieunterricht* (S. 398–403). Kiel: IPN.

Krajcik, J. S., Bass, K. M., Blumenfeld, B. C., Fredericks, J., Marx, R. W. & Soloway, E. (1998). Inquiry in Project-Based Science Classrooms: Initial Attempts by Middle School Students. *The Journal of the Learning Sciences, (7)*, 313–350.

Krajcik, J. S., Blumenfeld, B. C., Marx, R. W. & Soloway, E. (1994). A Collaborative Model for Helping Middle Grade Science Teachers Learn Project-Based Instruction. *The Elementary School Journal, (5)*, 483–497.

Ladewski, B. G., Harvey, C. L. & Krajcik, J. S. (1994). A Middle Grade Science Teacher's Emerging understanding of Project-Based Instruction. *The Elementary School Journal, (5)*, 499–515.

Marx, R. W., Blumenfeld, B. C., Blunk, M., Crawford, B., Kelly, B., Krajzik, J. S. & Meyer, K. M. (1994). Enacting Project-Based Science: Experiences of Four Middle Grade Teachers. *The Elementary School Journal, (5)*, 517–538.

Marx, R. W., Blumenfeld, B. C., Krajcik, J. S., Soloway, E. (1997). Enacting Project-Based Science. *The Elementary School Journal, (4)*, 341–358.

Mergendoller, J. R. & Thomas, J. W. (2000). *Managing project based learning: Principles from the field* (Paper presented at the Annual Meeting of the American Educational Research Association). New Orleans. Verfügbar unter: http://www.bie.org/images/uploads/general/f6d0b4a5d9e37c0e0317acb794 2d27b0.pdf [09.06.2013].

Meyer, D. K., Spencer, C. A., & Turner, J. C. (1997). Challenge in a Mathematics Classroom: Students' Motivation and Strategies in Project-Based Learning. *The Elementary School Journal, (5)*, 501–521.

Mitchell, S., Foulger, T. S., Wetzel, K. & Rathkey, C. (2008). The Negotiated Project Approach: Project-Based Learning without Leaving the Standards Behind. *Early Childhood Educational Journal. 36(4)*, 339–346. Verfügbar unter http://www.springerlink.com/content/c73q57211024 x727/fulltext.html [09.11.2010].

Nuhn, H. & Vaupel, D. (1991). Projektlernen an nordhessischen Sekundarstufenschulen. *Pädagogik, (9)*, 42–45.

Petri, G. (1991). *Idee, Realität und Entwicklungsmöglichkeiten des Projektlernens*. Graz: Bundesministerium für Kunst, Unterricht und Sport.

Rabenstein, K. (2003). *In der gymnasialen Oberstufe fächerübergreifend lehren und lernen: Eine Fallstudie über die Verlaufslogik fächerübergreifenden Projektunterrichts und die Erfahrungen der Schüler*. Opladen: Leske + Budrich.

Ravitz, J. (2008). *Project Based Learning as a Catalyst in Reforming High Schools*. Buck Institute for Education.

Rengstorf, F. & Schumacher, C. (2010). Projektarbeit und Projektunterricht in der schulischen Wirklichkeit – Ein Niemandsland in der empirischen Unterrichtsforschung? *TriOS, (2)*, 23–56.

Riedel, K., Griwatz, M., Leutert, H. & Westphal, J. (1994). *Schule im Vereinigungsprozeß: Probleme und Erfahrungen aus Lehrer- und Schülerperspektive*. Frankfurt: Lang.

Sarwar, Z. (2002). *Research on project-based learning to facilitate learner autonomy* (Paper presented at the 13th World Congress of Applied Linguistics, AILA 2002, Singapore). Verfügbar unter www.hayo.nl/lapi/zakia_sarwar.doc [12.12.2012].

Schart, M. (2003). *Projektunterricht – subjektiv betrachtet: Eine qualitative Studie mit Lehrenden für Deutsch als Fremdsprache*. Baltmannsweiler: Schneider-Verlag Hohengehren.

Schümer, G. (1996). Projektunterricht in der Regelschule. Anmerkungen zur pädagogischen Freiheit des Lehrers. *Zeitschrift für Pädagogik, 34. Beiheft*, 141–158.

Suin de Boutemard, B. (1986). Projektunterricht – Geschichte einer Idee, die so alt ist, wie unser Jahrhundert. In J. Bastian & H. Gudjons (Hrsg.), *Das Projektbuch. Theorie – Praxisbeispiele – Erfahrungen* (Bd. I, S. 62–77). Hamburg: Bergmann und Helbig.

Thomas, J. W. (2000). *A review of research on project-based learning*. San Rafael, CA: Autodesk. Verfügbar unter http://www.bobpearlman.org/BestPractices/PBL_Research.pdf [12.12.2012].

Teil 2

Professionalisierung für Projektunterricht: Konzepte und Praxisbeispiele

Christina Thomas
Von randständig-singulärer zu kontinuierlicher Projektdidaktik in der universitären Lehrerbildung – Seminarkonzepte

1. Einleitung

Die curriculare Verankerung der Projektdidaktik in der Lehrerausbildung erscheint, von Ausnahmen abgesehen, weiterhin singulär und randständig, schaut man durch die Vorlesungsverzeichnisse deutscher Hochschulen. Dieser Beitrag fokussiert deshalb auf die Machbarkeit curricularer und hochschuldidaktischer Implementierung eines Lehrangebotes zur Projektdidaktik, gleichwohl als Antwort auf die aus den vorliegenden Buchbeiträgen abzuleitenden Forderungen. Im Mittelpunkt steht das ab Sommersemester 2013 erstmals an der Universität Bielefeld startende Lehrangebot »Einführung in die Didaktik des Projektlernens« im Studiengang Bachelor Nebenfach Pädagogik für das Lehramt an Gymnasien/Gesamtschulen.[1] Dieses akkreditierte Wahlpflicht-Modul eines Lehramtsstudiengangs bietet einen kontinuierlichen Beitrag zur Professionalisierung von angehenden Pädagogen für die besonderen Anforderungen des Lehrens und Lernens in Projekten. Die Modelle wurden in Kooperation mit der wissenschaftlichen Einrichtung Oberstufen-Kolleg (Versuchsschule des Landes NRW) im Rahmen des Forschungs- und Entwicklungsplans konzipiert und erprobt.

---

1 Pädagogik als Fach der Sekundarstufe II (allgemeinbildend) wird derzeit unterrichtet in NRW, HH, Bremen, Niedersachsen, Brandenburg und BW; Pädagogik als Fach der Sekundarstufe II (berufsbildend) in allen Bundesländern, sowohl als berufliches Fach wie auch in Berufsgymnasien oder Ähnlichem (allgemeine Maturierung); Pädagogik als Fach der Sekundarstufe I wird angeboten in Thüringen, NRW, Bayern, Rheinland-Pfalz, vereinzelt in HH und Bremen, Niedersachsen und Sachsen.

Der zugrunde liegende Begriff von Professionalität im Lehrerberuf integriert Elemente der kompetenztheoretischen, strukturtheoretischen und berufsbiografischen Ansätze zur Lehrerprofessionalität (vgl. Terhart, 2011, S. 202 f.). Weiterhin schöpft die curriculare Gestalt des Moduls aus der langjährigen Entwicklung und Forschung eines Bielefelder Lehrer-Forscher-Modells, wie es bei Huber (1983), Hollenbach und Tillmann (2009) sowie bei Keuffer und Klewin (2009) beschrieben wird und sich auch in dem Lehrkonzept der »Fallstudienwerkstatt« (Klewin & Kneuper 2009) der auslaufenden Lehramtstudiengänge an der Universität Bielefeld niedergeschlagen hat.

Für das konkrete Curriculum zur Einführung in die Theorie und Praxis des Projektlernens boten insbesondere Wildt (2006) mit dem Mehrebenenmodell des »reflexiven Lernens in der Lehrer/innenbildung« und der »doppelten Theorie-Praxis-Relationierung« sowie die Weiterentwicklung dieses Verständnisses vom »forschenden Lernen«, wie es zuletzt im »Professionalisierungsdreieck« und der »didaktischen Leitdimension forschendes Lernen« bei Weyland und Wittmann (2010, S. 25, S. 35) nachzulesen ist, die zentralen hochschuldidaktischen Impulse. Die dem curricularen Entwicklungsprozess des Moduls vorausgegangenen Seminare, einschließlich des Pilotseminars (vgl. Boller, Rengstorf, Schumacher & Thomas, in diesem Band), werden skizzenhaft ergänzt, da sich die strukturellen und curricularen Merkmale auch dieser Seminar-Modelle je nach Studienstruktur und gewünschtem Workload in schon existierende BA/MA-Curricula von Universitäten und Fachhochschulen integrieren lassen und somit Möglichkeiten des Transfers eröffnen.

2. Förderung von Projektkompetenz bei Lehramtsstudierenden: Vier Lehr-Lern-Modelle zur »Didaktik des Projektlernens«

2.1 Voraussetzungen zur Implementierung eines Moduls zur Didaktik des Projektlernens im Studiengang Unterrichtsfach Pädagogik an der Universität Bielefeld

Die Entscheidung der Gremien der Universität Bielefeld, bei der Umsetzung des neuen Gesetzes zur Lehrerausbildung in NRW (LABG) (Internetquelle 1) die Polyvalenz des Bielefelder konsekutiven Studienmodells in den Lehramtsstudiengängen sowie die Durchlässigkeit zwischen einzelnen Studiengängen zu erhalten (Universität Bielefeld, 2010a, S. 19), hatte nicht nur strukturelle Gründe. Sie soll gleichzeitig den professionellen Austausch und die fachliche Nähe zwischen den unterschiedlichen erziehungswissenschaftlichen Studiengängen und den beteiligten erziehungswissenschaftlichen Fachrichtungen auch künftig sicherstellen. Als Folge dieser Entscheidung kam es für den neuen Lehramtsstudiengang »Unterrichtsfach Pädagogik« zu Redundanzen von Modulelementen, so geschehen zwischen dem Einführungsmodul der »Bildungswissenschaften« und dem »Kernfach Erziehungswissenschaft«. Letzteres bildet die fachwissenschaftliche Basis des Unterrichtsfaches Pädagogik. Im Rahmen der Modulentwicklung für den Studiengang »Unterrichtsfach Pädagogik« (als Nebenfach Pädagogik für das Lehramt an Gymnasien/Gesamtschulen seit WS 11/12 in Kraft getreten) ergab sich deshalb die Gelegenheit, ein Wahlpflicht-Modul »Didaktik des Projektlernens« zu implementieren. Die »freigewordenen« 10 Credits oder Leistungspunkte (LP) eröffneten die Chance zur »individuellen Profilbildung« (vgl. Universität Bielefeld, 2010a, S. 21; 2010b, S. 5, § 12, Abs. 7 Prüfungs- und Studienordnung für das Bachelorstudium an der Universität Bielefeld) und dienen damit auch der Stärkung der didaktischen Studienanteile. Studierende dieses Unterrichtsfaches können danach aus insgesamt drei Profilangeboten das Modul »Didaktik des Projektlernens« als Wahlpflichtmodul auswählen (vgl. Modulhandbuch: Universität Bielefeld, 2011).

2.2 Das Modul »Individuelle Profilbildung: Didaktik des Projektlernens« – Rahmenvorgaben, Lehrinhalte, Kompetenzen, Zeitstrukturen

2.2.1 Didaktische und fachdidaktische Rahmenvorgaben

Das Modul »Individuelle Profilbildung: Didaktik des Projektlernens« wird formal dem Studiengang BA »Unterrichtsfach Pädagogik« zugeordnet und ist grundsätzlich für Lehramtsstudierende aller Unterrichtsfächer und weitere Interessierte – im Rahmen freier Plätze – geöffnet. Diese Polyvalenz reagiert jedoch nicht allein auf das universitäre Leitbild zur Gestaltung der neuen Lehramtsstudiengänge, sondern ergibt sich als inhaltliche und methodische Notwendigkeit. Die an vielen Stellen dieses Bandes beschriebenen Qualitätskriterien und Merkmale von Projektunterricht (z. B. Kooperations- und Kommunikationsfähigkeit, Interdisziplinarität) lassen sich auf diese Weise in der konkreten fachlichen Kooperation der Studierenden unterschiedlicher Fachsemester, Lehramtsstudiengänge und anderer Fachwissenschaften direkt und produktiv einüben. Diese Effekte für die pädagogische Professionalisierung beschreibt auch von Hippel (2011) eindrücklich für gemeinsame Fortbildungen in überfachlichen Gruppen (vgl. ebd., S. 262).

Die »Gesellschaft für Fachdidaktik Pädagogik« (GFDP) und der »Verband der Pädagogiklehrer und Pädagogiklehrerinnen« (VdP) gaben fachdidaktische Empfehlungen für die curriculare Ausgestaltung des neu zu entwickelnden Studiengangs Unterrichtsfach Pädagogik für das Lehramt an Gymnasien und Gesamtschulen heraus (Schützenmeister u. a., 2010). Die darin vorgeschlagenen Standards und formulierten Kompetenzen für die »Reform der Pädagogiklehrerausbildung« bieten für das vorzustellende Modul die fachdidaktische Rahmung. Insbesondere der Kompetenzbereich »Kommunikation im Pädagogikunterricht und in der Fachdidaktik Pädagogik« und die Konkretisierung der »Fähigkeit zur Analyse und zur Reflexion von Kommunikationsprozessen im Pädagogikunterricht sowie zwischen Erziehungswissenschaftlern, Pädagogen, pädagogischen Fachdidaktikern und der Öffentlichkeit« (ebd., S. 11) bildeten die zentralen fachdidaktischen Klammern.

2.2.2 Lehrinhalte

Tab. 1: Modell 1. Curriculum des Moduls »Individuelle Profilbildung: Didaktik des Projektlernens«.

Titel	Art	Turnus	Workload (Kontaktzeit + Selbststudium)	Credits/ LP
E 1: Didaktik des Projektlernens I	Seminar	SoSe	30h + 60h	3 LP
E 2: Didaktik des Projektlernens II	Seminar	SoSe	30h + 60h	3 LP
E 3: Modulbezogene Vertiefung	Angeleitetes Selbststudium	SoSe	30h + 90h	4 LP

Das Curriculum des Moduls »Individuelle Profilbildung: Didaktik des Projektlernens« weist drei Studienelemente aus: zwei Seminare und das Element »angeleitetes Selbststudium« mit der Möglichkeit, neben den regulären Studienleistungen in den Seminaren eine unbenotete Einzelleistung mit 4 LP zu erwerben.[2]

Das Element »Didaktik des Projektlernens I« des Moduls thematisiert die theoretischen Fundamente des Projektlernens in beruflichen, schulischen, hochschulischen und außerschulischen Kontexten, erweitert diese Lerngelegenheit im Kontext reformpädagogischer Konzepte, führt über aktuelle Debatten um den Bildungswert des Projektunterrichts und lerntheoretische und neurobiologische Begründungen für das Lernen in Projekten hin zu Qualitätsmerkmalen für Projekte, Bewertungskriterien, Lehrplananalysen sowie die Rezeption internationaler Studien für eine international vergleichende Perspektive. Die Arbeitsweise und die Studienleistungen sind hierbei vorwiegend durch Textarbeit hermeneutisch angelegt und kritisch-reproduktiv in der Bearbeitung.

Das Seminarelement »Didaktik des Projektlernens II« vertieft

---

2 Angaben zu Leistungspunkten, Studienleistungen orientieren sich exemplarisch am konsekutiven Bielefelder Studienmodell und den gesetzlichen Vorgaben für die Kapazitätsberechnungen (vgl. Universität Bielefeld, 2010a).

die Methoden, Kriterien, Phasen, Typologien und Grundmuster des Projektlernens und fokussiert diese auf die didaktisch-methodischen Dimensionen, die für die anstehende Planung von Projekten in schulischen und außerschulischen Kontexten und auf das zu erwartende Lehrerhandeln von zentraler Bedeutung sind. Ausgehend von einer kritischen Analyse idealisierter Projektverläufe und normativ wirkender Projektkriterien aus der zitierten Literatur (vgl. z. B. Bastian & Gudjons, 1994; Emer & Lenzen, 2002; Frey, 1998; Hänsel, 1997) sowie einigen dokumentierten Projektbeispielen, treten die Seminarteilnehmer in die verstärkte Auseinandersetzung mit den komplexen Anforderungen des Projektunterrichtes und die damit korrespondierenden wechselnden Rollen von und zwischen Lehrern und Schülern im Projekt (z. B. durch Simulationen, Hospitationen, Filmbeispiele).

Anschließend bilden sich fest arbeitende Projektteams, die ein Projektthema entlang projektdidaktischen Kriterien und in Absprache mit den kooperierenden Schulen initiieren, planen und sich in das ausgewählte Sachthema inhaltlich einarbeiten (Sachanalyse). Studenten und Dozenten arbeiten ab dieser Seminarphase ebenfalls kooperativ und projektorientiert. Das Seminar schließt mit den vorläufigen Planungsskizzen der Teams zur Durchführung ihrer Projektidee in der pädagogischen Praxis ab (vgl. Frey 1998, S. 86 ff.).

Das Modulelement 3 wird als modulbezogene Vertiefung ausgewiesen. Die Arbeitsform »angeleitetes Selbststudium« umfasst die eigenverantwortliche pädagogische Umsetzung der Projektidee in der Schule und der antizipierten Verläufe in Form von Teamteaching. Eine Teamgröße von mindestens zwei bis maximal vier Studierenden bewährte sich bisher in der Praxis. Letztlich abhängig ist sie von der Größe des Projektvorhabens und der Anzahl der zugewiesenen Schüler durch die Schule. Die Projektdurchführung wird unterstützt durch kollegiale Beratungsangebote der Seminarleitung in Absprache mit den Pädagogen/Lehrern an der Einrichtung/Schule. Soweit zeitlich und räumlich möglich, sollen schon während des Projektprozesses durch Peer-Beratung oder angeleitete Gruppengespräche unter den Studierenden Schwierigkeiten und Rollenkonflikte im Projektverlauf bearbeitet werden. Kenntnisse in Supervisionstechniken auf Seiten der Dozenten können dabei hilfreich sein. Eine Orientierung an den Ausführungen Freys zu den Projektkomponenten »Fixpunkte« (Frey 1998, S. 185 ff.) und »Metainteraktion/Zwischengespräche« (ebd., S. 192 ff.), die er als Instrumente der Steuerung und Reflexion eines Projektverlaufs in die Praxis eingeführt hat, ermöglicht Dozenten, Studierenden und Schülern gleichermaßen, sich in unübersichtlichen Situationen des Projektverlaufs erneut zu orientieren und Konflikte selbst zu regulieren und zu managen.

Das Modul schließt inhaltlich mit der schriftlichen Dokumentation des Projektprozesses (als Teamleistung) und der individuellen Reflexion des eigenen Handelns im Sinne der doppelten Theorie-Praxis-Relationierung bei Wildt (2006) und der Weiterentwicklung des professionellen Selbstbildes ab (unbenotete Einzelleistung). Hierbei entscheiden die Studierenden selbst, welche ihrer Erfahrungen sie vertiefend, im Sinne der Praxis-Theorie-Rückkopplung, relationierend bearbeiten wollen. Die sehr vielschichtigen Selbstwirksamkeitserfahrungen der Lehramtsstudierenden in den Projektprozessen sollten deshalb auch zeitnah zum Projektverlauf aufgearbeitet werden.

2.2.3 Kompetenzen

Die Aneignung von Kompetenzen für die Unterrichtsform »Projekt« gestaltet sich:
a) über die zeitnahe Sequenzialisierung der Inhalte,
b) durch die personelle Kontinuität über alle Modulelemente hinweg, die individuelle Entwicklungsprozesse handlungsnah reflektiert,
c) durch die unmittelbare Rückmeldung im Projektprozess und durch das Produkt,
d) durch die Schüler im und am Ende des Projektes,
e) durch die Schulöffentlichkeit, die Eltern, das Kollegium sowie
f) durch die selbstkritische Überprüfung der eigenen didaktisch-methodischen und pädagogischen Entscheidungen der Studierenden.

Die Dokumentation des Projektverlaufs und die anschließende individuelle, teils mündliche, teils schriftliche Reflexion der eigenen Wirksamkeit in der Lehrerrolle im schulischen bzw. der Rolle der Projektleitung im außerschulischen Kontext bieten ideale Bedingungen für reflexives Lernen und die Ausbildung eines Professionsbewusstseins im Sinne der Förderung der »metakognitiven Fähigkeiten« wie sie nicht nur Weyland und Wittmann (2010, S. 31) für die Lehrerprofessionalisierung benennen. Ideal auch deshalb, weil die Lehramtsstudierenden die theoriebasierten Erkenntnisse aus der Seminarphase und die praxisbasierten Erkenntnisse in Bezug auf das eigene vorhandene oder noch fehlende Handlungsrepertoire im Projekt erfahren, im Projektprozess und am Ende gemeinsam und individuell reflektieren, und so unmittelbar Konsequenzen auf der Wissens- und der Handlungsebene für den persönlichen Professionalisierungsprozess ziehen (vgl. Boller, Rengstorf, Schumacher & Thomas, in diesem Band).

Für das Modul werden im Modulhandbuch sechs Kompetenzbereiche ausgewiesen. »Die Studierenden
- erkennen bildungshistorische Grundlagen und bildungstheoretische Zugänge zum Projektlernen als eine eigenständige Lern- bzw. Unterrichtsform;
- reflektieren Zusammenhänge zwischen Lehrplangestaltung und gesellschaftlichem Wandel im internationalen Vergleich und können diese kritisch hinterfragen;
- kennen grundlegende Organisationsstrukturen und didaktische Muster des Projektlernens;
- sind fähig, im Unterrichtsfach oder fachübergreifend Projekte zu analysieren, eigene Projektideen zu entwickeln und systematisch in die Praxis zu überführen;
- können ihre erworbenen Kompetenzen zu Methoden der Initiierung, des Einstiegs, der Durchführung, der Präsentation und der Auswertung von Projekten in ein konkretes pädagogisches Handlungsfeld transferieren und
- können sich und ihr pädagogisches Handeln selbstkritisch und mit Blick auf die Kooperationspartner kommunizieren und adäquate Problemlösungen initiieren« (Internetquelle 2).[3]

Die ausgewiesenen Kompetenzen werden in jeweils unterschiedlich akzentuierter Form erworben und erweitert. Je nach Projektthema,

---

3 Vollständige Angaben zum Wahlpflichtmodul unter Internetquelle 3.

nach Schulstufe und Schülergruppe, nach Projektprodukt, konkreten Konflikten mit Schülern oder im eigenen Team usw. können die Studierenden den Stand und die Grenzen ihrer fachlichen, personalen, methodischen und medialen Kompetenzen unmittelbar erfahren, klären und weiterentwickeln (z. B. Umgang mit Audio-Technik für eine Hörspielproduktion, Metakommunikation bei Konflikten unter Schülern oder im Kollegen-Team).

2.2.4 Zeitstrukturen

Das Seminar I ist offen und kann auch als Einzelseminar belegt werden. Die Zeitstruktur dieses Modulelementes orientiert sich an der klassischen Seminarform bei 2 SWS und einem wöchentlichen Rhythmus. Studierende, die Projekte auch praktisch durchführen, belegen indessen alle drei Modulelemente. Das Seminar II verläuft zeitversetzt und in Teilen geblockt in der zweiten Hälfte des Sommersemesters an. Die Termine werden in Abstimmung mit Dozenten, den Seminarteilnehmern und in Abhängigkeit von den Zeitplänen der kooperierenden Schulen festgelegt.

Der geeignete Zeitpunkt für die Umsetzung der Projekttheorie in die Projektpraxis ergibt sich naturwüchsig durch die schulischen, außerschulischen und universitären Zeitvorgaben. Die am häufigsten vorzufindenden Zeiten für Projekttage bzw. -wochen an Schulen fallen mit dem Ende der Vorlesungszeit eines Sommersemesters am Ende des 2. Halbschuljahres zusammen. Auch außerschulische Projekte finden meistens in Form von Ferienfreizeiten in den Sommerferien statt. Die Vorbereitung, einschließlich der Zeit- und Arbeitsplanung der Projektdurchführung an den Schulen/Einrichtungen, verläuft eigenverantwortlich in den Projektteams, mit festen Beratungsgesprächen in der Planungs- und Durchführungsphase. Die intensive Arbeitsweise, die den Transfer zwischen Projekttheorie und Projektpraxis herstellt, schlägt sich auch im Workload (90h + 30h) dieses Elementes nieder.

2.3 Drei weitere Modelle zur Entwicklung einer professionellen Kompetenz zum Lehren und Lernen in Projekten

Die folgenden drei Seminar-Modelle, die gleichzeitig den curricularen Entwicklungsprozess des oben vorgestellten Moduls abbilden, sind skizzenhaft angelegt und greifen nur die Aspekte struktureller, hochschuldidaktischer und inhaltlicher Art auf, die sich vom oben vorgestellten Modul grundlegend unterscheiden.

Tab. 2: Modell 2

Titel	Art	Turnus	Workload (Kontaktzeit + Selbststudium)	Credits/ LP
1: Projekte planen, durchführen und auswerten. Eine Einführung in die Didaktik des Projektunterrichts	Seminar	WS + SoSe	30h + 60h	3 LP
2: Didaktische Vertiefung: Projekte planen, durchführen und auswerten.	Angeleitetes Selbststudium	SoSe	30h + 60h	3 LP

Die Struktur des Seminarmodells ist zweigeteilt und damit auch offen für Studierende, die nur an den theoretischen Grundlagen des Lehrens und Lernens in Projekten interessiert sind. Das Modell 2 besteht aus einem Seminar (2 SWS; wöchentlicher Rhythmus; einfache Studienleistung) und kann über ein eigenes Projekt an einer Schule oder außerschulischen Einrichtung didaktisch vertieft werden (weitere 2 SWS, sowie geblockte Vorbereitung und Durchführung des Projektes). Das Seminar umfasst einen Theorie-Input analog zu Modell 1, in dem einzelne Projektkriterien im Seminar simuliert werden, die örtlich bedingte Gelegenheit der Hospitation an den organisatorischen Vorbereitungen der Projektwochen des universitätsnahen Oberstufen-Kollegs Bielefeld genutzt wird und in einem intensiven Doppelblock konkrete, fächerübergreifende Projektideen für Schüler verschiedener Schulstufen entwickelt werden.

Der praktische Teil dieses Seminars setzt die Teilnahme am Seminar I voraus und umfasst die Planung, Durchführung und Auswertung eines Projektes in der pädagogischen Praxis und schließt ab mit der Projekt-Dokumentation sowie der individuellen schriftlichen Reflexion (auch als benotete oder unbenotete Einzelleistung für ein Portfolio möglich). Die zu erwerbenden Kompetenzen decken sich in weiten Teilen mit denen, die in Modell 1 vorgestellt wurden. In Ergänzung des theoretischen Teils und weil nicht alle Studierenden selbst Projekte durchführen wollen, können sie z. B. die Simulationen einer kollegialen Beratung trainieren (vgl. Thomas, 2007, Stichwort: Hearing), Expertengespräche mit projekterfahrenen Lehrern führen und in den Projekten der Kommilitonen an der Partnerschule hospitieren. Darüber erhalten auch diese Studierenden einen vertieften, exemplarischen Einblick in die konkrete Projektkultur einer Schule (vgl. Dietz u. a. 2010, S. 57 ff.).

Die Optionen einer prozessbegleitenden Evaluation einer für das Lehren und Lernen in Projekten relevanten Forschungsfrage lässt sich in dieses Konzept sehr sinnvoll integrieren. Zusätzlich bildet sie eine Alternative für den Fall, dass mehr Studierende Interesse an Projekten zeigen als Kooperationsschulen/Einrichtungen für deren Realisierung zur Verfügung stehen. Ebenso könnten gemeinsam entwickelte Fragen von Studierenden, die Projekte durchführen, und Interessierten ohne eigenes Projekt das Bewusstsein für das Instrument »kollegiales Feedback und Beratung« befördern.

Dieses Seminar-Modell, das auch die Grundlage für zwei weitere Beiträge in diesem Buch darstellt (Boller u. a.; Boller & Schumacher), hat drei Durchläufe erfahren und wird an der Universität Bielefeld durch das vorgestellte Modell 1 ab dem Sommersemester 2013 abgelöst.

Tab. 3: Modell 3

Titel	Art	Turnus	Workload (Kontaktzeit + Selbststudium)	Credits/LP
Projektdidaktik in Theorie und Praxis	Seminar + angeleitetes Selbststudium	WS + SoSe	30h + 60h	3 LP

Modell 3 zur »Einführung in die Didaktik des Projektunterrichts« entspricht der klassischen Seminarstruktur mit 2 SWS und wöchentlichem Rhythmus. Es startet kompakt mit Vortrag und

Textarbeit zu den theoretischen Grundlagen. Es folgen Merkmale, Kriterien und Phasen von Projektverläufen, in deren Anschluss die Studierenden entlang den Projektkriterien ein Projekt eigenverantwortlich innerhalb des Seminars durchführen. Sie entwickeln eine Projektidee mit einer Forschungsfrage, die zeitlich und inhaltlich innerhalb der Universität umgesetzt werden kann. Die Seminarteilnehmer durchlaufen zwangsläufig alle relevanten Phasen und Reibungspunkte im Projektprozess. Ein Ziel des Projektes ist ein »Produkt«, das möglichst in der (universitären) Öffentlichkeit präsentiert werden kann (vgl. Emer & Lenzen, 2002). Dieses Modell 3 wurde ebenfalls schon erfolgreich durchgeführt. Eine Studierendengruppe dieses Seminartyps entschied sich, die Studienbedingungen von Kommilitonen mit Behinderungen zu untersuchen. Ausgehend von einem Selbstversuch, die Wege innerhalb der Universität, ins Seminar, in die Cafeteria im Rollstuhl zu bewältigen, entstand im Laufe des Projektprozesses der Kurzfilm »Wie behindertengerecht ist unsere Universität?« (vgl. Seminargruppe »Projektdidaktik in Theorie und Praxis«, 2010), der z. B. an den Einführungstagen für Erstsemester gezeigt wurde.

Die zu erwerbenden Kompetenzen dieses Modells basieren auf den subjektiven Erfahrungen im Projektprozess und deren Rückkoppelung an die Projektkriterien durch die gemeinsame Projektreflexion am Ende des Seminars. Das in der Rolle des Projektteilnehmers durchgeführte eigene Projekt ermöglicht, die Erfahrung eines kompletten Projektprozesses aus der Schüler-Perspektive zu erleben. Dies eröffnet ein tieferes Verständnis für die notwendigen pädagogischen Handlungskompetenzen und deren Unterschiede zu anderen Lehr- und Lernformen.

Tab. 4: Modell 4

Titel	Art	Turnus	Workload (Kontaktzeit + Selbststudium)	Credits/ LP
Lehren und Lernen in der Sek. II: Lernwerkstatt zum Projektunterricht	3-Tage-Blockseminar	WS + SoSe	30h + 60h	3 LP

Das Seminar »Lehren und Lernen in der Sek. II: Lernwerkstatt zum Projektunterricht« ist als Blockseminar über drei Tage angelegt. Die gewählte Lehrmethode »Lernwerkstatt«, wie sie Teske und Walz (2003) für das Studium der Sozialen Arbeit beschreiben, bietet sich für Blockseminare an (vgl. ebd., S. 178 f.). Die Merkmale, wie etwa die offene Ausgangssituation, das »Primat der Eigentätigkeit«, die Notwendigkeit zur Kooperation, zur Reflexion des eigenen Lernens und ein Abschluss mit Präsentation decken sich weitestgehend mit denen des Projektlernens. Nach einer intensiven theoretischen Orientierung und Einführung in die Besonderheiten dieses Lernangebotes zu Beginn des Seminars bilden die Studierenden gegen Ende des ersten Tages möglichst interdisziplinär zusammengesetzte Projektteams und üben sich damit auch in fächerübergreifender Zusammenarbeit. Eine ausführliche Darstellung des Verlaufs dieses Blockseminars, wie es an der Ruhr-Universität Bochum durchgeführt wurde, kann bei Thomas (2010) nachgelesen werden (vgl. ebd., S. 147–154).

Für ein möglichst praxisnahes Erleben und Einlassen in die Anforderungen der Unterrichtsart Projekt lassen sich auch in der Lernwerkstatt einzelne Elemente simulieren. Dazu eignen sich besonders die ersten drei Phasen eines Projektprozesses, d. h. im Team von Studierenden möglichst verschiedener Unterrichtsfächer erfolgt die Verständigung auf eine *Projektinitiative.* Daraus wird eine *Projektskizze* erarbeitet und diese zur kollegialen Beratung im Plenum vorgestellt. Unter Berücksichtigung des Feedbacks von Kommilitonen und Dozent entwickeln die Teams einen *vorläufigen Projektplan,* führen diesen schriftlich aus und präsentieren ihre Projektvorstellungen erneut im Plenum. Alle Seminarteilnehmer bringen abschließend ihre Erfahrungen zuerst in einer schriftlichen, individuellen Reflexion zu Papier (z. B. Rekonstruktion des Verlaufs, persönlicher Anteil, inhaltliche, methodische, soziale Anforderungen an das Lehrerhandeln). Danach erfolgt die gemeinsame Reflexion und deren Rückkopplung an die theoretischen Grundlagen und Projektmerkmale. Durch die Simulation der ersten Phasen eines Projektes und deren Reflexion erleben die Studierenden unmittelbar – so wie später ihre Schüler – im eigenen, kooperativen Tun mit zukünftigen Lehrer-Kollegen dessen Bildungspotenzial (inhaltlich, methodisch, sozial), ebenso die professionellen Herausforderungen an das spezifische Lehrerhandeln sowie die Grenzen dieser Lehr-Lernform (vgl. Thomas, 2010, S. 147–154).

Der Schwerpunkt der erworbenen Kompetenzen konzentriert sich in der Lernwerkstatt auf das theoretische Reflexionswissen der grundlegenden Merkmale des Projektunterrichts. Durch die offene Ausgangssituation (freie Themenwahl) setzt die Kooperation in den Teams zudem pädagogische Diskussionen zwischen den Studierenden in Gang und ermöglicht so einen Perspektivwechsel zum fächerübergreifenden Denken und Unterrichten.

3. Noch eine Praxisphase oder: Worin liegt der Gewinn der Projektdidaktik für die Lehrer-Professionalisierung?

Mit den nachfolgenden Ausführungen soll nicht der Eindruck vermittelt werden, dass fachdidaktische Praktika abgelehnt werden. Sie bilden die zentrale Vorbereitung für den Fachunterricht. Es gibt viele hochwertige Beispiele für diese notwendige Praxis der universitären Lehrerausbildung. Dennoch sei hier eine kritische Zuspitzung erlaubt, um die Bedeutung einer eigenständigen projektdidaktischen Praxis zu verdeutlichen.

Die zumeist an Unterrichtsfächern und damit fachdidaktisch ausgerichteten Praktika für das Lehramt Gymnasium/Gesamtschule engen die Studierenden in den Möglichkeiten – sich auszuprobieren oder gar zu experimentieren – teilweise ein. Zahlreiche Vorgaben, wie Fachlehrpläne, zentrale Abschlussprüfungen, vorgegebene Lehrmaterialien, erhöhter Stoff- und Prüfungsdruck, zugewiesene Klassenstufen und Schülergruppen, feste Zeit- und Raumvorgaben, Anpassung an den Unterrichtsstil der Mentoren, lassen nicht genügend Raum, die eigenen Vorstellungen von gutem Fachunterricht in der Praxis zu erproben. Die zuvor in den fachdidaktisch angelegten Vorbereitungsseminaren erarbeiteten Inhalte, Methoden und Medien können deshalb nicht immer im eigenen Unterricht erprobt werden.[4]

---

4   Einen aktuellen Überblick zur Kritik am Nutzen schulischer Praktika für eine Lehrerprofessionalisierung geben auch Weyland und Wittman (2010) in der Expertise, die sie für die hessische Regierung zur Neugestaltung eines Praxissemesters erstellten (vgl. ebd., S. 7–12).

In Ergänzung zu den fachdidaktisch ausgerichteten Praktika eröffnen die oben vorgestellten Seminar-Modelle für die Studierenden eine bisher wenig beachtete Dimension der Praxiserfahrung und des Lehrerhandelns, die sich, von Ausnahmen abgesehen, deutlich von den überwiegend fachdidaktisch ausgerichteten Praktikumsverläufen an Schulen unterscheiden.

In den vorgestellten Modellen sind das Projektthema, dessen Bildungswert und die Forschungsfrage offen und werden im Team diskutiert, entschieden und dann erprobt. Die Einarbeitung in das dazugehörige Sachthema, die pädagogische, didaktische und methodische Vorplanung in Kooperation mit Kommilitonen für und zusammen mit Schülern in einem überwiegend offenen und gemeinsamen Projektlernprozess ermöglicht den Studierenden im Sinne Deweys »denkende Erfahrung« zu machen:

> Das Denken schließt alle diese Schritte in sich: Das Erblicken eines Problems, die Beobachtung der gegebenen Tatsachen, die Formung und Ausarbeitung eines nahe liegenden Schlusses und die handelnde Erprobung (Dewey, 2000, S. 203).

Im Projektprozess treten die widersprüchlichen Anforderungen an unterrichtliches Denken und Handeln, wie sie Terhart (2011) im struktur-theoretischen Professionsansatz zusammenfasst, den Studierenden unmittelbar gegenüber (vgl. ebd., S. 206). Fragen von »Nähe versus Distanz zum Schüler«, »Einheitlichkeit versus Differenz« oder »Organisation versus Interaktion« werden zur ganz persönlichen täglichen Herausforderung für die angehenden Lehrer. Sie erfahren unmittelbar die Wirksamkeit ihrer Entscheidungen durch die Schüler, durch das Thema, durch die Reaktion des Umfeldes. Sie können sich bei Konflikten im Projektprozess in der Regel nicht auf Lehrplanvorgaben, die nächste Klausur oder andere »disziplinierende« Hilfsargumente zurückziehen, sondern interagieren auf der Basis ihres eigenen, aktuellen professionellen Wissensstandes, ihres pädagogischen Könnens authentisch als »Berufseinsteiger« und angehende Lehrer im Projekt.

4. Ausblick

Die strukturellen und curricularen Merkmale der vorgestellten Seminar-Modelle lassen sich je nach Studienstruktur und gewünschtem Workload in schon existierende BA/MA-Lehramtsstudiengänge der Hochschulen integrieren. Eine Übertragung des Modells 4 (Blockseminar) für die zweite Phase der Lehrerbildung wäre als weitere Option zu diskutieren. Das Wahlpflicht-Modul »Individuelle Profilbildung: Didaktik des Projektlernens« an der Universität Bielefeld in Kooperation mit der Versuchsschule Oberstufen-Kolleg bildet einen Anfang, durch die curriculare Verankerung der Projektdidaktik in einem Studiengang diese zu einem stetigen Lehrangebot auszuweiten, wenn auch vorerst nur im Wahlpflichtbereich. In der Zukunft wird sich zeigen, ob hierbei neue Wege der Kooperation zwischen den Fachwissenschaften, den Fachdidaktiken und der Bildungswissenschaft beschritten werden, die über die Fachgrenzen hinaus auch die übergeordneten und zu den Fächern quer liegenden Anforderungen der Lehrerausbildung, wie die Projektdidaktik, praktisch angehen.

Eine weitere Perspektive zur Professionalisierung durch die Förderung der Projektkompetenz der Lehramtsstudierenden könnte auch in der »Öffnung« der künftigen Praxissemester in der Masterphase für diese Lehr-Lernform liegen. Eigenverantwortlichen Unterricht auch in Form von Projekttagen zu ermöglichen, würde für die Lehramtsstudierenden, die Schüler und die Schulkollegien gleichermaßen Gewinn bringen.

Literatur

Bastian, J. & Gudjons, H. (Hrsg.). (1994). *Das Projektbuch. Theorie – Praxisbeispiele – Erfahrungen.* Band I. Hamburg: Bergmann + Helbig.

Boller, S., Rengstorf, F., Schumacher, C. & Thomas, C. (2013). Professionalisierung durch und für Projektunterricht in der universitären Lehrerbildung. Ergebnisse eines handlungs- und reflexionsorientierten Seminars zur Einführung in die Projektdidaktik an der Universität Bielefeld. *In diesem Band.*

Dewey, John (2000). *Demokratie und Erziehung. Eine Einleitung in die philosophische Pädagogik* (hrsg. von J. Oelkers). Weinheim: Beltz.

Dietz, M., Döring, T., Emer, W., Rengstorf, F., Sagasser, H., Schumacher, C., Schöbel, R. & Thomas, C. (2010). Unter die Lupe genommen: Die Umsetzung von Projektunterricht und Projektkultur an sechs Schulen in NRW – eine vergleichende qualitative Untersuchung zur gymnasialen Oberstufe. *TriOS, 5(2),* 57–112.

Emer, W. & Lenzen, K. D. (2002). *Projektunterricht gestalten – Schule verändern.* Baltmannsweiler: Schneider Verlag Hohengehren.

Emer, W. & Rengstorf, F. (2006). *Projektunterricht. Eine Materialsammlung aus dem Oberstufen-Kolleg.* Bielefeld: AMBOS Verlag.

Frey, K. (1998). *Die Projektmethode. Der Weg zum bildenden Tun.* Weinheim: Beltz.

Schützenmeister, J., Beyer, K., Baumgart, F., Ladenthin, V., Bubenzer, K., Püttmann, C., Rogowski, H., Rotermund, M., Sauter, M., Thomas, C., Wittig, F., Willemsen, M. & Wortmann, E. (2010). *Reform der Pädagogiklehrerausbildung 2010. Positionen und Empfehlungen der Gesellschaft für Fachdidaktik Pädagogik (GFDP) zur Entwicklung der Pädagogiklehrerausbildung in Nordrhein-Westfalen unter besonderer Berücksichtigung des fachdidaktischen Ausbildungsanteils.* Münster: Eigenverlag.

Hänsel, D. (1997). *Handbuch Projektunterricht.* Weinheim: Beltz.

Hollenbach, N. & Tillmann, K.-J. (Hrsg.). (2009). *Die Schule forschend verändern. Praxisforschung aus nationaler und internationaler Perspektive.* Bad Heilbrunn: Klinkhardt.

Huber, L. (1983). Hochschuldidaktik als Theorie der Bildung und Ausbildung. In L. Huber (Hrsg.), *Ausbildung und Sozialisation in der Hochschule* (Enzyklopädie Erziehungswissenschaften Bd. 10) (S. 114–138). Stuttgart: Klett-Cotta.

Keuffer, J. & Klewin, G. (2009). Das Lehrer-Forscher-Modell am Oberstufen-Kolleg. Ausgangspunkt und heutige Praxis. In N. Hollenbach & K.-J. Tillmann (Hrsg.), *Die Schule forschend verändern. Praxisforschung aus nationaler und internationaler Perspektive* (S. 203–212). Bad Heilbrunn: Klinkhardt.

Klewin, G. & Kneuper, D. (2009). Forschend lernen in der Bielefelder Fallstudienwerkstatt Schulentwicklung. In B. Roters, R. Schneider, J. Wildt, B. Koch-Priewe & J. Thiele (Hrsg.), *Forschendes Lernen im Lehramtsstudium. Hochschuldidaktik – Professionalisierung – Kompetenzentwicklung* (S. 63–85). Bad Heilbrunn: Klinkhardt.

Seminargruppe »Projektdidaktik in Theorie und Praxis« (2010): »Wie behindertengerecht ist unsere Universität?« Kurzfilm, 7. Min. Universität Bielefeld, Dozentin: C. Thomas.

Terhart, E. (2011). Lehrerberuf und Professionalität: Gewandeltes Begriffsverständnis – neue Herausforderungen. In *Zeitschrift für Pädagogik, 57(10). Beiheft: Pädagogische Professionalität* (S. 202 ff.). Weinheim: Beltz.

Teske, I. & Walz, H. (2003). Ein Sprung ins kalte Wasser – Geschlechtsspezifische Soziale Arbeit und die Methode der Lernwerkstatt. In Geschäftsstelle Hochschuldidaktik an Fachhochschulen in Baden-Württemberg (Hrsg.), *Beiträge zum 5. Tag der Lehre 20. Nov. 2003 FH Nürtingen. Tagungsband* (S. 177–180). Eigenverlag.

Thomas, C. (2010): Wir waren von unserer eigenen Kreativität begeistert. *TriOS, 5(2),* 147–154.
Thomas, C. (2007): Work in Progress – Ein Lehrfilm zur Projektorganisation am Oberstufen-Kolleg Bielefeld. 18 Min.
Universität Bielefeld (2011): Modulhandbuch. Verfügbar unter: https://ekvv.uni-bielefeld.de/sinfo/publ/module [09.06.2013].
Universität Bielefeld (2010a): Strukturbericht im Rahmen der Akkreditierung des Bielefelder Konsekutivmodells. Bielefeld: Eigenverlag.
Universität Bielefeld (2010b): Anhang zum Strukturbericht im Rahmen der Akkreditierung des Bielefelder Konsekutivmodells. Bielefeld: Eigenverlag.
von Hippel, A. (2011). Fortbildung in pädagogischen Berufen – zentrale Themen, Gemeinsamkeiten und Unterschiede der Fortbildung in Elementarbereich, Schule und Weiterbildung. In *Zeitschrift für Pädagogik, 57(10). Beiheft: Pädagogische Professionalität* (S. 248–267). Weinheim: Beltz.
Weyland, U. & Wittmann, E. (2010). *Expertise Praxissemester im Rahmen der Lehrerbildung. 1. Phase an hessischen Hochschulen.* Frankfurt am Main: GFPF.
Wildt, J. (2006): Reflexives Lernen – ein Mehrebenenmodell in hochschuldidaktischer Perspektive. In A. Obolenski & H. Meyer (Hrsg.), *Forschendes Lernen. Theorie und Praxis einer professionellen LehrerInnenausbildung* (2. aktualisierte Auflage) (S. 73–86). Oldenburg: Diz.

Internetquellen

Internetquelle 1: http://www.schulministerium.nrw.de/BP/Schulrecht/Lehrerausbildung/LABG_ _Fassung_12_05_2009.pdf
Internetquelle 2: http://ekvv.uni-bielefeld.de/sinfo/publ/modul/26802582
Internetquelle 3: http://ekvv.uni-bielefeld.de/sinfo/publ/bachelor/ufp

Sebastian Boller, Felix Rengstorf, Christine Schumacher & Christina Thomas

Professionalisierung durch und für Projektunterricht in der universitären Lehrerbildung

Ergebnisse eines handlungs- und reflexionsorientierten Seminars zur Einführung in die Projektdidaktik an der Universität Bielefeld

1. Einleitung

Analysen der Projektpraxis an Einzelschulen (vgl. etwa Dietz u. a., 2010) zeigen immer wieder die Notwendigkeit der Ausbildung und Unterstützung von Lehrkräften im Projektunterricht auf. Es genügt nicht, die besonderen Strukturen und Ziele von Projektarbeit mit differenzierten Modellen und Kompetenzlisten zu charakterisieren und hierdurch einen normativen Anspruch aufzubauen, der in der Praxis selten eingelöst werden kann. Vielmehr bedarf es einer an den tatsächlichen Möglichkeiten und Restriktionen der pädagogischen Praxis orientierten Sicht auf das Thema sowie der Konzeption entsprechender Unterstützungsstrukturen in allen Phasen der Lehrerausbildung. Doch ist eine handlungsorientierte Auseinandersetzung mit Projektunterricht als einer spezifischen Form selbstbestimmten Lernens bereits in der ersten Phase der Lehrerausbildung sinnvoll? Welche Argumente sprechen für eine frühzeitige Einführung in den Projektunterricht als eigenständige Unterrichtsform, welche eher dagegen? Welche universitären Formate eignen sich für eine frühzeitige Auseinandersetzung?

Die erstaunlich vielfältigen Erwartungen, die an Projektunterricht gestellt werden, sind ein wichtiges Argument für eine frühe Auseinandersetzung mit dem Projektunterricht im Lehramtsstudium. Wesentliche Ziele des Projektunterrichts bestehen im Ermöglichen und Entwickeln von selbstbestimmtem Lernen, der Demokratisierung von Schule, einer Erweiterung des Methodenrepertoires der Schüler und dem Erlernen von Soft Skills. Diese Erwartungen und die damit auf der Ebene des unterrichtlichen Handelns verbundenen Anforderungen führen zu spezifischen Herausforderungen für Lehrer, die u. a. in der reflektierten Auseinandersetzung mit der sich verändernden Lehrerrolle, den eigenen inhaltlichen und didaktischen Kompetenzen, den strukturellen Rahmenbedingungen und den sich aus Projektunterricht ergebenden Widersprüchen bestehen. Diese Anforderungen an das Lehrerhandeln finden jedoch in der Lehrerausbildung bislang kaum Entsprechung. Es gibt keine curriculare Verankerung und systematische Vorbereitung auf den Projektunterricht. Professionalisierungsprozesse finden in diesem Bereich zufällig und wenig systematisiert statt und sind stark gebunden an die Strukturen, Personen und Schwerpunktsetzungen in der jeweiligen Hochschule. Zugleich widerspricht die derzeit noch häufig vorhandene methodische Monokultur des Lehrens und Lernens in den Universitäten dem Gedanken des Projektlernens.

Ausgehend von diesem Problemaufriss ist es Ziel dieses Beitrags, Professionalisierungsprozesse bei Lehramtsstudierenden zu untersuchen und dabei den Projektunterricht als eigenständige Unterrichtsform in den Blick zu nehmen.

Hierzu werden die in der empirischen Literatur zum Projektunterricht formulierten Anforderungen an Lehrerhandeln, Lehrerrolle und Professionalisierung gesichtet, kriteriengeleitet zusammengefasst und systematisiert. Ergebnis dieses deduktiven Vorgehens ist eine Synopse von für den Projektunterricht spezifischen Professionalisierungsbereichen. Diese werden in einem nächsten Schritt mit den Erfahrungen von Studierenden im Rahmen eines Seminars zu Theorie und Praxis des Projektunterrichts in Beziehung gesetzt. Ausgehend von projektunterrichtsspezifischen Anforderungssituationen, mit denen Studierende in der Schulpraxis konfrontiert sind, werden subjektive Deutungsmuster und Handlungsstrategien im Umgang mit den für diese Unterrichtsform charakteristischen Herausforderungen einzelfallanalytisch rekonstruiert. Hinweise auf eine Anbahnung von Professionalisierungsprozessen, die letztlich zu »Lehrerkompetenzen für Projektarbeit« oder kurz »Projektkompetenz« führen sollen, lassen sich – so die hier vertretene These – durch das Entstehen einer (selbst-)reflexiven Haltung und Handlungskompetenz in Bezug auf charakteristische Herausforderungen im Projektunterricht nachweisen. Mit dem gesamten Forschungsvorhaben sind folgende Fragestellungen verbunden:

– Welche Herausforderungen treten bei der Durchführung von Projektunterricht in der Schule auf und wie gehen Studierende hiermit um?
– Welchen Beitrag leistet das entwickelte Seminarkonzept zur Vorbereitung der Studierenden für die schulische Projektpraxis?
– Lassen sich durch ein solches Seminar Professionalisierungsprozesse bei Studierenden im Bereich des Projektunterrichts anbahnen?

2. Professionalisierungsbereiche im Projektunterricht – Synopse der Ergebnisse empirischer Studien zur Implementation von Projektunterricht

Die Literatur zum Projektunterricht ist nahezu unüberschaubar und spiegelt die mit dieser Unterrichtsform verbundenen Anforderungen an Lehrerhandeln, Lehrerrolle und schulische Rahmenbedingungen vielfältig und kontrastreich wider. Allerdings setzt sich die Mehrzahl der Veröffentlichungen aus Berichten gelingender Praxis und didaktischen Handreichungen zusammen, empirische Studien sind in diesem Bereich bislang selten. Solche Untersuchungen, in denen u. a. die Bedingungen der erstmaligen Auseinandersetzung von Lehrern mit Projektunterricht analysiert werden, verdeutlichen, dass der notwendige Perspektivwechsel und der Erwerb projektspezifischer Handlungsstrategien für Lehrer wie für Schüler nicht problemlos verlaufen. Hänsel (1997) sieht einen zentralen Grund in dem »eigentümlichen Doppelcharakter« (ebd., S. 74) des Projektunterrichts, der durch seine Gestalt und die Methode neben einem konkreten Inhalt immer auch die »Überwindung von Unterricht durch Unterricht zum Gegenstand« (ebd.) habe. Beide Seiten, Lehrer *und* Schüler, werden mit meist ungewohnten Strukturen und Prozessen konfrontiert, mit denen sie sich auseinandersetzen müssen. Dabei benötigen sowohl Schüler als auch Lehrer vielfältige Hilfestellungen und Reflexionsanlässe. Dies bedeutet für die Lehrer zwangsläufig eine doppelte Schwierigkeit: Sie müssen ihren Schülern Hilfestellung beim Projektlernen geben und sind gleichzeitig selbst in der Rolle der Lernenden.

Untersuchungen mit projekterfahrenen Lehrern (Mergendoller & Thomas, 2000; sowie Schumacher & Rengstorf, in diesem Band) zeigen, dass diese ein breites Repertoire an komplexen Strategien zur erfolgreichen Gestaltung des Projektunterrichts besitzen und einen grundlegenden Perspektivwechsel vollzogen haben; d. h. sie betrachten ihre Rolle eher als Moderatoren, Berater und Lernhelfer und regen selbstbestimmte Lernprozesse bei den Schülern an. Eine frühzeitige und systematische Auseinandersetzung mit den hierfür erforderlichen inhaltlichen, didaktischen und reflexiven Kompetenzen sowie ein bewusst vollzogener Wandel der Lehrerrolle können als zentrale Aspekte gelingenden Projektunterrichts markiert werden.

Um die in den empirischen Studien dargestellten Anforderungssituationen, Schwierigkeiten und Professionalisierungsaspekte bei der Durchführung von Projektunterricht herauszuarbeiten und zu zentralen Kompetenzbereichen zu verdichten, wurde mehrstufig vorgegangen. In einem ersten Schritt wurden empirische Studien zum Projektunterricht im deutschen und anglo-amerikanischen Raum systematisch gesichtet. Hierbei wurde zum Großteil auf den Übersichtsartikel von Schumacher und Rengstorf (in diesem Band) zurückgegriffen. In die nähere Analyse gingen lediglich solche Studien ein, die

- den allgemein anerkannten Gütekriterien quantitativer bzw. qualitativer Forschung gerecht werden,
- sich einer trennscharfen und theoretisch begründeten Definition von Projektunterricht bedienen, die ein Äquivalent darstellt zu dem Verständnis von Projektunterricht als »problemformulierendes und problemlösendes Handeln« (Suin de Boutemard, 1986, S. 72). Ziel ist hier die Veränderung sozialer Realität, bei dem ausgehend von einer Forschungsfrage mit zentralem Bezug zur Lebenspraxis der Schüler in mit- oder selbstbestimmter Gruppenarbeit ein Produkt von hohem Gebrauchs- und Mitteilungswert erstellt wird. Hierdurch soll ein Einbezug von Studien vermieden werden, die verschiedene Formen geöffneten Unterrichts (etwa Gruppenarbeit mit Öffnung in der zeitlichen und methodischen Dimension) mit Projektunterricht gleichsetzen,
- die Erfahrungen von Lehrern mit der Durchführung von Projektunterricht ins Zentrum ihrer Analyse stellen.

In einem nächsten Schritt wurden die verschiedenen, in den Studien sichtbar werdenden Anforderungssituationen herausgearbeitet und nach Kriterien geordnet. In dem anschließenden studienübergreifenden Vergleich wurden äquivalente Anforderungssituationen von verschiedenen Mitgliedern des Forscherteams in wechselseitigen Prozessen gebündelt, kommunikativ validiert und als Professionalisierungsbereiche mit spezifischen Kompetenzanforderungen ausformuliert. Ziel war es, möglichst trennscharfe Oberkategorien zu definieren. Diese lauten:

- »Lehrerrolle reflektieren/verändern und pädagogisch-professionell selbstsicher handeln«,
- »den Projektunterricht organisieren und den Verlauf managen«,
- »die Prozess- und Gruppendynamiken von Projektunterricht handhaben«,
- »Leistungen des selbstbestimmten Lernens erkennen und bewerten«,
- »wissenschaftliche Modelle von Projektunterricht und subjektive Lern- und Unterrichtstheorien reflektieren«.

Diese Oberkategorien wurden durch knappe, beschreibende Kurztexte ergänzt, in denen die jeweiligen Kompetenzen konkretisiert wurden. Im Folgenden werden die fünf Professionalisierungsbereiche vorgestellt, die jeweiligen Referenzstudien sind in Klammern angegeben.

Professionalisierungsbereich »Lehrerrolle reflektieren/ verändern und pädagogisch-professionell selbstsicher handeln«

(Blumenfeld, Krajcik, Mary & Soloway, 1994; Hackl, 1994; Ladewski, Krajcik & Harvey, 1994; Marx u. a., 1994, Marx, Blumenfeld, Krajcik & Soloway, 1997; Krajcik u. a., 1998; Mergendoller & Thomas, 2000; Rabenstein, 2003; Mitchel u. a., 2008)

Der Lehrer gibt effektive Hilfe zur Selbsthilfe und nimmt die Schüler als eigenverantwortliche Partner im Lernprozess wahr. Er kann sich mit der Rolle als Lernhelfer identifizieren und hat ein konkretes Verständnis, was diese Rolle auszeichnet. Außerdem findet der Lehrer eine Balance zwischen Kontrolle und Gewährenlassen und entwickelt eine Kultur der Selbstständigkeit mit einer lerngruppenspezifischen

Öffnung des Unterrichts. Die Anforderungen werden an die Entwicklungsphase und bisherige Lernbiographie der Schüler angepasst, v. a. indem Lernprozesse und -ziele gemeinsam ausgehandelt werden. Weil der Lehrer Vertrauen in die Fähigkeiten der Schüler hat, gibt er Verantwortung an sie ab und überträgt ihnen die Organisation und Steuerung des Projektprozesses weitgehend. Der Lehrer geht auf die Vorschläge und Forderungen der Lernenden ein, d. h. auch, dass die Standards an die Interessen der Schüler angepasst werden und nicht umgekehrt. Der Lehrer hat Vertrauen in seine pädagogischen Fähigkeiten, die auf einer professionellen Identität als Lehrer im Projektunterricht beruhen. Er kann seine Erwartungen klar explizieren und mit anfänglichen Misserfolgen und Frustrationsgefühlen – durch seine Fähigkeit zur Rollendistanz – konstruktiv umgehen. Dies gilt auch für den Fall scheiternder Projekte.

Professionalisierungsbereich »den Projektunterricht organisieren und den Verlauf managen«

(Blumenfeld u. a., 1994; Hackl, 1994; Ladewski & Krajcik, 1994; Marx u. a., 1994; Marx u. a., 1997; Krajcik u. a., 1998; Mergendoller & Thomas, 2000; Mitchel u. a., 2008)

Der Lehrer bringt seine Planungskompetenzen ein und sorgt für ein optimales rahmendes Zeitmanagement, wobei er z. B. zur Aufteilung von Verantwortlichkeiten in der Projektgruppe gezielt Moderationsstrategien anwendet. Für den gelingenden Verlauf kennt der Lehrer die einzelnen Phasen des Projektunterrichts und schätzt – im Sinne einer doppelten Planungsebene – deren zeitlichen Aufwand ein. Der Lehrer unterstützt und ermöglicht Kooperationen mit außerschulischen Partnern durch organisatorische Hilfen/Vorabsprachen.

Professionalisierungsbereich »die Prozess- und Gruppendynamiken von Projektunterricht handhaben«

(Blumenfeld u. a., 1994; Köhler & Klautke, 1994; Ladewski & Krajcik, 1994; Marx u. a., 1994; Marx u. a., 1997; Chard, 2000; Mergendoller & Thomas, 2000; Rabenstein, 2003)

Der Lehrer hat ein Verständnis der Eigendynamik von Projektunterricht als schülerzentrierter Unterrichtsform, das aus seinen in der Projektpraxis gesammelten Erfahrungen resultiert. In diesem Sinne lässt er sich auch auf Ungewohntes ein und ist in der Lage Ungewissheit auszuhalten. Der Umgang mit Widersprüchen und Antinomien erfolgt so, dass Spannungen zwischen Projektdynamiken und schulstrukturellen Rahmenbedingungen (Zeit- und Notendruck) austariert werden. Dafür bedarf es einer spezifischen Kommunikationskultur, v. a. im Sinne von Metainteraktion und Moderationsstrategien. Dem Lehrer gelingt es beispielsweise, die für den Projektunterricht charakteristische ›Lust-Frust-Kurve‹ zu erkennen, zu reflektieren und pädagogisch zu begleiten, wobei die Motivation der Schüler (z. B. durch Meilensteine in der Planung) aufrechterhalten wird.

Professionalisierungsbereich »Leistungen des selbstbestimmten Lernens erkennen und bewerten«

(Mergendoller & Thomas, 2000; Rabenstein, 2003; Kastner, 2008; Mitchell u. a., 2008)

Dem Lehrer gelingt es, seine Formen der Leistungsbewertung an die Offenheit der Unterrichtsanlage und des Arbeitens in Gruppen anzupassen. Er setzt Qualitätsstandards und zeigt Konsequenzen bei Leistungsverweigerung auf, wobei er auch seinen subjektiven Leistungsbegriff reflektiert. Der Lehrer gibt den Schülern außerdem ein individuelles, ehrliches und konkretes Feedback, dabei kommen vielfältige Formen der Leistungsbewertung (prozess- und produktbezogen, Einzel- und Gruppennoten) zum Zuge. »Fehler« werden als wichtige Schritte im Lernprozess anerkannt und kommuniziert.

Professionalisierungsbereich »wissenschaftliche Modelle von Projektunterricht und subjektive Lern- und Unterrichtstheorien reflektieren«

(Blumenfeld u. a., 1994; Ladewski & Krajcik, 1994; Marx u. a., 1994; Marx u. a., 1997; Mergendoller & Thomas, 2000)

Der Lehrer kennt nicht nur die wissenschaftlich-theoretischen Modelle und Konzepte von Projektunterricht, sondern kann sie als normative und idealisierte Konzepte verstehen und für die Reflexion pädagogischer Probleme heranziehen. Die grundsätzliche Bedeutung subjektiver Lern- und Unterrichtstheorien ist ihm bewusst und er erkennt und reflektiert deren Einfluss auf das eigene pädagogische Handeln im Projektunterricht.

Auf diese aus der Literatur deduktiv gewonnenen Professionalisierungsbereiche werden im Folgenden die Erfahrungen von Lehramtsstudierenden mit dieser Unterrichtsform bezogen.

3. »Einführung in die Didaktik des Projektunterrichts« – Anlage von Seminar und Evaluation

Die Untersuchung von Professionalisierungsprozessen bei Studierenden findet im Rahmen eines Seminars statt, welches während der Neustrukturierung der Lehrerbildung an der Universität Bielefeld konzipiert wurde. Anhand exemplarischer Beschreibungen erlebter pädagogischer Herausforderungen in der Projektpraxis, von denen die Seminarteilnehmer in begleitenden Gruppendiskussionen berichten, wird untersucht, welche Anforderungssituationen Studierende erkennen, wie sie in der pädagogischen Praxis mit ihnen umgehen, welche projektbezogenen Kompetenzen bereits vorhanden sind und wie sich diese durch ein Einführungsseminar entwickeln lassen. Zuvor werden jedoch das Seminar und einige Ergebnisse zur Strukturqualität vorgestellt.

3.1 Seminar: Ziele, Inhalte, Durchführung

Mit dem Seminar zur Einführung in Theorie und Praxis des Projektunterrichts werden die Ausbildung eines reflektierten Projektverständnisses sowie die handlungsorientierte Auseinandersetzung mit Projektunterricht in der schulischen Praxis angestrebt. Es führt in die Theorie und Geschichte des Projektunterrichts als eigenständige Lerngelegenheit ein und simuliert zentrale Elemente des Projektunterrichts. Zudem enthält das Seminar eine systematisch vorbereitete und begleitete, zweiwöchige schulische Praxisphase, in der Lehramtsstudierende selbst ein Projekt mit Schülern planen, durchführen und auswerten. Dabei werden sie von der Seminarleitung unterstützt, indem eine angeleitete Reflexion der Erfahrungen auf den drei Ebenen Wissenschaft, Praxis und Person (vgl. Weyland & Wittmann, 2010) angeregt wird.

Abbildung 1 gibt einen Überblick über das Verhältnis von Projektseminar, Projektpraxis und Evaluation. Dabei werden relevante Themenfelder des Seminars, Teilelemente der Praxisphase, Instrumente der begleitenden Evaluation sowie Themenbereiche der Reflexion aufgeführt.

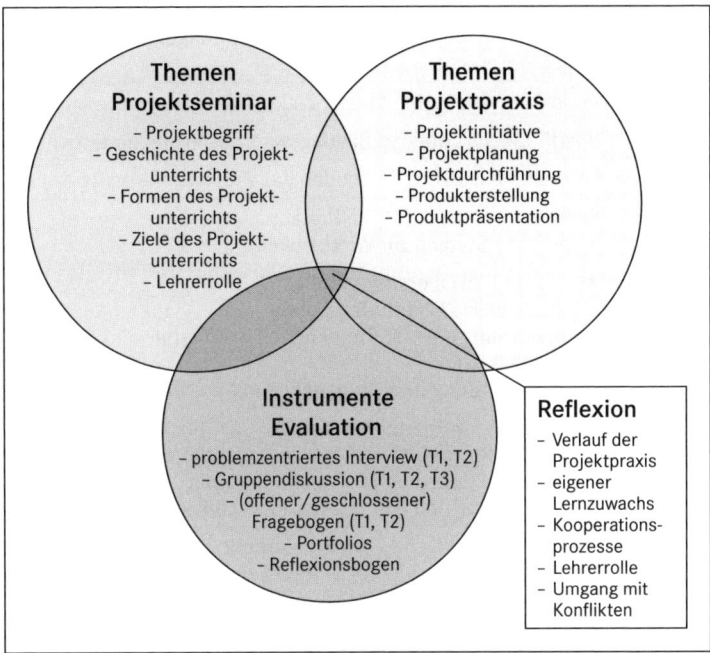

Abb. 1: Grafische Darstellung des Forschungsfelds

Das Seminar soll den spezifischen, aus der empirischen Literatur abgeleiteten Professionalisierungsbereichen für diese Unterrichtsform gerecht werden. Durch die unmittelbare Verzahnung von Theorie und Praxis und die systematische Schaffung von Reflexionsanlässen im Projektprozess sollen ein Perspektivwechsel und eine reflexive Haltung gegenüber Projektunterricht angebahnt und erste positive Erfahrungen mit dieser Unterrichtsform ermöglicht werden. Tabelle 1 gibt einen Überblick zu Ablauf und Inhalten des Seminars.

Tab. 1: Ablauf des Seminars »Einführung in die Didaktik des Projektunterrichts« im Sommersemester 2011

Sitzung	Thema
1	Organisation, Seminarstruktur, Vorerfahrungen mit Projektunterricht
2	Projektunterricht: Merkmale, Ziele, Abgrenzungen
3	Begriff, Geschichte und Bildungswert des Projektunterrichts
4	Formen, Phasen und Methoden des Projektunterrichts
5	Kompetenzentwicklung im Projektunterricht: empirische Studien zur Wirksamkeit
6	Workshop 1 im Oberstufen-Kolleg - Exkursion ins Oberstufen-Kolleg - Entwicklung eigener Projektideen und erster Projektskizzen - Themenfindung und Gruppenbildung
7	Workshop 2 im Oberstufen-Kolleg - Einführung von Schülern in den Projektunterricht - Leistungsbewertung im Projektunterricht - Vorbereitung und Planung der Projektphase
8	Qualitätssicherung im Projektunterricht: Funktion, Simulation und Auswertung eines »Projekt-Hearings«
9	Vorbereitung und Planung der Projektphase (vertiefende Detailplanung) - Gruppenbildung und Prozessgestaltung - schulspezifische Besonderheiten - organisatorische Absprachen
10	Projektphase im Oberstufen-Kolleg mit prozessbegleitenden, reflexionsorientierten Gruppendiskussionen
11	Projektplenum und Produkttag im Oberstufen-Kolleg/ anschließend Auswertung von Projektphase und Seminar

Das in Tabelle 1 vorgestellte Seminarkonzept ist das Ergebnis eines längeren Entwicklungsprozesses. Dieser begann mit der Konzipierung einer universitären Lehrveranstaltung zur Einführung in das Projektlernen, welche erstmalig an der Universität Bochum im Jahr 2008 durchgeführt wurde. Ausgehend von diesem Konzept wurde ein an die Voraussetzungen der Universität Bielefeld und die sich seit 2007 wandelnden Strukturen der nordrhein-westfälischen Lehrerbildung angepasster Seminar-Prototyp entwickelt, der im Wintersemester 2010/11 erstmalig erprobt wurde. Auf der Grundlage dieser Erfahrungen wurde im Sommersemester 2011 ein verändertes Seminarkonzept entwickelt, erprobt und erneut evaluiert.

3.2 Evaluation: Design und Methodik

Das Seminar wurde schwerpunktmäßig mittels qualitativer Methoden formativ und summativ evaluiert, wobei die Ergebnisse durch quantitative Erhebungen ergänzt wurden (siehe Abbildung 1). Die quantitativen Methoden bestanden aus Fragebögen zu Beginn (T1) und am Ende (T2) des Seminars mit offenen und geschlossenen Frageformaten. Erfragt wurden Vorerfahrungen und Einstellungen zum Projektunterricht (T1), die Veränderungen bzgl. dieser projektbezogenen Einstellungen (T2), der subjektive Lernzuwachs (T2) sowie die Struktur-, Prozess- und Ergebnisqualität der Veranstaltung (T2). Die qualitativen Daten wurden mittels problemzentrierter Interviews am Anfang und Ende des Seminars zu subjektiven Theorien bzgl. guten Unterrichts, Lernen und Lehrerrolle gewonnen. Zu drei Zeitpunkten der zweiwöchigen Projektphase (Anfang, Mitte, Ende) wurden außerdem Gruppendiskussionen geführt, in denen u. a. über den Verlauf der schulischen Projektphase, den persönlichen Lernzuwachs und die Seminarqualität gesprochen wurde. Interviews und Gruppendiskussionen wurden mit Hilfe der qualitativen Inhaltsanalyse (Mayring, 2003) und der dokumentarischen Methode (Bohnsack, 2000) ausgewertet. Die Fragebögen wurden mittels deskriptiver Statistik analysiert.

4. Evaluationsergebnisse: Das Seminar »Einführung in die Didaktik des Projektunterrichts« auf dem Prüfstand

Gegenstand dieses Kapitels ist die Vorstellung von Evaluationsergebnissen zum entwickelten Seminar. Zunächst werden kurz einige übergreifende Befunde stichpunktartig referiert, die sich hauptsächlich auf die Fragebogenerhebung (T2) stützen (charakteristische Erfahrungen, Lernerfolge und Schwierigkeiten in der Auseinandersetzung mit Projektunterricht aus der Sicht Lehramtsstudierender). Danach werden die Ergebnisse der qualitativen Analyse zur Anbahnung von Professionalisierungsprozessen vorgestellt.

4.1 Seminarqualität und subjektiver Lernertrag

Die Befragung der Seminarteilnehmer zeigt, dass das Veranstaltungskonzept insgesamt sehr positiv bewertet wurde und nach Meinung der Befragten den Erwerb von Projektkompetenz gefördert hat. Besonders positiv ist zu werten, dass sich bei der Mehrzahl der Studierenden durch das Seminar der Wunsch nach einer verstärkten Auseinandersetzung mit Projektunterricht ergeben hat.

In der Gesamtschau hat das Seminar
- zu einer Steigerung des Interesses an Projektunterricht als eigenständiger Unterrichtsform beigetragen,
- die persönliche und fachliche Entwicklung der Studierenden gefördert (u. a. hinsichtlich des Umgangs mit heterogenen Lerngruppen),
- durch die Sinnhaftigkeit der behandelten Inhalte für den gesamten Studienverlauf eine Bedeutung,
- die Lernorte Schule und Hochschule ertragreich verknüpft (Reflexion des Theorie-Praxis-Verhältnisses),
- zu einer Erweiterung der eigenen methodisch-didaktischen Handlungsspielräume beigetragen (Ausprobieren neuer Methoden mit Schülergruppen, Moderation von Gruppenprozessen, sich in neuen Situationen erleben etc.),
- bei den Teilnehmern zu einem Wunsch nach Veränderung gängiger schulischer Praxis geführt.

Als besonders positive Erfahrungen, die zu einer Konkretisierung von Projektunterricht in Theorie und Praxis beigetragen haben, wurden die Dynamiken des Projektprozesses und die Erarbeitung und Präsentation gelungener Produkte sowie die dabei entstehenden Selbstwirksamkeitserfahrungen genannt.

Negative Rückmeldungen bezogen sich einerseits auf organisatorische Rahmenbedingungen (etwa den erhöhten zeitlichen Aufwand oder Überschneidungen mit anderen Seminaren), andererseits kristallisierten sich Rollenkonflikte und Verhaltensunsicherheiten, auf die in den qualitativen Analysen noch genauer eingegangen wird, als größte Herausforderungen in der Praxisphase heraus. So entstanden bei einer Reihe Studierender Unsicherheiten in Bezug auf die eigene (Lehrer-)Rolle, besonders in Sanktionssituationen (v. a. Umgang mit Disziplinproblemen, Pünktlichkeit, Verbindlichkeit). Außerdem wurde von Rollenkonflikten in der Zusammenarbeit mit Lehrern, Schülern und Kommilitonen berichtet.

4.2 Anbahnung von Professionalisierung im Projektunterricht im Blick qualitativ-rekonstruktiver Analysen

Grundlage der qualitativen Analyse sind Gruppendiskussionen, die im Sommersemester 2011 mit zwei Studierendenteams an drei Befragungszeitpunkten geführt, aufgezeichnet und transkribiert wurden. In der Auswertung werden Erfahrungs- und Lernprozesse, die während der Projektpraxis gemacht wurden, interpretativ nachvollzogen und dabei hinsichtlich professionalisierungsrelevanter Aspekte geprüft. Dabei werden die Befunde mit den in Kapitel 1 aus der Literatur abgeleiteten Professionalisierungsbereichen exemplarisch in Beziehung gesetzt und vertieft. Aufgrund des begrenzten Umfangs dieses Artikels kann an dieser Stelle nur exemplarisch auf zwei Professionalisierungsbereiche näher eingegangen werden (1: »den Projektunterricht organisieren und den Verlauf managen«; 2: »Lehrerrolle reflektieren/verändern und pädagogisch-professionell selbstsicher handeln«). Erfahrungen und Lernprozesse innerhalb dieser beiden Bereiche werden jeweils anhand eines Fallbeispiels illustriert, wobei im Sinne einer komparativen Analyse Querverweise zu anderen Fällen gezogen werden, um auf diese Weise sowohl fallübergreifende Herausforderungen als auch fallspezifische Handlungsmuster herausarbeiten zu können.

Analyse des Professionalisierungsbereichs »den Projektunterricht organisieren und den Verlauf managen«

Zur Analyse dieses Professionalisierungsbereichs wurde die Studentin »Amélie«[1] ausgewählt, die zusammen mit zwei weiteren Studierenden ein Projekt mit musikalischem Schwerpunkt initiiert

---

1 Bei den folgenden Namen handelt es sich um Pseudonyme, die von den befragten Studierenden selbst gewählt wurden.

und geleitet hat: »30 Nationen – 1 Song (Weltmusik)«. »Amélie« ist 23 Jahre alt und befindet sich zum Zeitpunkt der Erhebung im 2. Fachsemester des Masters of Education, mit Germanistik als Zweit- und Pädagogik als Drittfach. »Amélies« Lernprozesse und Handlungsstrategien werden punktuell verglichen mit denen von »Schmetterling« (Alter 49, 2. Semester Frauenstudien, dasselbe Projekt) und »Power« (25 Jahre, Master of Education Gymnasium/Gesamtschule, Nebenfach: Erziehungswissenschaft, Hauptfach: Germanistik; Projekt »Ich bin ein Kolli – holt mich hier raus«).

Für den Professionalisierungsbereich »den Projektunterricht organisieren und den Verlauf managen« erwiesen sich in Hinblick auf »Amélie« zwei der in der empirischen Literatur gefundenen Herausforderungen für eine vertiefende Interpretation als bedeutsam: 1. die Kenntnis einzelner Phasen des Projektunterrichts und deren Moderation und 2. der Umgang mit organisatorischen Schwierigkeiten. Hinsichtlich der ersten Herausforderung fällt auf, dass »Amélie« bereits über ein recht hohes Maß an Kompetenz zu verfügen scheint; bei der zweiten wird ein Prozess sichtbar, der sich als Anbahnung von Professionalisierung, initiiert durch spezifische Erfahrungen und deren Reflexion in der eigenen Projektdurchführung, deuten lässt. Im zeitlichen Verlauf stellt sich der Professionalisierungsprozess folgendermaßen dar:

Erhebungszeitpunkt 1

Bezüglich der erstgenannten Herausforderung, die Kenntnis einzelner Phasen des Projektunterrichts und deren Moderation, zeigt »Amélie« bereits einige Stärken. In der ersten Gruppendiskussion, gleich nach Beginn des Projektes, stellt sie fest:

> Und andere [Schüler] waren erst so ein bisschen orientierungslos, und dann musste man so ein bisschen, äh, da irgendwie begleiten und sagen: »Könntest du dir das und das vorstellen?« (Amélie)

Hier wird sichtbar, dass »Amélie« die für die Anfangsphase eines Projektes wichtige Aufgabe erkennt und auch annimmt, die Lernenden aktiv zu begleiten und ihnen Hilfestellung zu geben. Sie schreckt dabei nicht davor zurück, eigene Ideen einzubringen.

Erhebungszeitpunkt 2

Auch in der Gruppendiskussion, die in der Erarbeitungsphase, also im zweiten Drittel der Projektzeit, durchgeführt wurde, lässt sie dies erkennen; man könnte es charakterisieren als ein ›Einbringen ohne Aufzwingen‹:

> Und dann haben wir Ideen gegeben, aber, das hat sich eigentlich auch in der Gruppe ganz gut ergeben. Dass das dann diskutiert wurde und so. (…). Ich bin da und mache *Angebote,* die ich irgendwie für gut und interessant halte. (Amélie)

Ein ähnlicher Zugang findet sich bei der Studentin »Schmetterling«, die ausgehend von den normativen Vorgaben zu den Zielen von Projektunterricht (Verantwortung an die Schüler abgeben und in die Rolle des Lernhelfers wechseln) aktiv nach einer Form sucht, die ihr als Person zu dem gegebenen Zeitpunkt authentisch umsetzbar erscheint:

> Wobei ich noch für mich irgendwie so ein gutes Gefühl hatte heute Morgen, also dass wir nicht gesagt haben: »Heute passiert das und das und das.« Sondern jetzt dieser andere Prozess: »Was habt ihr euch für heute vorgenommen?« Aber das schon noch in einer guten Absprache miteinander. Dass wir auch so ein bisschen wissen: Was wollen die erreichen? Und denen auch vermitteln dadurch: »Ja, es ist nicht alles freigegeben, ihr könnt jetzt machen, was ihr wollt. Sondern es ist ein ganz konkretes Anliegen, das wir selber uns vornehmen, aber das sollten wir dann auch möglichst versuchen zu erreichen.« Finde ich *ganz,* ganz wichtig. Also für mich jetzt auch als, ja, als Lehrerin in dem Sinne, als Rolle der Lehrerin, also dass es nicht so, so *völlig* freigegeben wird. Sonst käme ich da nicht so gut mit klar. (Schmetterling)

Empirische Studien zur Implementation von Projektunterricht (vgl. etwa Rabenstein, 2003) zeigen, dass Lehrkräfte Projektunterricht häufig mit selbstbestimmtem Lernen gleichsetzen und sich im Sinne einer normativen Übererfüllung im Lernprozess sehr stark zurücknehmen. Dies geschieht mitunter in Phasen, in denen es gerade auf gezielte Förderung und Unterstützung durch den Lehrenden ankäme, um eine Überforderung der Schüler zu vermeiden.

Kontrastierend zur Stärke bei »Amélie« und »Schmetterling« lässt sich bei der Studentin »Power« die Problematik der Zurücknahme noch in einem anderen Zusammenhang aufzeigen. Auf nicht erfüllte Erwartungen an die Schüler reagiert diese Studentin defensiv und zieht sich auf der Handlungs- und Emotionsebene ganz zurück:

> Also, ich muss leider sagen, dass mir das zwar gelungen ist, aber auf so eine Art und Weise von – »dann macht halt wie ihr wollt«. (…) Das finde ich sehr schwierig, weil, wenn ich eben selber als Schüler nicht mir die Latte da hinlege/also, sie muss nicht extrem hoch liegen, aber ich finde sie liegt sehr flach. Und so dann: »ich bin gut drüber gekommen. Das reicht mir aus. Mehr will ich gar nicht.« Also das – da, da ist bei mir dann irgendwann so/schalt ich mich aus, das kann ich dann machen. Aber ich find es halt einfach schade, weil – ich denke, da ist mehr, viel, viel mehr drin. – Also, auch würde ich eben mehr Impuls geben wollen, aber ich halt mich da einfach zurück, weil ich denke »das ist deren Sache«. (Power)

Im Gegensatz zu »Amélie« lässt sich hier eine geringer ausgeprägte Handlungskompetenz bzgl. der Organisation des Projektprozesses feststellen. Zudem fehlen eine selbstreflexive Auseinandersetzung mit eigenen Vorstellungen und Erwartungen sowie eine Perspektivenübernahme der Schülersicht, die zu alternativen Handlungsweisen mit diesem Problem führen könnten. Es dominiert eine enttäuscht wirkende Sicht auf den Projektprozess, der eigenes pädagogisch-planerisches Gestalten vermissen lässt.

Ein weiteres Beispiel für »Amélies« Kompetenz im Bereich der Organisation von Projektprozessen wird in der folgenden Äußerung ersichtlich, in der das Bestreben der Studentin zum Ausdruck kommt, Lernprozesse bewusst zu moderieren, um einen bestimmten Einschnitt zu steuern:

> Oder wir haben letzte Woche am Freitag so eine Feedbackrunde gemacht, weil wir so einen Zwischenstand haben wollten: »Okay, was ist jetzt in der ersten guten Woche gut oder schlecht gelaufen?«

Und dann habe ich das mit dieser Fünf-Finger-Methode gemacht. (Amélie)

Auch bzgl. der zweiten Herausforderung, dem Umgang mit organisatorischen Schwierigkeiten, zeigt »Amélie« Stärken. Diese liegen in einer flexiblen Reaktion auf die sich jeweils situativ stellenden Anforderungen und in der Fähigkeit zur Selbstmotivierung. Allerdings zeigt sie hier in vielen Praxissituationen auch Unsicherheiten bzgl. ihres pädagogischen Handelns, wie im folgenden Auszug deutlich wird, in dem sie das Spannungsfeld Intervention – Gewährenlassen reflektiert:

Und das Problem ist halt, dass – wie ihr gerade auch schon sagtet, [da] viele organisatorische Sachen noch sind, oder, dann fehlt halt mal der *eine,* dann fehlt der *andere*. Letzte Woche waren halt zwei Leute auch mal *krank*. Und das ist halt gerade bei so Musiksachen *echt schwierig,* weil, die hatten, im Prinzip hatten die ein Produkt und waren alle auch sehr motiviert, das umzusetzen. Aber wenn natürlich immer einer *fehlt* – ja, dann sitzt man halt da. Und man kann halt auch aber nichts anderes machen, so. Also, das fand ich auch sehr schwierig, ich weiß nicht, wie ihr das wahrgenommen habt, da so einen pädagogischen *Impuls* noch mal zu geben, weil die natürlich gesagt haben: »Ja, aber wir *haben* ja schon eine Idee, was wir machen wollen. Wir können sie nur gerade nicht umsetzen, weil Person A fehlt.« oder »Weil wir noch nicht in das Aufnahmestudio können« oder so. Und von daher/gestern konnten wir dann halt das erste Mal aufnehmen. Und hatten dann sowohl eine Musikzelle als auch ein Aufnahmegerät. Und da merkte man dann: Okay, da ist jetzt wirklich Feuer und jetzt geht es los. Und, haben wir dann auch die erste Aufnahme gemacht. (Amélie)

Hier wird eine für den Projektunterricht spezifische Problematik sichtbar, die aus dessen zeitlicher Struktur resultiert. Wenn – wie in diesem Fall ganztägig über zwei Wochen – im Projekt gearbeitet wird, führt die temporäre Abwesenheit einzelner Schüler zu Problemen hinsichtlich der Arbeitsfähigkeit einzelner Projektteilgruppen. In letzterem Fall bleibt jedoch nur ein kleiner Ausschnitt des Unterrichts eines Tages davon betroffen. Interessant ist, dass »Amélie« im selben

Gespräch zu einer vertieften Reflexion dieser Problematik gelangt, die sich ebenfalls als Anbahnung von Professionalität interpretieren lässt:

> Interviewer 1: Und gibt es bei dir was, woran du noch arbeiten möchtest? Die letzten zwei Tage, was dir so noch wichtig wäre? Als Ziel umzusetzen?
> Amélie: Mh (überlegt), ja, also, das wiederholt sich jetzt, glaube ich, dieses/diese Herausforderung von sinnvollen Impulsen zu geben. Also wirklich/das habe ich letzte Woche gemerkt, dass man auch ein Stück weit erst *Zeit* braucht, das einordnen zu können, inwiefern man da jetzt *stört,* und die Leute eigentlich gerade im Prozess *sind*. Oder wann sie dann Hilfe brauchen. Und da einfach noch mal ein bisschen mehr darauf zu vertrauen, dass sie von *selber* kommen, wenn sie Hilfe brauchen.

Für das Managen des Verlaufs erkennt »Amélie« hier die Ambivalenz, die Eingriffe in pädagogische Prozesse (Helfen vs. Stören) haben können. Zentral aber ist die Äußerung, »dass man auch ein Stück weit erst Zeit braucht, das einordnen zu können«, denn hier wird der individuelle Erkenntnisprozess deutlich. Bezogen auf eine konkrete Arbeitsgruppe und Situation muss man sich als Lehrer zum einen Zeit zubilligen, um Klarheit darüber zu bekommen, wie viel Eingreifen angemessen ist; zum anderen ist ein Vertrauen in die Lernenden nötig, dass sie über ausreichend Selbstständigkeit verfügen, um sich bei anhaltenden Schwierigkeiten selbst Hilfe zu holen. »Amélie« fährt dann an das obige Zitat anknüpfend fort:

> Aber manchmal, also finde ich, ist das auch ein – *Zielkonflikt,* weil ich glaube, die sind sich manchmal selber nicht so ganz sicher, ob sie nicht manchmal doch irgendwie so einen – Motivationsschub *brauchen* oder so. Gerade diese Vormittage, so wie [Schneemann] das auch gerade schon sagte, sind manchmal sehr schleppend, so. Und ob man da/bin ich mir manchmal unsicher, ob man da noch mehr *mitreißen* sollte. (Amélie)

Die Reflexion über situativ angemessenes Handeln wird hier direkt mit der damit verbundenen Unsicherheit in Beziehung gesetzt. Es gelingt »Amélie« noch nicht, dieses Dilemma reflexiv in eine Richtung aufzulösen.

Als Fazit zum Bereich »den Projektunterricht organisieren und den Verlauf managen« lässt sich auf der Grundlage von »Amélies« Ausführungen festhalten, dass durch die Möglichkeit, praxisorientierte Projekterfahrungen im Studium zu machen, bereits vorhandene Professionalität ein fruchtbares Anwendungsfeld findet und dass weitergehende Professionalisierungsschritte angebahnt werden können.[2]

Analyse des Professionalisierungsbereichs »Lehrerrolle reflektieren/verändern und pädagogisch-professionell selbstsicher handeln«

Im Folgenden wird der Lernprozess von »Jollie Joker« rekonstruiert, der exemplarisch für diesen Professionalisierungsbereich steht. »Jollie Joker« initiierte und leitete zusammen mit »Power« und »Pumuckl« das Projekt »Ich bin ein Kolli – holt mich hier raus!«, welches sich mit Konsumverhalten und Formen des Ausstiegs aus der Gesellschaft beschäftigte. Sie ist 26 Jahre alt und befindet sich zum Erhebungszeitpunkt im 4. Fachsemester des Masters of Education Gymnasium/Gesamtschule mit den Kernfächern Anglistik und Geschichte sowie Pädagogik als Nebenfach.

Als besonders ertragreich für die Analyse des Professionalisierungsbereichs »Lehrerrolle reflektieren/verändern und pädagogisch-professionell selbstsicher handeln« erwiesen sich die in der Empirie gefundenen Herausforderungen, Rollendistanz zu erproben, Vertrauen in die eigenen pädagogischen Fähigkeiten zu entwickeln und dabei auf Misserfolge, Frustration und enttäuschte Erwartungen nicht resignativ zu reagieren sowie die Aufgabe, einen Wandel vom ›Wissensvermittler‹ und ›Kontrolleur‹ zum Lernberater zu vollziehen, der einerseits die Ungewissheit offener Lernprozesse aushält, andererseits seine Erwartungen aber klar expliziert. Innerhalb dieser Professionalisierungsbereiche zeichnet sich ein deutlicher Entwicklungsprozess »Jollie Jokers« im Verlauf der Praxisphase ab, der im

---

2 Im Fall von »Amélie« konnte aus organisatorischen Gründen kein dritter Erhebungszeitpunkt realisiert werden.

Folgenden nachgezeichnet und punktuell mit den Äußerungen von »Power« (dasselbe Projekt) und »Schneemann« (28 Jahre, 2. Fachsemester Master of Education Gymnasium/Gesamtschule; Nebenfach: Erziehungswissenschaft; Hauptfächer: Unterrichtsfach Pädagogik und Geschichte; Projekt »Weltmusik«) kontrastiert wird.

Erhebungszeitpunkt 1

In den folgenden Zitaten vom ersten Erhebungszeitpunkt werden Orientierungen »Jollie Jokers« deutlich, die auf ihre unterrichtlichen Erwartungen, die eigene Lehrerrolle sowie auf das ihrem Handeln zugrunde liegende Schülerbild verweisen:

> Und das ist, das ist man halt sonst so nicht gewöhnt, weil die Leute [gemeint sind Schüler anderer Schulen]/du sagst da vorne: »Ja, schreibt jetzt fünf Fragestellungen auf.« Dann schreiben die fünf Fragestellungen auf. Und die [gemeint sind die Schüler des Oberstufen-Kollegs] fragen: »Warum brauchen wir denn jetzt *fünf?*« (...). Am Anfang wollten die uns da, glaube ich, so ein bisschen, äh, die wollten uns so ein bisschen anschmieren, quasi. Die haben halt gesagt: »Ja, dann machen wir einfach einen Diafilm. Wir machen einfach die Fotos, ne? Und machen eine Diashow.« (...) Da muss man schon sagen: »Nee, so geht es jetzt nicht, so haben wir uns das nicht gedacht«. (Jollie Joker)

Deutlich wird in dieser Aussage, dass es die Studentin offenbar aus anderen Praxiskontexten gewohnt ist, als Lehrerin die Lernprozesse quasi widerspruchsfrei zu steuern und sich bei Fragen der Leistungserbringung nicht »anschmieren« zu lassen. Eine Diskussion über Sinn und Zweck pädagogischer Vorgehensweisen ›auf Augenhöhe‹ mit den Schülern irritiert sie zunächst. Sie ist ein solches Schülerhandeln offenbar nicht gewohnt, was darauf verweist, dass lehrerzentrierter Unterricht als Normalfall gedeutet wird. Gleichzeitig ist sie (wie auch an anderen Stellen im Verlauf der Gruppendiskussion deutlich wird) in der Lage, Erwartungen zu explizieren und eigene Ansprüche deutlich zu machen. Werden verbindliche Absprachen von Schülerseite (z. B. hinsichtlich Disziplin, Pünktlichkeit) nicht eingehalten, führt dies zwar zu einem Gefühl der Hilflosigkeit, »Jollie

Joker« zieht jedoch trotzdem daraus ihre Konsequenzen, indem sie an das Verantwortungsgefühl der Gruppe appelliert. Das folgende Zitat lässt vermuten, dass sie mit Ungewissheit im pädagogischen Prozess durchaus umgehen kann und den Wert ergebnisoffener pädagogischer Prozesse erkennt:

> Naja, ich habe da irgendwie nicht so Angst vor, dass da jetzt/also jetzt nicht das Mega-Produkt bei rauskommt. Ich finde/also ich denke, das ist normal, so (…). *Na ja,* man kann sich da ein bisschen reinversetzen in die Schülersache. Und ich finde es dann halt auch nicht schlimm, wenn es vielleicht, möglicherweise scheitert. Weil ich halt in meinem Leben festgestellt habe, dass ich gerade aus diesen *Scheiter-Situationen* auch viel gelernt habe. (Jollie Joker)

Die Umdeutung des möglichen Scheiterns eines Projekts als Lernmöglichkeit stellt einen konstruktiven Umgang mit einem Problem dar, mit dem andere Studierende (und auch erfahrene Lehrer, wie die empirische Literatur belegt) große Schwierigkeiten haben. »Power« beispielsweise wird durch die Offenheit der Projektsituation, die mit einer Ungewissheit in Bezug auf die Qualität des Endprodukts einhergeht, stark verunsichert. Das Ende des Projekts wird bildhaft mit dem Öffnen eines »Überraschungseis« verglichen:

> Der letzte Tag (lacht): Hast du was drin oder nicht? (Alle lachen) So. Was ich einen Teil weit sicherlich mitbestimmen kann, aber eben ein ganz, ganz großer Teil eben auch nicht. Und, ja. Das ist halt, sehr neu, sehr ungewohnt, ne? So diese Ruhe (gedehnt) – (lacht) Dann da so/Ich bin da eher so ein bisschen mehr – Power. (alle lachen) – (Power)

Dies mag zum Teil auch daran liegen, dass es ihr nicht gelingt, sich wie »Jollie Joker« »reinzuversetzen in die Schülersache«, sondern dass sie bzgl. ihrer Vorstellungen und Wünsche nach dynamischen und energischen Arbeitsprozessen im eigenen Erwartungshorizont verhaftet bleibt.

Erhebungszeitpunkt 2

Praktikable Strategien im Umgang mit Disziplinschwierigkeiten auf Schülerseite sind bei »Jollie Joker« auch beim zweiten Befragungszeitpunkt das dominante Thema. Im Gegensatz zur ersten Befragung, in der noch der moralisierende Appell Mittel zur Erreichung pädagogischer Ziele war, reagiert sie nun entschlossener auf die Vorschläge der Schüler:

> »Ja, das machen wir dann *spontan*.« Da haben wir auch eingegriffen und gesagt: »Nee, wir möchten das schon vorher geplant haben.« Deswegen haben wir halt beschlossen, dass wir halt so Protokollierungssachen jetzt in der Gruppe machen und direkt einsammeln, weil es nicht funktioniert hat. (Jollie Joker)

Der von »Jollie Joker« vertretene Kontrollanspruch und die damit verbundenen Erwartungen werden durch in der Gruppe anzufertigende Protokolle und verbindliche Planungsschritte im Projektprozess (vgl. Professionalisierungsbereich 2) umgesetzt. Dies erscheint zunächst aus der handlungspraktischen Perspektive plausibel; gleichwohl besteht das Problem darin, dass es bei »Jollie Joker« bei Versuchen seitens der Schüler, die Vorgaben der Lehrerin zu unterlaufen oder die Leistungserwartungen zu relativieren, (zunächst) zu Enttäuschungs- und Frustrationsgefühlen kommt, was auf eine eher geringe Rollendistanz im Umgang mit solchen Herausforderungen schließen lässt. Gleichzeitig bleibt das Thema Disziplin zentral:

> Aber wir haben halt letzte Woche *schon ein paar Mal* darüber gesprochen, dass es die zwei Termine geben wird. Und teilweise scheint es einfach so, dass – entweder die Aufmerksamkeitsspanne extrem niedrig ist, oder die nicht *aufpassen*. (Jollie Joker)

Vor dem Hintergrund der Tatsache, dass »Jollie Joker« mit der Erfüllung ihrer Erwartungen durch die Schüler und ihrer gekränkt wirkenden Reaktion weiterhin relativ unzufrieden ist, formuliert sie in der Mitte der Praxisphase folgenden Wunsch an die eigene Weiterentwicklung bis zum Ende der Projektphase:

> Ich will versuchen, irgendwie mehr noch so Motivation reinzubringen, irgendwie. Also ich habe so/teilweise gab es halt so Situationen, da – hat es uns ein bisschen gestört, wie die sich verhalten haben. Und manchmal haben die das auch gemerkt, dass wir dann halt ein bisschen schlecht drauf waren oder – hier und da flog mal eine pampige Antwort rüber. Und dann habe ich mir gedacht: »Okay, wenn ich jetzt Schüler wäre, und ich würde diese Antwort kriegen, teilweise, dann hätte ich jetzt nicht so wahnsinnig viel Lust/also, dann würde ich vielleicht aus Trotz *gar* nichts mehr machen«. Und dass ich da halt eher versuche, mit meiner eigenen Motivation, dass *ich* halt Spaß an dieser Sache habe und dass mich das interessiert, die ja auch ein bisschen mehr vielleicht anzustecken, so, noch für die letzten Tage. (Jollie Joker)

An dieser Stelle wird der zuvor begonnene Selbstreflexionsprozess fortgeführt und intensiviert. »Jollie Joker« beginnt, ihr eigenes Verhalten und die damit verbundene Wirkung ihrer Lehrerrolle kritisch zu betrachten und versucht, Handlungsalternativen zu entwickeln. Statt ihre Enttäuschung negativ auf die Lerngruppe zu richten, möchte sie nun aus ihren Fehlern lernen und die Schüler motivieren. Außerdem nimmt sie sich an anderer Stelle vor, sich bewusst stärker zurückzuhalten und mehr als Lernhelfer im Hintergrund zu agieren.

Das Hinterfragen der eigenen Rolle und des eigenen Handelns lässt sich – wenn auch auf anderer inhaltlicher Ebene – auch bei dem Studenten »Schneemann« erkennen. Er erkennt, dass er sich zwar auf einer theoretischen Ebene seiner Rolle im Projektunterricht als Hintergrundlehrer bewusst war, dies aber in der Praxis noch nicht umsetzen konnte:

> Von der Lehrerrolle her würde ich sagen, für mich persönlich, als es hier gestartet ist, habe ich immer im Hinterkopf gehabt »Okay, das ist Projektunterricht, du musst Verantwortung abgeben, du musst die selber machen lassen«. Aber mir ist halt am ersten Tag relativ schnell deutlich geworden, dass ich das zwar alles im Hinterkopf habe, – dass mein Handeln aber am Montag definitiv noch anders aussah. (Schneemann)

Aufgrund dieser Selbsterkenntnis und einer bewussten Änderung seines Verhaltens gelingt es »Schneemann«, sein vorschnelles Eingreifen und Steuern der Unterrichtsprozesse zu reduzieren (»und ich habe das also immer mehr abgelegt«).

Erhebungszeitpunkt 3

Trotz der im Projektprozess entstandenen Schwierigkeiten in der Einübung einer projektadäquaten Lehrerrolle kommt »Jollie Joker« am Ende der Praxisphase zu einem ›durchwachsenen‹, aber überwiegend positiven Gesamtfazit:

> Und jetzt würde ich mich auch selber in der Lage sehen, wenn ich jetzt in so ein Kollegium käme, also, jetzt vielleicht nicht gleich am Anfang als Grünschnabel, aber vielleicht irgendwann später – mich da auch dafür einzusetzen, diese Impulse zu bringen. Weil ich hab es selber gemacht, ich habe da Erfahrung mit, ich weiß da jetzt einiges drüber (…) also, als/– also man hat schon ein bisschen, glaube ich, gemerkt, dass wir hier halt nicht Lehrer am OS [Oberstufen-Kolleg] sind und dass die das auch wissen und dass wir in gewisser Art vielleicht nicht so den gleichen Druck oder Autorität ausüben können als hier gestandene Lehrer. (Jollie Joker)

Deutlich wird hier, dass das Muster ›Autorität‹, dem eine Orientierung am traditionellen Bild des Lehrerhandelns innewohnt, bis zum Ende handlungs- und argumentationsleitend bleibt. »Jollie Joker« erklärt, an Sicherheit und Erfahrung gewonnen zu haben und kann sich vorstellen, den Projektunterricht später auch in anderen Schulen durchzuführen. Ihre Autorität hat sie im Vergleich zu »gestandenen Lehrern« jedoch als geringer erlebt, da sie weniger »Druck« ausüben konnte. Den für sie mitunter mühsamen Projektprozess bilanziert sie in folgendem Zitat:

> Ja, also, es ist auch nicht so, dass ich keinen Spaß daran hatte, es waren nur ein paar Frustrationssituationen da – und ich habe es halt versucht. Also, es war halt ja jetzt auch die Situation der letzten Tage, dass die mehr frei gearbeitet haben und man halt wirklich nur noch als Ansprechpartner – da war und vielleicht hier und da

rum gegangen ist und nachgefragt hat – und wenn die mit mir zu/ wenn die mit irgendwas zu mir kamen, dann habe ich schon versucht da – weiß ich nicht, hier und da Lösungen aufzuzeigen und zu zeigen, dass es mich wirklich interessiert, dass ich mich für deren Probleme interessiere und – denke das ist auch rübergekommen. (Jollie Joker)

Retrospektiv bewertet sie die Bewältigung der Entwicklungsaufgaben, die Schüler durch ihre eigene Motivation ›anzustecken‹, mit Enttäuschung professionell umzugehen und mehr als Lernhelfer zu agieren, überwiegend positiv. Die Überwindung von Frustration und Enttäuschung steht jedoch auch am Ende im Zentrum der Wahrnehmung. Der Wechsel von der Lehrenden- zur Lernendenperspektive scheint besonders in der Phase der Produkterstellung teilweise gelungen zu sein. Vermutet werden kann, dass auch die Diagnosekompetenz von »Jollie Joker« zumindest gestärkt wurde, denn durch die Auseinandersetzung mit den Lernprozessen und Leistungen der Schüler und den damit verbundenen Enttäuschungen ist es ihr letztlich gelungen, intensiv und kritisch ihre eigenen Erwartungen, Bedürfnisse und Rollenvorstellungen zu reflektieren.

5. Fazit

Die oben dargestellten Analysen zeigen, dass das Seminarkonzept insgesamt gut geeignet ist, Studierende mit den theoretischen und didaktischen Grundlagen des Projektunterrichts in Kontakt zu bringen. Die positiven Selbsteinschätzungen der Studierenden bezüglich des eigenen Lernertrags und der strukturellen Gestaltung des Seminars sprechen für das gewählte Konzept einer engen Verzahnung theoretischer, (selbst-)reflexiver und handlungsorientierter Anteile. Die Studierenden fühlen sich auf die Besonderheiten des Projektunterrichts vorbereitet und sind mit wichtigen inhaltlichen und didaktischen Voraussetzungen vertraut.

Ein kritischer Aspekt aus Sicht der Studierenden wie auch der Seminarleitung besteht in dem hohen Organisationsaufwand der integrierten Praxisphase. Es bedarf einer detaillierten Planung, um schulische und universitäre Termine aufeinander abzustimmen und

Kooperationen mit Regelschulen und Lehrern einzugehen. Durch eine Verstetigung bestimmter Arbeitsabläufe und Strukturen lässt sich der Aufwand zwar reduzieren, ein besonderes Engagement auf Studierenden- und Lehrendenseite bleibt jedoch unerlässlich für das Gelingen eines Seminars mit einer solch engen Verzahnung theoretischer, praktischer und reflexiver Elemente.

Die eigentliche Herausforderung und der Optimierungsbedarf zeigten sich insbesondere bei der Begleitung der Studierenden während der Praxisphase. Prozessbegleitende Gruppendiskussionen, die in dem untersuchten Seminar als Evaluationsinstrument genutzt wurden, gilt es als festen Bestandteil in das Konzept aufzunehmen, da sie durch die Initiierung von Selbstreflexion eine wichtige Grundlage für Professionalisierungsprozesse schaffen. Allerdings sollten in solchen Gesprächen auch aktive Beratungs- oder Coachinganteile integriert werden, da die Interpretation verschiedener Fälle gezeigt hat, dass Studierende stützende Beratungs- und Austauschstrukturen dringend benötigen, um sich ihres pädagogischen Handelns und damit verbundenen didaktischen Entscheidungen zu vergewissern. Im Fall von »Amélie« wird das etwa in der Beschreibung ihres Dilemmas deutlich, ob das Eingreifen in selbstbestimmte Arbeitsphasen durch pädagogische Impulse sinnvoll ist oder von den Schülern als störend empfunden wird. In solchen Situationen könnten intensivere Reflexionshilfen und Beratungsangebote ansetzen, vor allem hinsichtlich einer Klärung, dass es die Aufgabe der Lehrperson ist, solche Zielkonflikte und Ungewissheiten auszuhalten. Dabei sollte nicht nach ›optimalen‹ Lösungen schlechthin gesucht, sondern abgewogen werden, was in der jeweiligen Entscheidungssituation in der Logik des pädagogischen Prozesses am förderlichsten ist, wobei eine dogmatische Orientierung an einzelnen Kriterien des Projektunterrichts kontraproduktiv erscheint. Auch in Hinblick auf teilweise gering ausgeprägte Erfahrungen der Studierenden im Projektprozess und Konfliktmanagement sowie in Bezug auf Rollenkonflikte scheinen begleitende Beratungsstrukturen notwendig, die die Selbstsicherheit der Studierenden stärken und auch herausfordernde Praxiserfahrungen rahmen können.

Die eingangs formulierte Frage, ob sich durch das Seminar professionalisierungsrelevante Prozesse bei Studierenden im Sinne des

Erwerbs von Projektkompetenz anbahnen lassen, muss demnach differenziert beantwortet werden. Es kann festgestellt werden, dass sich die aus der empirischen Literatur herausgearbeiteten Professionalisierungsbereiche auch in den Aussagen der Studierenden wiederfinden, d. h. unterrichtserfahrene Lehrer und Lehramtsstudierende stehen beim Projektunterricht vor ähnlichen Herausforderungen. Weitere Hinweise auf eine Anbahnung von Professionalisierung finden sich in der Intensivierung von Reflexionsprozessen, die zu einer bewussten Veränderung bestimmter Verhaltensweisen und somit auch zu einer Veränderung in der Wahrnehmung und Ausübung der eigenen Lehrerrolle führen. Die in die Praxisphase integrierten Reflexionsanlässe (in Form der Gruppendiskussionen) sind besonders der Bewusstmachung und Explikation der in der Praxisphase eingenommenen Lehrerrolle und der damit verbundenen pädagogischen Haltungen dienlich. Gleichwohl zeigt sich in vertiefenden Analysen (vgl. Schumacher & Boller, 2013), dass die in der Praxis entstehenden Problemlagen mitunter auf das Engste mit pädagogischen Haltungen resp. subjektiven Theorien verbunden sind. So besteht ein enger Zusammenhang zwischen der subjektiven Lerntheorie und dem Lehrerhandeln. Aufgrund der Stabilität subjektiver Theorien (vgl. Groeben, Wahl, Schlee & Scheele, 1988) muss jedoch bezweifelt werden, dass sich diese durch eine so kurze Intervention nachhaltig verändern lassen. Außerdem können aufgrund des gewählten Designs keine Aussagen zur Nachhaltigkeit des Kompetenzzuwachses getroffen werden. Die Frage, wie sich die projektbezogenen Kompetenzen von Studierenden entwickeln lassen, bleibt also zu vertiefen und wäre auch mittels veränderter methodischer Designs – z. B. Videografie in Praxissituationen, Follow-Up-Studien – zu untersuchen.

Literatur

Blumenfeld, C. B., Krajcik, J. S., Marx, R. W. & Soloway, E. (1994). Lessons Learned: How Collaboration Helped Middle Grade Science Teachers Learn Project-Based Instruction. *The Elementary School Journal*, (5), 539–551.

Bohnsack, R. (2000). *Rekonstruktive Sozialforschung: Einführung in Methodologie und Praxis qualitativer Forschung* (4. Auflage). Opladen: Leske + Budrich.

Chard, S. (2000). The challenges and the rewards: A study of teachers undertaking their first projects. In D. Rothenberg (Hrsg.), *Issues in Early Childhood Education: Curriculum, Teacher Education, & Dissemination of Information* (Proceedings of the Lilian Katz Symposium, November 5–7, 2000). Champaign, IL: Children's Research Center, University of Illinois at Urbana-Champaign.

Dietz, M., Döring, T., Emer, W., Rengstorf, F., Sagasser, H., Schumacher, C., Schöbel, R. & Thomas, C. (2010). Unter die Lupe genommen: die Umsetzung von Projektunterricht und Projektkultur an sechs Schulen in NRW – eine vergleichende qualitative Untersuchung zur gymnasialen Oberstufe. *TriOS, (2)*, 57–112.

Groeben, N., Wahl, D., Schlee, J. & Scheele, B. (1988). *Forschungsprogramm Subjektive Theorien: Eine Einführung in die Psychologie des reflexiven Subjekts.* Tübingen: Francke.

Hackl, B. (1994). *Projektunterricht in der Praxis: Utopien, Frustrationen, Lösungswege.* Innsbruck: Österreichischer Studien-Verlag.

Hänsel, D. (1997). *Handbuch Projektunterricht.* Weinheim: Beltz.

Kastner, H. (2008). Pflichtprojekte – Projektunterricht im Spannungsverhältnis zur Institution Schule. In G. Breidenstein & F. Schütze (Hrsg.), *Paradoxien in der Reform der Schule: Ergebnisse qualitativer Sozialforschung* (Studien zur Schul- und Bildungsforschung, Bd. 22) (S. 231–245). Wiesbaden: Verlag für Sozialwissenschaften.

Köhler, K. & Klautke, S. (1994). Ergebnisse der Erprobung eines praxisorientierten Ansatzes zur Umweltbiotechnik (gemeinsam mit Biologielehrern der Sekundarstufen I und II). In H. Bayrhuber (Hrsg.), *Interdisziplinäre Themenbereiche und Projekte im Biologieunterricht.* Kiel: IPN.

Krajcik, J. S., Blumenfeld, P. C., Marx, R. W., Bass, K. M., Fredricks, J. & Soloway, E. (1998). Inquiry in Project-Based Science Classrooms: Initial Attempts by Middle School Students. *The Journal of the Learning Sciences, (7)*, 313–350.

Ladewski, B. G., Krajcik, J. S. & Harvey, C. L. (1994). A Middle Grade Science Teacher's Emerging understanding of Project-Based Instruction. *The Elementary School Journal, (5)*, 499–515.

Marx, R. W., Blumenfeld, P. C., Krajcik, J. S., Blunk, M., Crawford, B., Kelly, B. & Meyer, K. M. (1994). Enacting Project-Based Science: Experiences of Four Middle Grade Teachers. *The Elementary School Journal, (5)*, S. 517–538.

Marx, R. W., Blumenfeld, P. C., Krajcik, J. S. & Soloway, E. (1997). Enacting Project-Based Science. *The Elementary School Journal, (4)*, S. 341–358.

Mayring, P. (2003). *Qualitative Inhaltsanalyse: Grundlagen und Techniken.* Weinheim: Beltz.

Mergendoller, J. R. & Thomas, J. W. (2000). *Managing project based learning: Principles from the field* (Paper presented at the Annual Meeting of the American Educational Research Association). New Orleans. Verfügbar unter http://www.bie.org/images/uploads/general/f6d0b4a5d9e37c0e0317acb7942d27b0.pdf [09.06.2013].

Mitchell, S., Foulger, T. S., Wetzel, K. & Rathkey, C. (2008). The Negotiated Project Approach: Project-Based Learning without Leaving the Standards Behind.

Early Childhood Educational Journal, 36(4), 339–346. Verfügbar unter http://www.springerlink.com/content/c73q57211024 x727/fulltext.html [09.11.2010].

Rabenstein, K. (2003). *In der gymnasialen Oberstufe fächerübergreifend lehren und lernen: Eine Fallstudie über die Verlaufslogik fächerübergreifenden Projektunterrichts und die Erfahrungen der Schüler.* Obladen: Leske + Budrich.

Schumacher, C. & Boller, S. (2013). Zeigen und Entdecken im offenen Unterricht: Evaluation eines Pilotseminars zur Einführung Lehramtsstudierender in den Projektunterricht. *Lehrerbildung auf dem Prüfstand 6,* S. 92–110.

Schumacher, C. & Rengstorf, F. (2013). Chancen und Probleme bei der Implementation von Projektunterricht – eine Übersicht zur empirischen Unterrichtsforschung aus international vergleichender Perspektive. *In diesem Band.*

Suin de Boutemard, B. (1986). Projektunterricht – Geschichte einer Idee, die so alt ist, wie unser Jahrhundert. In J. Bastian & H. Gudjons (Hrsg.), *Das Projektbuch. Theorie – Praxisbeispiele – Erfahrungen* (Bd. I, S. 62–77). Hamburg: Bergmann und Helbig.

Weyland, U. & Wittmann, E. (2010). *Expertise: Praxissemester im Rahmen der Lehrerbildung: 1. Phase an hessischen Hochschulen.* Frankfurt am Main: DIPF.

Sebastian Boller & Christine Schumacher

Subjektive Lerntheorien, Lehrerrolle und Lehrerhandeln im Projektunterricht aus Sicht von Lehramtsstudierenden. Evaluation eines Modellseminars

1. Theoretischer Bezugsrahmen: Projektunterricht, subjektive Lerntheorien und Lehrerrolle

Gegenstand des Beitrags ist der Zusammenhang von subjektiven Lerntheorien Lehramtsstudierender, der in pädagogischen Situationen eingenommenen Lehrerrolle und dem damit verbundenen Lehrerhandeln. Mit Bezug auf den Projektunterricht wird anhand von drei Einzelfallstudien untersucht, wie sich das Zusammenspiel dieser Elemente gestaltet und mit welchen Herausforderungen Lehramtsstudierende in dieser Unterrichtsform konfrontiert sind. Außerdem wird gefragt, wie sie Projektunterricht verstehen, welche Potenziale sie ihm zuschreiben und welche didaktischen Konzepte sie hierzu entwickeln.

Im Folgenden werden unter Rückgriff auf bildungspolitische Argumentationen zunächst die Begründungsformen für Projektunterricht in der Schule referiert (Kap. 1.1, vgl. hierzu auch den Beitrag von Rengstorf & Schumacher, in diesem Band). Anschließend werden die mit Projektunterricht verbundenen Anforderungen für Lehrer (Kap. 1.2) sowie die das Lehrerhandeln beeinflussenden Faktoren (Kap. 1.3) untersucht.

1.1 Bildungspolitische Ausgangslage

Eine Betrachtung bildungspolitischer Vorgaben (Richtlinien, Lehrpläne) zeigt, dass die formale Bedeutung des Projektunterrichts seit Jahren kontinuierlich zunimmt. Begründet wird dies unter anderem mit dem Wandel der gesellschaftlichen Arbeits- und Produktionsbedingungen. Projektartige Arbeitsformen haben sich in nahezu allen Lebens- und Arbeitsbereichen etabliert und hierfür erforderliche Kompetenzen werden vonseiten der Wirtschaft zunehmend eingefordert. Angesichts der Diskussionen um Soft Skills, Effizienzsteigerung und Kompetenzorientierung werden an den schulischen Projektunterricht eine Vielzahl von Erwartungen geknüpft, die z. B. in der Demokratisierung von Schule, dem Erwerb von Handlungs-, Sozial- und Teamkompetenz und der Aneignung von Orientierungs- und Prozesswissen bestehen (vgl. Emer & Lenzen 2009, S. 33 ff.). Der Wandel der schulischen Lernkultur und der zunehmende Stellenwert von Projektunterricht zeigen sich u. a. in der Einführung von Projektkursen in Nordrhein-Westfalen oder den Projekt-Seminaren in Bayern, wo projektförmiges Arbeiten nun auch in der Oberstufe strukturell verankert ist.

Bei dem Versuch, hochwertigen Projektunterricht durchzuführen, der den genannten Erwartungen gerecht wird, sind nicht nur die Schüler, sondern auch die Lehrer selbst mit spezifischen Herausforderungen konfrontiert, die u. a. in veränderten Planungs-, Organisations- und Handlungsmustern bestehen. Rengstorf und Schumacher (2010, S. 51; vgl. auch den Beitrag von Schumacher & Rengstorf, in diesem Band), stellen vor diesem Hintergrund fest, dass erste Auseinandersetzungen mit dieser Unterrichtsform nicht immer problemlos verlaufen und Schüler *und* Lehrer systematische Unterstützungsstrukturen bei der Einführung in diese Unterrichtsform benötigen, die idealiter bereits in der ersten Phase der Lehrerbildung angesiedelt sein sollten. Die aktuelle Debatte um Veränderungen in der Lehrerbildung stellt daher die Hintergrundfolie für die hier zu diskutierende Frage dar, vor welche Herausforderungen angehende Lehrer bei der Durchführung von Projektunterricht gestellt sind und wie sie hierauf vorbereitet werden können.

1.2 Projektunterricht als Anforderung an das Lehrerhandeln

Als Voraussetzung für eine gelingende Öffnung von Unterricht und die Konzipierung von Projektunterricht werden vor allem die Notwendigkeit eines Wandels der Lehrerrolle und eine Reflexion der pädagogischen Haltung betont (z. B. Bräu & Schwerdt, 2005). Ein Blick auf die in der Literatur formulierten Ansprüche zeigt, dass Lehrkräfte im Projektunterricht vor neue Aufgaben gestellt sind, wobei in der Debatte zwei bildungstheoretische Voraussetzungen als Begründungsmuster herangezogen werden. Wichtig sei erstens, dass pädagogische Haltung, zwischenmenschliche Interaktion und die Persönlichkeit der Lehrperson als zentrale Bestandteile des pädagogischen Prozesses betrachtet und in den Blick genommen werden (Roth, 2011). Zweitens solle Unterricht ausgehend von den Schülern gedacht und gestaltet werden, wodurch den Lernenden eine aktive und individuelle Konstruktion der Welt ermöglicht werde. Die Lehrperson solle im Lernprozess die Rolle eines moderierenden und beratenden »Hintergrundlehrers« (Frey, 2010, S. 193) einnehmen, eine anspruchsvolle Funktion, die umfassende Moderations- und Planungskompetenzen, eine allmähliche Übertragung der Verantwortung auf die Schüler, die Schaffung von Unterstützungsstrukturen und das Aushalten von Offenheit und Ungewissheit im pädagogischen Prozess erfordert.

Als weiterer zentraler Einflussfaktor für eine gelingende Öffnung des Unterrichts und eine konsequente Schülerorientierung wird eine didaktische Orientierung am konstruktivistischen Lernparadigma und somit ein verändertes und reflektiertes Verständnis der Begriffe Lernen, Wissen und Können angesehen (Baumgartner & Payr, 1994). Die konstruktivistische Position geht davon aus, dass sich Wissen nur im Subjekt selbst konstituieren lässt. Sie begreift Lernen als individuellen, situativen und aktiven Prozess und schreibt der Lehrperson eine eher moderierende Rolle zu. Im Gegensatz dazu verstehen Vertreter eines eher technologisch-kognitivistischen Paradigmas Lernen als vorrangig rezeptiven Prozess, der auf einer aktiven Rolle der Lehrperson als Darbieter, Erklärer und Wissensvermittler basiert (Reinmann & Mandl, 2006). Diese beiden gegensätzlichen Lernparadigmen lassen sich auf die Ebene einzelner Lehrer-Akteure übertragen, wo sie sich in Form subjektiver Theorien manifestieren, die einen bedeutenden Einfluss auf das didaktische Planen und Handeln der Lehrperson ausüben. Aufgrund der handlungsleitenden Funktion subjektiver Theorien wird im Folgenden näher auf dieses Konstrukt eingegangen und es werden exemplarisch Befunde zu den Auswirkungen subjektiver Theorien auf die Gestaltung von Projektunterricht skizziert.

1.3 Subjektive Lerntheorien, Lehrerrolle und Lehrerhandeln im Projektunterricht

Unter subjektiven Theorien wird ein Aggregat komplexer Kognitionen bzgl. der sozialen Umwelt oder der eigenen Person mit zumeist impliziter Argumentationsstruktur verstanden, welche – in Analogie zu Struktur und Funktion wissenschaftlicher Theorien – Aufgaben der Erklärung und Prognose subjektiv erlebter Realität erfüllen (vgl. Groeben, Wahl, Schlee & Scheele, 1988). Forschungen zu subjektiven Theorien basieren auf der Annahme, dass soziales Handeln nicht nur durch objektive Handlungsbedingungen, sondern auch durch individuelle reflexive Kognitionssysteme der Akteure, d.h. alltagsweltliche Annahmen über Ursachen und Zusammenhänge, beeinflusst wird. Subjektive *Lern*theorien beziehen sich demnach auf implizite Vorstellungen darüber, wie und unter welchen Bedingungen Lernprozesse erfolgreich verlaufen und durch welche Faktoren der Unterrichtsgestaltung bzw. des Lehrer- und Schülerhandelns Lernprozesse beeinflusst werden. Es wird davon ausgegangen, dass Lehrkräfte als aktive Subjekte im pädagogischen Alltagshandeln differenzierte Konzeptsysteme über eigenes und fremdes Lernen entwickeln, welche ein hohes Maß an Veränderungsresistenz aufweisen und denen eine handlungsleitende Funktion in Bezug auf das Verständnis und die Ausübung ihrer Lehrerrolle sowie, damit einhergehend, der Gestaltung von Unterricht zugeschrieben wird (Dann, 2008; 1994). In diesem Zusammenhang sind zwei Studien von zentraler Bedeutung.

Hof (2000) untersuchte den Zusammenhang zwischen subjektiven Lerntheorien von Lehrpersonen und ihrem allgemeinen Verständnis von Unterricht. Sie konnte zeigen, dass Lehrer mit technologisch-kognitivistisch orientierten Lerntheorien Unterricht eher als Training und Unterweisung durchführen, während sich Lehrpersonen mit subjektbezogenen, konstruktivistisch orientierten Lerntheorien im Unterricht eher als Moderatoren und Berater verstehen und Unterricht entsprechend stärker lernerzentriert gestalten.

Schart (2003) analysierte den Zusammenhang von subjektiven Theorien im Unterricht, den von Lehrerseite anvisierten Unterrichtszielen und individuellen Vorstellungen von Projektunterricht. Er kommt zu dem Schluss, dass Lehrer, ausgehend von einem eher allgemeinen und unspezifischen Projektverständnis, individuelle Konzepte von Projektunterricht entwickeln und bestrebt sind, diese möglichst widerspruchsfrei mit ihrem spezifischen Unterrichtsverständnis zu verschmelzen. Demnach gibt es nicht ›den‹ Projektunterricht in Form einer Standardvariante, sondern es finden sich sehr verschiedene Ausprägungen, die von den jeweiligen Unterrichtsvorstellungen beeinflusst werden.

Der in den genannten Studien angesprochene Zusammenhang zwischen subjektiven (Lern-)Theorien und der Wahrnehmung und Gestaltung von (Projekt-)Unterricht ist auch in diesem Beitrag von zentraler Bedeutung. Im Gegensatz zu den genannten Analysen, die sich auf praktizierende Lehrer in der dritten Phase der Lehrerbildung beziehen, liegt der Fokus hier jedoch auf Lehramtsstudierenden in der ersten Phase, deren Vorstellungen von Lernen und Unterricht sich noch in einem dynamischen Entwicklungsprozess befinden. Dessen ungeachtet ist davon auszugehen, dass auch Lehramtsstudierende bereits über ein umfangreiches »Spektrum an subjektiven Theorien über Schule, Unterricht und Lehreraufgaben« (Weyland & Wittmann, 2010, S. 24) verfügen, die auf der Basis eigener Schulerfahrungen und erster Eindrücke schulischer Praxisphasen gebildet wurden. Diese sollten gemäß ihrer handlungsleitenden Funktion sowohl die selektive Aufnahme und Verarbeitung von theoretischem Wissen als auch das Verhalten der Studierenden in Praxissituationen beeinflussen. Gleichwohl gibt es bislang kaum Studien, die die Bedeutung subjektiver (Lern-)Theorien in der ersten Phase der Lehrerausbildung in Bezug auf erforderliche Kompetenzen oder Haltungen hinsichtlich bestimmter Unterrichtsformen wie dem Projektunterricht thematisieren (Schüssler & Günnewig, 2011). Der vorliegende Beitrag versucht, diese Forschungslücke explorativ zu bearbeiten, indem er die subjektiven Lerntheorien Lehramtsstudierender mithilfe eines qualitativen Designs rekonstruiert und ihren Einfluss auf Vorstellungen und Gestaltung von Projektunterricht analysiert.

2. Subjektive Lerntheorien, Lehrerrolle und Lehrerhandeln im Projektunterricht aus Sicht von Lehramtsstudierenden – ausgewählte Ergebnisse

In diesem Teil wird der methodische Bezugsrahmen entfaltet und exemplarische Ergebnisse der Untersuchung werden vorgestellt. Hierbei werden Forschungsfeld und Erkenntnisinteresse (Kap. 2.1), der Prozess der Datenerhebung und Datenauswertung (Kap. 2.2) sowie querschnittlich-thematische (Kap. 2.3) bzw. einzelfallspezifische Ergebnisse (Kap. 2.4) referiert.

2.1 Forschungsfeld und Erkenntnisinteresse

Die Hinführung zu einem reflektierten und erfahrungsorientierten Projektverständnis ist Ziel eines Seminars mit dem Titel »Einführung in die Didaktik des Projektunterrichts«, welches regelmäßig in der ersten Phase der Lehrerausbildung an der Universität Bielefeld durchgeführt wird (vgl. den Beitrag von Boller, Rengstorf, Schumacher & Thomas, in diesem Band). Das Seminar besteht aus handlungs- und reflexionsorientierten Elementen mit dem Ziel der Einführung in Theorie und Praxis des Projektunterrichts und enthält als Kernelement eine systematisch vorbereitete und begleitete zweiwöchige schulische Praxisphase, in der die Lehramtsstudierenden ein eigenes Projekt mit Schülern durchführen.

Die Ergebnisse der vorliegenden Studie basieren auf den qualitativen und quantitativen Eingangsbefragungen des Seminars im Wintersemester 2010/11. Mittels quantitativer Fragebögen mit offenem Antwortformat sowie problemzentrierten Interviews wurden die Voraussetzungen der Seminarteilnehmer in Bezug auf Projektverständnis, subjektive Lerntheorien und Vorstellungen der Lehrerrolle sowie prägende bildungsbiografische (Projekt-)Erfahrungen rekonstruiert, um den weiteren Seminarverlauf (und vor allem die Begleitung während der Praxisphase) optimal auf die Bedürfnisse der Studierenden abstimmen zu können. Vor diesem Hintergrund wurden folgende Forschungsfragen formuliert:
- Welche Vorstellungen von Projektunterricht lassen sich bei den befragten Lehramtsstudierenden rekonstruieren und durch welche personalen und strukturellen Faktoren werden sie beeinflusst?

- Wodurch zeichnen sich die subjektiven Lerntheorien Lehramtsstudierender aus und inwiefern beeinflussen diese das Verständnis der Lehrerrolle und die Gestaltung von Projektunterricht?
- An welchen Stellen werden Inkonsistenzen in Bezug auf Vorstellungen und Gestaltung von Projektunterricht sichtbar und wie können diese reflexiv bearbeitet werden?

2.2 Datenerhebung und Datenauswertung

In dieser Teilstudie wurden insgesamt sieben Interviewpartner mittels eines selektiven Samplings auf der Grundlage einer quantitativen Eingangsbefragung (n=19) ausgewählt und in der Eingangsphase des Seminars befragt. Für die Fallauswahl bildete neben den Faktoren Geschlecht, Einstellungen zum Projektunterricht und Differenziertheitsgrad des subjektiven Projektbegriffs vor allem das Vorhandensein erster Erfahrungen mit Projektunterricht einen ausschlaggebenden Faktor, da die subjektiven Lerntheorien und Vorstellungen der Studierenden von Projektunterricht anhand von Erzählungen über diese Erfahrungen rekonstruiert werden sollten. Es wurde mit dem problemzentrierten Interview (Witzel, 1982) als Variante des qualitativen Interviews gearbeitet. Die Interviews enthielten narrative Passagen und ermöglichten so Einblicke in die impliziten Wissensbestände und Reflexionsprozesse der Befragten. Alle Interviews wurden an der Versuchsschule Oberstufen-Kolleg Bielefeld, wo auch die Mehrzahl der durchgeführten Projekte stattfand, durchgeführt und dauerten zwischen 30 und 60 Minuten.

Nach Transkription und sprachlicher Glättung wurden die Interviewtranskripte zunächst zu thematisch strukturierten und differenzierten Einzelfallbeschreibungen (Witzel, 1982) in Form von Dossiers verdichtet. Anschließend wurden alle Interviewtranskripte in Anlehnung an die qualitative Inhaltsanalyse (Mayring, 2003) durch die fallübergreifende Codierung entlang induktiv und deduktiv gewonnener Kategorien thematisch zergliedert, wodurch die von den Interviewpartnern angesprochenen forschungsrelevanten Themen spektrenhaft beschrieben werden konnten.

Die vertiefende Auswertung (Kap. 2.3) erfolgte mithilfe der dokumentarischen Methode (Bohnsack, 2010; Nohl, 2009), einem Verfahren, mit dessen Hilfe implizite Wissensbestände von Akteuren empirisch erfasst und in ihrer Entstehung rekonstruiert werden können. Mit der dokumentarischen Methode existiert ein wissenssoziologisch gerahmter, rekonstruktiv ausgerichteter Forschungszugang, der durch die Trennung von formulierender und reflektierender Interpretation sowohl der Erschließung kommunikativen Wissens (Projektverständnis, Projektbegriff) als auch der Rekonstruktion konjunktiven Wissens (subjektive Lerntheorien, Gestaltung von Projektunterricht) dient. Bei der Anwendung dieser Methode war das Prinzip der maximalen Kontrastierung (Kelle & Kluge, 1999) erkenntnisleitend; d.h. die Interpretation wurde von Beginn an komparativ angelegt, da nur durch Kontrastierung und Vergleich die unterschiedlichen Orientierungsrahmen der Akteure zutage treten können.

Im Sinne eines einleitenden Überblicks wird zunächst auf Grundlage der Inhaltsanalyse das heterogene Spektrum der Sichtweisen der befragten Studierenden hinsichtlich der Ausprägungen der Kategorien subjektive Lerntheorie und Lehrerrolle beschrieben. Danach folgt eine vertiefende und kontrastierend angelegte Fallrekonstruktion, anhand derer die fallspezifischen Unterschiede der Befragten hinsichtlich des Einflusses der subjektiven Lerntheorie auf die Lehrerrolle deutlich werden.

2.3 Querschnittlich-thematische Auswertung: subjektive Lerntheorien und ihr Einfluss auf Vorstellungen zu Projektunterricht und Lehrerrolle

Das Verständnis Lehramtsstudierender von Projektunterricht

In der Stichprobe findet sich eine große Bandbreite unterschiedlicher Vorstellungen zum Begriff Projektunterricht. Grundsätzlich lässt sich zwischen einem eher differenzierten, mehr oder weniger stark elaborierten, theoriegesättigten und schülerzentrierten Projektverständnis auf der einen und einem eher eindimensional-verengten, konventionellen und lehrerzentrierten Begriffsverständnis auf der anderen Seite unterscheiden. Vergleicht man die Projektverständnisse der Befragten, so fällt auf, dass die meisten Studierenden Projektunterricht als »maximale Öffnung« (Fabienne[1]) von Unterricht

---

[1] Bei den folgenden Fallbezeichnungen handelt es sich um von den Befragten selbst gewählte Pseudonyme.

und damit als ein Gegenmodell zu herkömmlichen, geschlossenen Unterrichtsformen (Frontalunterricht) wahrnehmen und diese Unterrichtsform im Sinne einer pädagogischen Projektionsfläche mit vielfältigen und z. T. widersprüchlich anmutenden pädagogischen Wunschvorstellungen aufladen. Die Befragten versprechen sich von dieser Unterrichtsform eine Demokratisierung von Schule durch eine stärkere Orientierung an den Interessen und Lebenswelten der Schüler, eine Angleichung von Hierarchien und eine Verbesserung der Mitbestimmungsmöglichkeiten bei der Unterrichtsgestaltung. Viele Studierende assoziieren mit dem Projektunterricht auch eine Sozialform, die es ihnen ermöglicht, mit ihren Schülern auf eine andere Art als bisher in Kontakt zu kommen. Zentral ist die Erwartung, die Schüler durch Projektunterricht zu gesellschaftlich relevantem, sinnvollem Lernen und zu ebensolcher Erkenntnis zu führen und ihnen den Freiraum (zurück) zu geben, der durch stark lehrerzentriertes Arbeiten verloren gegangen sei.

Ungeachtet der Unterschiede in den individuellen Ausprägungen der Projektverständnisse wird die Unterrichtsform generell als eine wünschenswerte und realisierbare Sozialform innerhalb des Ensembles bekannter Unterrichtsformen gesehen. Projektunterricht soll in der Wahrnehmung der Befragten jedoch in erster Linie der Auflockerung dienen und zu einer Variation der weiterhin dominanten Unterrichtsformen Frontalunterricht, Lehrgang und Training beitragen. Die Befragten stimmen darin überein, dass gängige und gewissermaßen bewährte Formen des Unterrichts durch den Projektunterricht nicht abgelöst werden können und sollen. Die Vermittlung fachlicher Inhalte erfordere aufgrund des Wissensvorsprungs der Lehrperson zunächst Input, starke Leitung sowie Lenkung und wird daher im Vergleich zu Frontalunterricht hier als eher schwierig angesehen.

Das Spektrum subjektiver Lerntheorien der Befragten

Auch im Bereich der subjektiven Lerntheorien finden sich erwartungsgemäß gravierende Unterschiede zwischen den Studierenden. Das Spektrum reicht von der technologisch-kognitivistisch orientierten Transfervorstellung, dass Wissen durch die Vermittlung durch Lehrer und die Rezeption durch Schüler entstehe, bis hin zu konstruktivistischen Lerntheorien, die auf der Vorstellung basieren, dass Wissen nur im Subjekt selbst konstruiert werden könne. Studierende, deren subjektive Lerntheorie sich am Extrempol einer technologisch-kognitivistischen Lernvorstellung orientiert, gehen davon aus, dass es ihre Aufgabe sei, »Schülern Wissen zu vermitteln« (Cleo) und dass Schüler am besten lernen, wenn Lehrer ihren Wissensvorsprung nutzen, um ihr Wissen strukturiert und verständlich weiterzugeben. Dies gelingt ihrer Meinung nach besonders gut durch Frontalunterricht, denn die Schüler »lehnen sich dann zurück und die gucken dann und vielleicht hören sie zu und machen und tun und diskutieren hinterher und haben ganz, ganz viel mitgenommen« (Eddy). Erfolgreiche Lernprozesse erfordern aus Sicht dieser Studierenden auch im Projektunterricht eine enge Begleitung und Kontrolle der Arbeitsprozesse. Die Studierenden haben einerseits den Anspruch, individuelle Lernwege zu ermöglichen und die Schüler selbstständig ihr Wissen erarbeiten zu lassen. Andererseits wollen sie Schüler jedoch davor bewahren, Fehler zu machen, andere als die von Lehrerseite vorgesehenen Arbeitsprozesse zu durchlaufen oder zu defizitären Arbeitsprodukten zu gelangen. Die Studierenden sind sich dieser Widersprüche und Dilemmata zum Teil bewusst und suchen während der Interviews aktiv nach für sie persönlich annehmbaren Lösungen, wie beispielsweise dem Hinzuziehen weiterer Personen als Unterstützungs- und Aufsichtspersonen, mit deren Hilfe etwa die Gruppenarbeit in Projekten individuell betreut und stärker kontrolliert werden kann.

Studierenden, deren subjektive Lerntheorie sich eher am Extrempol einer konstruktivistischen Lernvorstellung orientiert, »ist es wichtig zu gucken, was die Schüler und Schülerinnen mit dem Thema verbinden« (Bibi Blocksberg) und die Schüler nicht »als zu befüllendes Gefäß« (Fabienne) zu betrachten. Lernprozesse können demnach nur erfolgreich verlaufen, »wenn die Schüler das Gefühl haben, die Sinnhaftigkeit des Lernens selber zu begreifen« (Fabienne) und sich in selbsttätiger Form mit einem Lerngegenstand auseinandersetzen. Dabei wird der Lernprozess an sich als wichtiger als das Erreichen eines insgesamt flexiblen Lernziels eingeschätzt. Fehler sollen von der Lehrperson nicht verhindert, sondern als wichtige Erkenntnisschritte im Lernprozess verstanden werden. Innerhalb dieser beiden Extrempole lassen sich wiederum individuelle Akzentsetzungen der Studierenden erkennen. So wird entweder die subjektive Bedeutsamkeit der Lerngegenstände betont, die intrinsische Motivation als grundlegende Voraussetzung für Lernen hervorgehoben oder aber der holistische und experimentelle Charakter des Lernprozesses herausgestellt.

Vorstellungen von der Lehrerrolle im Projektunterricht

Korrespondierend mit den unterschiedlichen subjektiven Lerntheorien und den mit ihnen verbundenen Vorstellungen zum Projektunterricht lassen sich unterschiedliche Vorstellungen bzgl. der Funktion der Lehrerrolle im Projektunterricht finden. Trotz der Möglichkeit zur selbstständigen Erarbeitung von Inhalten trägt die Lehrperson nach Ansicht der Studierenden mit eher technologisch-kognitivistisch orientierten subjektiven Lerntheorien auch im offenen Unterricht die Hauptverantwortung, lenkt, steuert und achtet darauf, dass die Schüler nicht »vom Weg abkommen« (Cleo). Das Handeln des Lehrers im Projektunterricht wird von diesen Studierenden jedoch häufig als antinomische Anforderungssituation charakterisiert: Einerseits betonen sie, dass sich die Lehrperson bewusst zurückhalten, die Schüler zu selbstbestimmten Lernprozessen anregen und als Lernhelfer und Moderator fungieren solle; andererseits befürchten sie jedoch, dass die größere Freiheit der Schüler zu Problemen im Lernprozess und zu Defiziten im Bereich fachlicher Kompetenzen führen könne. Durch eine detailgenaue Vorplanung von Unterrichtsprozessen und die Vorwegnahme von Ergebnissen setzen sie der Selbstbestimmung der Schüler häufig enge Grenzen und versuchen, die sich stellenden Paradoxien des Unterrichtshandelns einseitig aufzulösen.

Studierende, deren subjektive Lerntheorien sich eher am konstruktivistischen Paradigma orientieren, weisen zu den o. g. Aspekten gegensätzliche Merkmale auf. Diese Befragten betonen in stärkerem Maße die Eigenständigkeit und Einzigartigkeit menschlicher Lernprozesse und verfolgen stärker das Ziel eines adaptiven Unterrichts. Dieser Anspruch impliziert in der Wahrnehmung der Studierenden eine veränderte Lehrerrolle, ein Anspruch, der in den Interviews häufig emotional und empathisch vertreten wird. »Bei Projektunterricht, bei diesem interessorientierten Arbeiten, da muss man so ein bisschen den Pfad der Schüler verfolgen, und nicht so sehr seinen eigenen. Es gibt ja trotzdem Kreuzungen und so, und Abbiegungen, die dann letztendlich zum Ziel führen« (Bibi Blocksberg). Eine radikale, unreflektierte Orientierung am konstruktivistischen Lernparadigma und der Lehrerrolle in der Funktion eines »Hintergrundlehrers« führt dabei teilweise auch zu naiven und problematischen Vorstellungen von Projektunterricht, die mit schulstrukturellen Voraussetzungen kollidieren können, Schüler durch Konfrontation mit zu viel Selbstbestimmung überfordern und zu Frustration bei Lehrenden führen, wenn z. B. idealisierte Vorstellungen des selbstbestimmten Lernens von den Schülern nicht erfüllt werden (können).

Studierende im Mittelfeld zwischen den oben aufgeführten Extrempolen nehmen ihre Lehrerrolle häufig als Wechselspiel von Moderatoren- und Leitungsfunktion war. Der Lehrer ist zu Beginn und am Ende des Projekts »Hinbringer« (Lukretz), der Fakten beisteuert, Lern- und Unterrichtsprozesse strukturiert und Ergebnisse sichert, in den übrigen Phasen ist er »Lernhelfer« (Lukretz), der auf Anfrage Anregungen gibt und berät, sich sonst aber im Hintergrund hält.

Alle Befragten erkennen, unabhängig von ihren jeweiligen subjektiven Vorstellungen, dass im Projektunterricht neue bzw. veränderte Anforderungen an die Lehrperson gestellt werden. So wird häufig darauf hingewiesen, dass Lehrpersonen lernen müssen, die Balance zwischen Gewährenlassen und Steuerung zu finden, sich als Moderatoren bzw. Lernberater zu definieren und den Schülern generell mehr Freiraum beim Lernen und der Wahl der Lernwege zuzugestehen. Einigkeit besteht dahingehend, dass der Projektunterricht eine Reflexion und Veränderung der Lehrerrolle erfordere.

Ausgehend von den gängigen Vorstellungen der Lehrerrolle im Lehrgangsunterricht versuchen die Befragten im Interview zunächst abzuschätzen, welche Folgewirkungen eine Erweiterung ihrer Rolle im Projektunterricht in Bezug auf ein verändertes Anforderungsprofil mit sich bringen könnte. Diese gedanklich antizipierten Folgen werden dann mit den eigenen Vorstellungen von Unterricht und Lehrerrolle in Beziehung gesetzt und bewertet. Dabei werden zwar die eigene Rolle als professionell handelnder Pädagoge bzw. die hierfür erforderlichen Anpassungs- und Reflexionsleistungen als Anforderungen formuliert, sich hieraus ggf. ergebende Schwierigkeiten und Unwägbarkeiten (etwa die Vereinbarung einer Vorstellung der Lehrerrolle als Vermittler von Wissen mit der Ermöglichung selbstbestimmter Lernprozesse) werden jedoch nicht reflektiert. Anstatt eigener (ggf. hemmender) Kompetenzen und Einstellungen führen die Befragten ein generell geringes Interesse an dieser Unterrichtsform in den Schulen, organisatorische Schwierigkeiten und einen systeminhärenten Strukturkonservatismus als primäre hemmende Faktoren bei der Etablierung von Projektunterricht an. Weitere hemmende Faktoren werden in problematischen Lernhaltungen, geringer Selbstständigkeit und unzureichend ausgeprägten metakognitiven Kompetenzen aufseiten der Schüler sowie in den generell suboptimalen strukturellen Rahmenbedingungen in den Schulen (fehlende Zeit, fehlende Räume etc.) gesehen.

2.4 Fallrekonstruktion und fallbezogener Vergleich

Im Folgenden werden diese zunächst spektrenhaft und überblicksartig umschriebenen allgemeinen Befunde zum Zusammenhang von subjektiven Lerntheorien, Projektverständnis und Lehrerrolle unter Rückbezug auf drei Fallrekonstruktionen, die nach dem Prinzip der maximalen Kontrastierung ausgewählt wurden, exemplarisch vertieft. Dabei werden sowohl die Dossiers als auch einige längere Originalzitate aus den Interviews hinzugezogen.[2]

Cleo: die Lehrperson als Wissensvermittler im Kontext einer minimalen und lehrerzentrierten Öffnung von Unterricht

Cleo (23 Jahre) besuchte ein ländlich gelegenes Gymnasium, an dem er hauptsächlich lehrerzentrierten Unterricht erlebt hat. Vereinzelt hätten sich einzelne Lehrer dort »um Abwechslung bemüht« und mitunter Gruppenarbeiten durchgeführt. Cleo ging gern zur Schule und hatte das Gefühl, dass dort viel für die Schüler getan wurde. Direkt nach dem Abitur nahm er das Lehramtsstudium auf. Zum Zeitpunkt des Interviews studierte er Geschichte (Hauptfach) und im

---

2 Da die methodischen Aspekte der Fallrekonstruktion an dieser Stelle nicht ausführlich dargestellt werden können, erfolgt hier eine stark zusammengefasste Fallbeschreibung. Für eine ausführliche Darstellung vgl. Schumacher & Boller (2013).

Nebenfach Erziehungswissenschaft im fünften Semester des Bachelors. Seine praktischen Unterrichtserfahrungen beschränken sich bislang auf die Begleitung eines Geschichtsprojekts (im Rahmen seines Geschichtsstudiums) in einer sechsten Klasse seiner alten Schule, an welchem er selbst schon als Schüler teilgenommen hatte.

Von diesen Erfahrungen berichtet er auch in der folgenden Interviewpassage, die aus dem letzten Drittel des Interviews stammt. Cleo beschreibt dort seine Erfahrungen in einem Geschichtsprojekt, in dem er Schüler bei der Vorbereitung von Referaten unterstützte und welches er als Beispiel für gelungene Projektarbeit ansieht.

> Interviewer: Und wie hast du dich da [in der konkreten Referatsvorbereitung mit den Schülern] dann verhalten?
> Cleo: Ich hab mir das oft angehört, ich habe oft nachgefragt, warum ihr denn jetzt dieses Exponat zum Beispiel mit einbeziehst, oder warum ihr euren Vortrag hier anfangt und nicht woanders. Und wenn ich halt *wusste,* es gab im Material für uns Studenten, wurde auch ausgehändigt, halt so einen, ich sag mal *Masterplan,* oder wie der Ablauf am *besten* sein sollte. Und wenn ich das dann abglich und gesehen habe halt, dass die Schüler da jetzt das etwas anders machen, was ja von, erst mal gar nicht schlecht ist. Aber wenn ich gesehen habe, dass es jetzt *verkehrt* war, dass die wirklich Dinge erklärt haben, oder Dinge später im Vortrag vorkamen, die, sag ich mal, am Anfang hätten stehen müssen, weil das, weil andere Referatsinhalte darauf aufbauen, dann habe ich, dann habe ich immer nachgefragt und gesagt: (…) »Überlegt euch das noch mal.« Also, ich habe halt auch nicht als Student, ich hab halt auch nicht denen das jetzt, explizit die *Lösung* gesagt. Okay, am Ende, muss ich zugeben, als es dann *immer* noch nicht funktioniert hat, gegen Ende, da habe ich schon mal gesagt: »Hier, aber, jetzt würde ich, also, macht mal lieber das und das am Anfang. Dann ist das besser.«

In der Sequenz beschreibt Cleo auf Nachfrage ausführlich sein Handeln bei der Referatsvorbereitung der Schüler. Obwohl Cleo von sich als Student spricht, ähnelt seine Funktion der eines ›Hilfslehrers‹, der im Auftrag eines Mentors mit einem von diesem ausgegebenen »Masterplan« agiert, die Schüler jedoch weitgehend eigenverantwortlich betreut. Cleos Beschreibung der Lehrerolle weist zwei gegensätzliche und sich überlagernde Facetten auf: Zum einen lassen sich Elemente einer ›traditionellen‹ Lehrerrolle im Sinne eines Wissensvermittlers und Anleiters erkennen, zum anderen finden sich Orientierungen an alternativen Vorstellungen der Lehrerrolle im Sinne eines Lernhelfers und Moderators. Cleos pädagogisches Handeln wird maßgeblich von einem idealen Verlaufsplan (»Masterplan«) bestimmt, den der Geschichtslehrer als Mentor erstellt hat und welchen Cleo kontinuierlich mit dem Vorgehen der Schülergruppe abgleicht. Dieser fungiert somit als normativ-didaktische, unhinterfragte Hintergrundfolie, die Arbeitsprozesse und Produkte festlegt und eine technologisch-kognitivistische Lerntheorie und daraus resultierende lehrerzentrierte Vorstellungen von Projektunterricht impliziert. Die Lehrperson fungiert als Wissensvermittler, die ihren Wissensvorsprung nutzt, um Wissen strukturiert weiterzugeben, und darauf achtet, dass die Schüler vorgezeichnete Lernwege beschreiten. Daraus resultiert eine Unterrichtssituation, die insgesamt wenig ergebnisoffen, stark schematisiert und lehrerzentriert ausgerichtet ist. Gleichzeitig wird das Gewicht der Schablone in Form des Masterplans jedoch insofern relativiert, als dass diese einen idealen Verlauf vorgibt, was zunächst ein gewisses Maß an Gestaltungsspielraum zu suggerieren scheint, d. h. innerhalb der engen Grenzen des »Masterplans« scheint Cleo selbstbestimmtes Arbeiten zu befürworten. Letztendlich bleibt es aber bei einer Scheinöffnung des Unterrichts. Cleos Wortwahl zur Beschreibung des weiteren Prozesses (»als es dann *immer* noch nicht funktioniert hat«) verdeutlicht das Dilemma, das sich aus der Inkongruenz zwischen der kognitivistischen subjektiven Lerntheorie sowie dem damit verbundenen technologisch-funktionalistischen Schülerbild und den normativen Vorgaben des Projektunterrichts ergibt. Selbstbestimmung ist hier nur innerhalb enger Grenzen möglich und erwünscht. Ein deutliches Abweichen vom vorgegebenen Weg oder eine veränderte Intention werden als fehlerhaft angesehen und sind von Lehrerseite zu korrigieren. Der Umgang mit diesen ›Fehlern‹ stellt sich für Cleo als zentrales Problem heraus. Der mit der Situation verbundene Konflikt manifestiert sich nicht zuletzt in der rechtfertigenden Formulierung »muss ich zugeben.« Im Sinne einer normativ-didaktischen Hintergrundfolie ist Cleo implizit bewusst, dass er die Schüler selbstständig und entdeckend arbeiten lassen *sollte*, die in der konkreten Situation gegebenen Rahmenbedingungen (Ablaufschema, beaufsichtigender Mentor, begrenzte zeitliche Ressourcen) schränken ihn jedoch ein und führen zum Rückgriff auf stark instruktionale und kontrollorientierte pädagogische Prinzipien. Die Kontrolle durch die Lehrperson (»Aber wenn ich gesehen habe«) fungiert hier als stabilisierendes Element, indem sie die Integrität der (noch) instabilen Lehrerrolle schützt und Rollen, Zuständigkeiten und Abläufe ritualisiert festschreibt, gleichzeitig jedoch zu einem schlechten Gewissen führt. Eine starke Identifizierung mit seiner eigenen Schulzeit, in der Projekte ebenfalls sehr lehrerzentriert durchgeführt wurden, und das Fehlen eines positiven Gegenhorizonts in Form des Erlebens selbstbestimmter Projekte tragen zusätzlich zu Cleos weitgehend unreflektierter Übernahme lehrerzentrierter Denkmuster und Handlungsschemata bei. Mit der Öffnung des Unterrichts überfordert, durch die Ergebnisoffenheit des pädagogischen Prozesses verunsichert und von einer starken Mentorenfigur überwacht, bleibt das projektförmige Arbeiten für Cleo ein pädagogisches Experiment mit ungewissem Ausgang, in dem Fehler der Schüler als Bedrohung und nicht als essentieller Bestandteil des Lernprozesses betrachtet werden.

Fabienne: Lehrer und Schüler als gleichberechtigte Akteure im Kontext einer maximalen Öffnung von Unterricht

Fabienne (26 Jahre) besuchte vor dem Studium ein Mädchengymnasium, welches sie als »sehr elitär und sehr traditionell« beschreibt und an dem sie größtenteils lehrerzentrierten Unterricht erlebte. Das Lehrer-Schüler-Verhältnis beschreibt sie als hierarchisch; es sei häufig mit Druck, Beschämung und dem »Motivator der Angst« gearbeitet worden. Nach dem Abitur arbeitete sie ein Jahr lang als ›Teacher's Assistant‹ in einem Mädcheninternat in London. Anschließend nahm sie das Studium der Germanistik und der Geschichte auf und entschied sich im Nachhinein für das Lehramt. Zum Zeitpunkt des Interviews studierte sie im zweiten Mastersemester Erziehungswissenschaft (Nebenfach) und das Unterrichtsfach Pädagogik als Drittfach. Fabienne hat bereits erste Unterrichtserfahrungen gesammelt, da sie zwei Schulpraktika absolviert hat.

Die Passagen sind der ersten Hälfte des Interviews entnommen, in der Fabienne ihre Vorstellung von gutem Projektunterricht sowie ihr Lehrerhandeln in einem konkreten Projekt während eines Schulpraktikums in einer Grundschule beschreibt.

> Interviewer: Mhm. Okay – ähm – wie würdest du dann deine Rolle als Lehrer da beschreiben?
> Fabienne: Ich denke, es ist ganz wichtig, dass der Lehrer lernt, sich ein bisschen zurückzunehmen und den Schüler nicht als zu befüllendes Gefäß zu sehen oder als passiven Zuhörer oder Rezipienten der eigenen Vorstellung. (…) Wir Lehrer/also wir Praktikanten sind halt auch immer rumgegangen und ähm – haben auch beratend zur Seite gestanden, aber echt vieles ist auch schon eigenverantwortlich da abgelaufen. (…). Also wir hatten das extra so abgesprochen, dass man echt nicht jetzt zu stark eingreift, ne? Also auch, wenn man mal sah »Oh, ich glaube, die verfransen sich da jetzt«, dann hat man das echt so da laufen lassen, bis sie es dann selber gemerkt haben.

Im Gegensatz zu Cleo charakterisiert Fabienne ihre Rolle im Stil einer Moderatorin und Lernhelferin, die beratend zur Seite steht, sich ansonsten aber bewusst im Hintergrund hält: »aber echt vieles ist auch schon eigenverantwortlich da abgelaufen«. Bereits hier werden die Unterschiede zu Cleos subjektiver Lerntheorie und die damit verbundenen rollenspezifischen Anforderungen deutlich: Die Lehrperson soll die Schüler nicht »als Rezipienten der eigenen Vorstellung« wahrnehmen, sondern deren eigene Vorstellungen respektieren und sich bewusst zurücknehmen. Im Unterschied zu Cleos Verständnis, der Fehler mit Irrwegen gleichsetzt, betrachtet Fabienne Fehler als wichtigen Bestandteil des Lernprozesses, die zugelassen und als Erkenntnisquelle genutzt werden sollen: »Also auch, wenn man mal sah ›Oh, ich glaube, die verfransen sich da jetzt‹, dann hat man das echt so da laufen lassen, bis sie es dann selber gemerkt haben.« Dabei vertraut sie darauf, dass die Schüler ihre Fehler selbst bemerken und sie für den Lernprozess nutzen können. Fabiennes Vertrauen in das Gelingen selbstbestimmter Lernprozesse wird sicherlich teilweise durch die förderlichen Rahmenbedingungen gestärkt, in der sie ihre Projekterfahrung macht. Die Zurückhaltung der Lehrpersonen wurde gemeinsam mit den übrigen Praktikanten und Lehrern abgestimmt – ein Zustand, der das Aushalten offener und ungewisser Unterrichtssituationen erleichtert. Aufschlussreich ist in diesem Zusammenhang auch der Wechsel von einer objektivierenden und allgemein beschreibenden Ebene (»Ich denke, es ist ganz wichtig, dass der Lehrer lernt«) hin zu einer konkretisierenden und persönlich beteiligten Innenperspektive: »Wir Lehrer/also wir Praktikanten sind halt auch immer rumgegangen«. Fabienne gibt hier eine pointierte Beschreibung des Lehrerhandelns im offenen Unterricht aus Sicht einer praktizierenden Pädagogin und sieht sich als gleichberechtigtes Mitglied im Team. Die Befürwortung offener Unterrichtssituationen scheint außerdem bildungsbiografisch motiviert, denn Fabienne grenzt sich im Verlauf des Interviews mehrfach explizit von dem autoritären Lehrertypus und Unterrichtsstil ihrer alten Schule ab und betont, dass sie es später »besser machen« möchte. Die bisherigen bildungsbiografischen Erfahrungen fungieren also als Hintergrundfolie für den Aufbau eigener pädagogischer Überzeugungen und ihrer Definition der Lehrerrolle – Kontrolle wird von Fabienne als lernhinderlich wahrgenommen; eine Öffnung des Unterrichts auf methodischer und inhaltlicher Ebene und eine Angleichung der Hierarchien zwischen Lehrern und Schülern bilden die zentralen Elemente ihres Unterrichtsverständnisses. Dabei führt die radikale Befürwortung von Selbstbestimmung (»dann hat man das echt so da laufen gelassen«) jedoch zu teilweise realitätsfernen und naiv anmutenden Ansichten, etwa dem im Verlauf des Interviews mehrmals geäußerten Wunsch, jeglichen Unterricht auf freiwilliger Basis und ohne Zwang zu gestalten. Solche Vorstellungen kollidieren mit schulstrukturellen Rahmenbedingungen und bergen die Gefahr einer Überforderung von Schülern und Lehrern.

Tino: die Lehrperson im Wechsel von Anleitungs- und Moderationsfunktion im Kontext eines schülerzentrierten Lernsettings

Tino (28 Jahre) studierte zum Zeitpunkt des Interviews Geschichte (Hauptfach) und Erziehungswissenschaft (Nebenfach) im ersten Mastersemester sowie das Unterrichtsfach Pädagogik als Drittfach. Tino hat in seiner Schulzeit regelmäßig Projektunterricht erlebt und bereits erste Unterrichtserfahrungen (u. a. in einem Berufskolleg) im Rahmen von Schulpraktika gesammelt. Der Wunsch, Lehrer zu werden, ist für Tino ein persönliches Anliegen, welches mit altruistischen Motiven (sozial Benachteiligten helfen) verbunden wird.

Die folgende Passage stammt aus der Mitte des Interviews. Tino erläutert hier den Ablauf einer von ihm selbst konzipierten, jedoch an der Universität durchgeführten Einheit zum naturwissenschaftlichen Unterricht in der Grundschule und reflektiert dabei seine Funktion als Lehrperson.

> Interviewer: Kannst du noch einmal den Ablauf chronologisch erzählen von der Sitzung, die du dann da gestaltet hast?
> Tino: Also, wir haben am Anfang das Ganze unter die Leitfrage »Experimentieren und Beobachten« gestellt und haben erst einmal kurz erklärt, warum Experimentieren und Beobachten in der Grundschule, oder generell in der Schule, wichtig ist (...). Nach dieser Inputphase habe ich ähm – Zettel herumgegeben, Texte, auf denen Experimente beschrieben waren. (...). Sie haben das Experiment durchgeführt, haben diesen Beobachtungsbogen ausgefüllt und als alle damit fertig waren, mussten sie jeweils, ähm/im Plenum musste jede Gruppe ihr Experiment vorstellen und dann auch beschreiben, was sie gesehen haben. Und dann haben wir gemeinsam versucht, rauszufinden, was sie da jetzt an physikalischen oder chemischen Experimenten oder Vorgängen halt äh – beobachtet haben. (...). Mein Beitrag in der Phase war, dass ich/ähm, also dass niemand auf die physikalischen Hintergründe gekommen ist. Und ich habe dann aus physikalischer Sicht halt noch einmal erklärt, warum das passiert ist, was dann da passiert ist. (...) Es [das Experiment] ging so ein bisschen in die Richtung so ›Lernen durch Anfassen‹. So: »Ich

will das mal ausprobieren.« und »Lass mich mal selber rumexperimentieren.« Und wenn es dann schiefgeht, ja gut, dann ist es halt so.

In Tinos Ausführungen kommt ein Verständnis der Lehrerrolle im Projektunterricht als phasenspezifischer Wechsel von Leitungs- und Moderationsfunktion zum Ausdruck, das zwischen den beiden Extrempolen von Fabienne und Cleo liegt. Nachdem Tino einen Überblick zu den Zielen der Einheit gegeben hat, leitet er zu einer von den Studierenden selbstständig durchgeführten Experimentierphase über, die er mit einer Vorstellung der Ergebnisse beendet. Sein »Beitrag« als Anleiter besteht in der ergänzenden Vermittlung von physikalischem Hintergrundwissen zur Erklärung der beobachteten Phänomene.

Zu Beginn der Unterrichtseinheit thematisiert Tino, »warum Experimentieren und Beobachten in der Grundschule oder generell in der Schule wichtig ist« und stellt somit die subjektive Nachvollziehbarkeit der folgenden Lernprozesse sicher. Als Lehrer mit Wissensvorsprung gibt er den strukturellen Rahmen für den Lernprozess der Schüler durch einen anfänglichen Input, durch Vorgabe von Experimenten und einem Beobachtungsbogen vor, ohne dabei jedoch den inhaltlichen Erkenntnisgewinn während des Experiments zu lenken. Die Beschreibung des Experimentierprozesses verdeutlicht Tinos Orientierung am konstruktivistischen Lernparadigma. Die Ganzheitlichkeit des Lernprozesses hat für ihn große Bedeutung, die Studierenden sollen selbst ausprobieren, emotional involviert sein und »Lernen durch Anfassen«. Dabei sind für ihn die Aktivitäten und der Lernprozess an sich wichtiger als das Erreichen eines vorgegebenen Lernziels: »›Ich will das mal ausprobieren.‹ und ›Lass mich mal selber rumexperimentieren.‹ Und wenn es dann schiefgeht, ja gut, dann ist es halt so.« Fehler versteht er demnach als wichtige Erkenntnisschritte im Lernprozess. Die Betonung der Ganzheitlichkeit der Lernprozesse und des Experimentierens scheinen teilweise bildungsbiografisch bedingt. So identifiziert Tino sich im Verlauf des Interviews mehrmals stark mit dem Vorgehen seines früheren Lehrers, der Projekte immer in Form handfester Aktivitäten (etwa dem Bauen einer Schulhofsmauer) gestaltete, bei denen die Schüler selbstbestimmt mit verschiedenen Materialien experimentieren und Lösungen entwickeln durften.

Der Lernprozess beschränkt sich jedoch nicht auf das »Rumexperimentieren« und Lernen durch Versuch und Irrtum; es schließen sich vielmehr systematischere Lernprozesse an, in denen »gemeinsam versucht« wird, beobachtete Phänomene zu erklären und einzuordnen. Dieses gemeinsame Versuchen markiert einen wesentlichen Unterschied zu den beiden erstgenannten Fällen, da der Lernprozess hier weder als vom Lehrer vorgezeichneter Weg noch als völlig selbstbestimmte und freiwillige Aktivität, sondern vielmehr als gemeinsamer Entdeckungsprozess von Lehrperson und Schülern gedacht wird. Der Lehrer setzt seinen Wissensvorsprung lediglich am Ende der Experimentierphase ein, indem er den Schülern bei der Einordnung und Interpretation der Ergebnisse hilft. Es wird »noch einmal erklärt, warum das passiert ist, was dann da passiert ist«. Die veränderte Lehrerrolle kommt gerade in diesem rahmengebenden Selbstverständnis, der gemeinsamen Erörterung der Gründe und Zusammenhänge chemischer Reaktionen zum Ausdruck. Tino verbindet somit eine konstruktivistische Lerntheorie mit einer flexiblen, an den Anforderungen der Lerngruppe orientierte Ausübung der Lehrerrolle mit einem phasenspezifischen Wechsel der Funktion als Anleiter, Moderator und Lernpartner im gemeinsamen Entdeckungsprozess. Hierdurch gelingt ihm eine phasenweise Öffnung des Unterrichts ohne Überforderung der in der Praxis noch jungen Lernenden.

3. Fazit und Ausblick

Anhand einer themenspezifischen Auswertung und dreier skizzenhaft entfalteter Fallrekonstruktionen wurden Zusammenhänge zwischen subjektiven Lerntheorien, bildungsbiografischen und berufspraktischen Erfahrungen sowie der Lehrerrolle im Projektunterricht bei Lehramtsstudierenden untersucht. Insgesamt lässt sich in Übereinstimmung mit den Ergebnissen von Schart (2003) festhalten, dass die Studierenden unterschiedlich differenzierte Vorstellungen von den Lernprozessen und der eigenen Rolle im Projektunterricht haben und diese auch auf unterschiedlichen Reflexionsniveaus beschreiben. Projektunterricht als Form des offenen Unterrichts wird von den Befragten hinsichtlich der personalen, didaktischen und strukturellen Voraussetzungen als anspruchsvolles Unterfangen beschrieben und deutlich mit einem Wandel der Lehrerrolle und hiermit verbundenen Anforderungen in Zusammenhang gebracht. Dabei werden die Möglichkeiten zur Vermittlung fachlicher Inhalte häufig unterschätzt; die Vermittlung sozialer Kompetenzen steht für die Studierenden eindeutig im Vordergrund.

Die Rekonstruktion der drei Fälle verdeutlicht, dass die jeweilige subjektive Lerntheorie die Basis für die unterschiedliche Auslegung der Lehrerrolle und die mit der Gestaltung pädagogischer Situationen im geöffneten Unterricht verbundenen normativen Orientierungen bildet. Auch bei Lehramtsstudierenden findet sich demnach, wie von Weyland und Wittmann (2010) postuliert, bereits ein umfangreiches Spektrum an subjektiven Theorien, welchen eine zentrale handlungsleitende Funktion bzgl. der Vorstellung und Gestaltung von Projektunterricht zugeschrieben werden kann.

Einigen Befragten gelingt es nicht, theoretisches Wissen und eigene berufs- und bildungsbiografische Erfahrungen so miteinander zu verbinden, dass ein konsistentes und tragfähiges eigenes didaktisches Konzept entsteht (vgl. auch Schumacher & Boller, 2013). Bei Studierenden mit eher ›traditionellen‹ Lerntheorien und Unterrichtsvorstellungen werden Inkonsistenzen und Brüche durch Rückgriff auf lehrerzentrierte Hilfskonstruktionen deutlich. Studierenden mit konstruktivistisch orientierten Lerntheorien gelingt es offenbar sehr viel leichter, einen Perspektivwechsel zu vollziehen und den Unterricht zu öffnen. Sie sehen ihre Rolle als Lehrperson darin, die Schüler zu selbstreguliertem Arbeiten zu ermutigen und definieren sich als Moderatoren und Qualitätssicherer. Die Lehrperson hat hier die Funktion eines Lernhelfers, der Lernanlässe schafft, seinen Wissensvorsprung aber bewusst zurückhält und die Schüler eigenständig die Lösung des Problems entdecken lässt. Dennoch finden sich auch bei Studierenden mit konstruktivistisch orientierten Lerntheorien zum Teil naiv anmutende Vorstellungen, die den tatsächlichen Anforderungen offenen Unterrichts nur ansatzweise gerecht werden.

Diese Ergebnisse lassen verschiedene Schlussfolgerungen in Bezug auf die Gestaltung der ersten Phase der Lehrerbildung zu. Die handlungsleitende Funktion subjektiver Theorien verdeutlicht, dass in der Lehrerbildung nicht nur an didaktisch-normativen Prämissen, sondern auch auf der Ebene der subjektiven Theorien angesetzt werden sollte und diese durch Bewusstmachung und Reflektion explizit thematisiert werden müssen, wenn nachhaltige professionalisierungsrelevante Entwicklungsprozesse bei den Studierenden ausgelöst werden sollen. Mit Blick auf die aktuellen Strukturveränderungen in der ersten Phase der Lehrerbildung und den Wandel schulischer Lehr-/Lernanforderungen (Kap. 1) stellt somit die Schaffung systematischer und kontinuierlicher Lernanlässe, die eine Reflexion der subjektiven Lerntheorien und der Lehrerrolle im Bezugssystem Wissenschaft, Praxis und Person erlauben, eine bedeutsame Aufgabe dar. Hierbei liegt in der Integration systematisch begleiteter und reflexionsbasierter Praxiserfahrungen, die eine (Weiter-)Entwicklung der Lehrerpersönlichkeit und den Umgang mit den antinomischen Anforderungen offener Unterrichtssituationen fördert, eine zentrale Herausforderung. Ansätze wie das forschende Lernen, Praxisforschung, an den Antinomien pädagogischen Handelns orientierte Fallarbeit (Helsper, 2002) oder Bestrebungen, die auf eine engere Zusammenarbeit zwischen Schule und Hochschule sowie eine damit verbundene Erhöhung, individuelle Anleitung und theoriebasierte Reflexion von Praxiskontakten ausgerichtet sind, bilden mögliche Ansatzpunkte zur vertiefenden Auseinandersetzung mit den eigenen pädagogischen Haltungen und professionellen Kompetenzen.

Literatur

Baumgartner, P. & Payr, S. (1994). *Lernen mit Software*. Innsbruck: Österreichischer Studien-Verlag.

Bohnsack, R. (2010). *Rekonstruktive Sozialforschung: Einführung in Methodologie und Praxis qualitativer Forschung*. Opladen: Leske + Budrich.

Boller, S., Rengstorf, F., Schumacher, C. & Thomas, C. (2013). Professionalisierung durch und für Projektunterricht in der universitären Lehrerbildung. Ergebnisse eines handlungs- und reflexionsorientierten Seminars zur Einführung in die Projektdidaktik an der Universität Bielefeld. *In diesem Band*.

Bräu, K. & Schwerdt, U. (Hrsg.). (2005). *Heterogenität als Chance: Vom produktiven Umgang mit Gleichheit und Differenz in der Schule*. Münster: LIT.

Dann, H.-D. (2008). Lehrerkognitionen und Handlungsentscheidungen. In M. K. W. Schweer (Hrsg.), *Lehrer-Schüler-Interaktion: Inhaltsfelder, Forschungsperspektiven und methodische Zugänge* (S. 177–207). Wiesbaden: Verlag für Sozialwissenschaften.

Dann, H.-D. (1994). Pädagogisches Verstehen. In K. Reusser (Hrsg.), *Verstehen: psychologischer Prozeß und didaktische Analyse* (S. 163–182). Bern: Huber.
Emer, W. & Lenzen, D. (2009). *Projektunterricht gestalten – Schule verändern.* Hohengehren: Schneider.
Frey, K. (2010). *Die Projektmethode.* Weinheim: Beltz.
Groeben, N., Wahl, D., Schlee, J. & Scheele, B. (1988). *Forschungsprogramm Subjektive Theorien: Eine Einführung in die Psychologie des reflexiven Subjekts.* Tübingen: Francke.
Helsper, W. (2002). Lehrerprofessionalität als antinomische Handlungsstruktur. In M. Kraul, W. Marotzki & C. Schweppe (Hrsg.), *Biographie und Profession* (S. 64–102). Bad Heilbrunn: Klinkhardt.
Hof, C. (2000). Subjektive Wissenstheorien als Grundlage des Unterrichtens. *Zeitschrift für Erziehungswissenschaft,* (4), 595–607.
Kelle, U. & Kluge, S. (1999). *Vom Einzelfall zum Typus: Fallvergleich und Fallkontrastierung in der qualitativen Sozialforschung.* Opladen: Leske + Budrich.
Mayring, P. (2003). *Qualitative Inhaltsanalyse: Grundlagen und Techniken.* Weinheim: Beltz.
Nohl, A.-M. (2009). *Interview und dokumentarische Methode: Anleitungen für die Forschungspraxis.* Wiesbaden: Verlag für Sozialwissenschaften.
Reinmann, G. & Mandl, H. (2006). Unterrichten und Lernumgebungen gestalten. In A. Krapp & B. Weidenmann (Hrsg.), *Pädagogische Psychologie: Ein Lehrbuch* (S. 613–658). Weinheim: Beltz.
Rengstorf, F. & Schumacher, C. (2013). Projektunterricht in Lehrerbildung und Bildungsdiskussion. *In diesem Band.*
Rengstorf, F. & Schumacher, C. (2010). Projektarbeit und Projektunterricht in der schulischen Wirklichkeit – Ein Niemandsland in der empirischen Unterrichtsforschung? *TriOS,* (2), 23–56.
Roth, G. (2011). *Bildung braucht Persönlichkeit: Wie Lernen gelingt.* Stuttgart: Klett.
Schart, M. (2003). *Projektunterricht – subjektiv betrachtet: Eine qualitative Studie mit Lehrenden für Deutsch als Fremdsprache.* Hohengehren: Schneider.
Schumacher, C. & Boller, S. (2013). Zeigen und Entdecken im offenen Unterricht. Evaluation eines Pilotseminars zur Einführung Lehramtsstudierender in den Projektunterricht. *Lehrerbildung auf dem Prüfstand,* (6), S. 92–110.
Schumacher, C. & Rengstorf, F. (2013). Chancen und Probleme bei der Implementation von Projektunterricht – eine Übersicht zur empirischen Unterrichtsforschung aus international vergleichender Perspektive. *In diesem Band.*
Schüssler, R. & Günnewig, K. (2011). Mehr Praxis – aber welche? Praxiskonzepte von Lehramtsstudierenden zwischen Rezeptologie und Professionalisierung. *TriOS,* (2), 159–170.
Weyland, U. & Wittmann, E. (2010). *Expertise. Praxissemester im Rahmen der Lehrerbildung: 1. Phase an hessischen Hochschulen.* Berlin: DIPF.
Witzel, A. (1982). *Verfahren der qualitativen Sozialforschung: Überblick und Alternativen.* Frankfurt a. M.: Campus.

Wolfgang Steiner
Lehrer lernen Projektlernen
Eine Bilanz verschiedener Fortbildungskonzepte aus Hamburg

> »*Alle reden von Arbeiten und Lernen in ›Projekten‹,
> aber kaum jemand hat es gelernt.*«
> *(Jostes & Weber, 1992)*

Anfang der 90er-Jahre des vorigen Jahrhunderts stand dieser kritische Satz auf der Rückseite eines »Handbuch[s] zum Lernen von Veränderungen in Schule, Jugendgruppen & Basisinitiativen«. Heute, nach vielen weiteren Veröffentlichungen, trotz der nominellen Wertschätzung von Projektunterricht in nahezu allen neueren Lehrbüchern und Bildungsplänen, zeigt ein genauerer Blick auf die Schulen und die Lehrerbildung, dass die gezielte Entwicklung von Projektkompetenz noch immer am Anfang steht – zumindest im allgemeinbildenden Teil des deutschen Bildungssystems. In den berufsbildenden Schulen stellt sich die Situation durch die sukzessive, inzwischen bundesweit verbindliche Einführung von »Lernfeldern« seit Mitte der 90er-Jahre etwas anders dar. Sie sollen das schulische Lernen im dualen System besser mit der betrieblichen Wirklichkeit verbinden. Hier wird also Projektkompetenz als Teil einer berufsfeldbezogenen Ausbildung durchaus gefördert. Inwieweit sich diese Förderung nur auf organisatorisches »Projektmanagement« bezieht oder auch gezielt »demokratische Handlungskompetenz« als zentrales Element von Civic Education entwickeln will, ist Gegenstand kritischer Auseinandersetzung.

Nach wie vor gibt es an jeder einzelnen Schule aber nur wenige Lehrkräfte, deren Lehrerhandeln bei der Gestaltung von Projekten guten Gewissens als professionell bezeichnet werden kann; nach wie vor ist eine systematische Förderung von projektdidaktischer

Kompetenz im Lehrerstudium, im Referendariat und in der Lehrerfortbildung eher die Ausnahme als die Regel.

Die Neugestaltung der Lehrerausbildung ab 2013 in Hamburg eröffnet möglicherweise neue Chancen: Sie ist mit mehreren Praktika enger an die schulische Praxis angebunden und verzahnt durch das »Kernpraktikum« zu Beginn des Masterstudiums (7. Semester) die erste und zweite Ausbildungsphase. Leitbegriff des Konzepts ist das »reflexive Erfahrungslernen«.[1]

Trotzdem sieht es zunächst so aus, als ob sich hinsichtlich der systematischen Entwicklung von Projektkompetenz ein weiteres Mal die bekannte Feststellung aus der US-Schulforschung der 90er-Jahre bestätigen würde: »Schools change slower than churches« (Richard Gross, Standford University).

Ein durchaus anderes, sehr viel ermutigenderes Bild ergibt sich, wenn man danach fragt, wo es denn in der deutschen Schullandschaft bereits professionelle Projektpraxis gibt. Dann werden zunächst die bekannten Schulnamen genannt (Laborschule und Oberstufen-Kolleg in Bielefeld, Helene-Lange-Schule in Wiesbaden, Max-Brauer-Schule, Erich-Kästner-Schule und Reformschule Winterhude in Hamburg, Offene Schule in Kassel-Waldau u. a.) und durch den Deutschen Schulpreis kommen jedes Jahr neue Namen dazu. Die Zahl der bundesweiten Netzwerke aktiver Schulreformer (Blick über den Zaun, Archiv der Zukunft, Demokratisch Handeln) hat zugenommen, Stiftungen wie die Deutsche Kinder- und Jugendstiftung oder die Freudenbergstiftung fördern Projektlernen auf vielfältige Weise, die neuesten Ergebnisse der Gehirn- und Lernforschung[2] geben einer projektorientierten Didaktik Rückenwind. Unter dem Stichwort »Regionale Bildungslandschaften« gibt es zudem eine wachsende Tendenz, die offenen, oftmals projektartigen Formen außerschulischer Kinder- und Jugendarbeit im sozialen

---

1   Vgl. das Programm der Tagung »Innovative Formen der Verknüpfung von Theorie und Praxis in der Lehrerausbildung« vom 23./24.2.2012 im Landesinstitut Hamburg: Internetquelle 1.
2   Vgl. besonders die Initiative des Göttinger Neurobiologen und Lernforschers Gerald Hüther zur Verbesserung der Lernkultur mithilfe einer eigenen Stiftung: Internetquelle 2.

und kulturellen Bereich mit dem Lernen in der Schule stärker zu vernetzen.[3]

Bei Betonung dieser Perspektiven kann man also auch zu folgendem Urteil kommen: Die Verhältnisse sind in den letzten Jahren entgegenkommender geworden. Sie sind reif für eine Initiative zur Professionalisierung der Projektkompetenz von Lehrern.

Der folgende Beitrag zieht eine Bilanz aus über 25 Jahren Erfahrung mit Projektlernen in der Hamburger Lehrerfortbildung. Hierfür werden zuerst professionstheoretische, didaktische und methodische Überlegungen zu den Herausforderungen des Projektunterrichts skizziert, bevor darauf aufbauend exemplarisch einige Fortbildungskonzepte vorgestellt werden. Der Artikel endet mit der Formulierung von Schlussfolgerungen, die für die künftige Professionalisierung von Lehrerhandeln in Projektlernprozessen nützlich sein können.

1. Welche Kompetenzen brauchen Lehrkräfte, um Projektlernen professionell gestalten zu können?

Im Unterschied zum Laien oder zum Dilettanten erwartet man von einem »Profi«, dass er »auf seinem Gebiet« genauer als diese »weiß, was er tut«. Er hat ausgewiesenes, in der Regel zertifiziertes Fachwissen, hohe Handlungskompetenz, Erfahrung und Urteilskraft. Er übernimmt Verantwortung und man kann sich auch in schwierigen Situationen auf ihn verlassen.

»Lehrerinnen und Lehrer sind Fachleute für das Lernen« (Kultusministerkonferenz 2000). So lautet die allgemein anerkannte Definition des Lehrerberufs, also der Profession. Heißt das, dass Lehrkräfte in allen drei großen Unterrichtsformen – Lehrgang, Training und Projekt[4] – gleichermaßen »Profis« sind?

---

3 In Hamburg fand vom 21.–23.10.2010 unter dem Titel »Bürgerschaftliches Engagement = Bildung durch Beteiligung« eine große Fachtagung statt – mit einer Fülle von Anregungen für die Gestaltung regionaler Bildungslandschaften. Näheres unter www.bildungdurchbeteiligung.de.
4 Ich folge hier der bekannten Einteilung nach Klafki u. a. (1985) und Meyer u. a. (1994).

Die Wahrscheinlichkeit dafür ist für lehrgangs- und trainingsförmigen Unterricht deutlich höher als für projektorientierten – und zwar aus dem einfachen Grund, dass die eigene Lernbiographie in Schule, Studium und Referendariat den meisten Lehrkräften wenig Erfahrungsmöglichkeiten mit professionellem Projektlernen geboten hat. Es ist die Form, die erzieht, nicht die Absicht, und der Habitus wird – insbesondere in Stresssituationen – von den Handlungsmustern geprägt, die man verinnerlicht hat. In den allgemeinbildenden Schulen ist eine systematisch entwickelte Projektkultur noch selten; meist wird – manchmal auf hohem Niveau – in diesem Bereich engagiert dilettiert und manches schöngeredet.

Die entscheidende Frage für die Lehrerfortbildung war und ist auch in Hamburg einerseits, wie Lerngelegenheiten für Lehrer aussehen könnten, die dieses Erfahrungsdefizit beheben, indem sie eigene Projekterfahrungen in Erwachsenenprojekten ermöglichen, die zugleich anschlussfähig und anregend sind für Projekte mit Schülern.

Andererseits muss die Lehrerfortbildung Lehrkräften die Gelegenheit zur Evaluation ihrer Projektpraxis in der Schule geben, indem sie den organisierten, kriteriengeleiteten Erfahrungsaustausch nach dem Prinzip »aus der Praxis für die Praxis« zur strategischen Basis ihrer Angebote macht. Ein Weg dazu – vielleicht der »Königsweg« – scheint mir eine breit angelegte, systematische Förderung »professioneller Lerngemeinschaften« zu sein, schulintern und zugleich vernetzt mit zentralen, stadtteil- und/oder themenzentrierten Angeboten des Landesinstituts. Dies sind Lehrergruppen, die während eines längeren Zeitraums ihr eigenes Lehrerhandeln beobachten, protokollieren und sich regelmäßig darüber austauschen. Wenn möglich, werden sie dabei von einer kompetenten Person aus der Fortbildung oder Wissenschaft begleitet, die als »critical friend« Feedback gibt, auf Wunsch berät und bei Bedarf den notwendigen Input mit organisiert (vgl. Altrichter & Posch, 2007). Hier stehen wir im Bezug auf Projektlernen auch in Hamburg noch ganz am Anfang.

Für die Konstruktion dafür geeigneter Fortbildungsangebote hat es sich als notwendig und fruchtbar erwiesen, sich zunächst die wesentlichen Unterschiede der Lehrerrolle im Projekt gegenüber Lehrgang und Training ins Bewusstsein zu rufen.

1.1 Habitus und Rollenmuster

Jede der drei großen Unterrichtsformen folgt einem idealtypischen Rollenmuster, das die Beziehung zwischen Lehrer und Schülern bestimmt.

Für den *Lehrgang* kann dieses Rollenmuster als *Meister-Lehrlings-Beziehung* beschrieben werden. Vorherrschende Kommunikationsform ist die *Instruktion*. Der Lehrer informiert. Er kennt die Inhalte und die »richtigen« Antworten. Die Schüler hören zu, stellen im besten Fall Verständnisfragen und schreiben mit.

Die Unterrichtsform *Training* dient der Entwicklung und Routinisierung von Basiswissen, Fähigkeiten und Fertigkeiten (Memorieren von Vokabeln und Geschichtszahlen, Anwendung von Formeln, Techniken, Spielregeln). Die Beziehung zwischen Lehrer und Schülern folgt dem Rollenmuster *Trainer – Mannschaft*. Die zentrale Form der Lernaktivität ist das *Üben*. Der Lehrer bestimmt die Strategie und die Methoden. Die Schüler folgen seinen Anweisungen.

Das Lernen im *Projekt* lässt sich am ehesten mit der Tätigkeit einer *Forschergruppe* vergleichen, die sich in ganz oder teilweise unbekanntem Gelände bewegt. Lehrer und Schüler versuchen gemeinsam bisher unklare Zusammenhänge besser zu verstehen, für ein bestimmtes Problem Lösungen zu finden oder eine Gestaltungsaufgabe zu meistern. Vorherrschende Formen der Lernaktivität aller sind *Erkundung, Problemlösung und Konstruktion*. Alle Beteiligten haben Fragen und bestimmen gemeinsam die Vorgehensweise. Der Lehrer ist der erfahrenste Teilnehmer, trägt die Gesamtverantwortung und übernimmt meistens – nicht immer und nicht in allen Phasen – die Rolle des Projektleiters.

Der für Habitus und Rolle des Lehrers entscheidende Unterschied zwischen Lehrgang und Training einerseits, Projekt andererseits ist offensichtlich: Im Projekt ist der Dualismus zwischen Lehrer und Schülern aufgehoben. Alle haben Erfahrungen, alle haben Fragen, alle sind Lernende in einem gemeinsamen Lernprozess. Der Lehrer ist der »älteste Teilnehmer«, dem in der Regel nicht qua Amt und automatisch, sondern aufgrund seiner Lebenserfahrung, seines Wissensvorsprungs und seiner Ausbildung die Führungsrolle in der Lerngruppe zukommt.

Entscheidend für das Gelingen des Projekts ist die sorgfältige

Analyse und Beachtung der bei den einzelnen Teilnehmern vorhandenen, für die jeweilige Aufgabe relevanten Erfahrungen, Kompetenzen und Fragen.

Es ist deshalb für Lehrer sinnvoll, sich selbst und die übrigen Teilnehmer als Teil einer altersgemischten Lerngruppe zu sehen, in der je nach Jahrgangsstufe Kinder (Primarstufe), Jugendliche (Sekundarstufe I) oder junge Erwachsene (Sekundarstufe II) und Erwachsene (Lehrer und ggf. außerschulische Kooperationspartner) gemeinsam lernen.

Eine klar profilierte Lehrerrolle in Projektlernprozessen (vgl. Bastian & Gudjons, 1986, S. 31 f.) sollte sich also bewusst am Leitbild des *lernenden Erwachsenen* orientieren: »*Teachers should be examples of how learning works*« (Kaplan, 1998).

Daraus entstehende Intra-Rollenkonflikte zwischen der gewohnten Lehrerrolle als »Meister« oder »Trainer« und der des »ältesten Teilnehmers« lassen sich im Rahmen der tradierten Schulkultur kaum vermeiden. Die aktuelle Forderung, die Lehrerrolle in Richtung »Coach« oder »Lernberater« zu verändern, könnte hier vielleicht eine Brücke bilden, hat aber nach meiner Beobachtung in der Praxis bisher nur wenig zur Förderung von Projektkompetenz beigetragen. Dies könnte daran liegen, dass sich beide Begriffe gut mit der Meister- oder Trainerrolle verbinden lassen und höchstens implizit den Lehrer als lernenden Erwachsenen fordern.

Da beim Projektlernen – etwa beim Service Learning oder bei Projekten mit Kooperationspartnern im Stadtteil – formelle und informelle Formen des Lernens ineinander übergehen, eröffnet sich ein weites Feld der Community und Civic Education, in dem Lehrer von den Projektkompetenzen anderer pädagogischer Professionen im Kultur-, Umwelt- und Jugendhilfebereich vieles lernen können: *Lernen ist mehr als Schule!* Beispielhaft in Hamburg ist hierfür seit nunmehr zehn Jahren das Forum Bildung Wilhelmsburg (FBW), an dem die zwölf Schulen eines ganzen Stadtteils, das Bürgerhaus Wilhelmsburg und weitere lokale Partner aktiv beteiligt sind (vgl. www.f-b-w.info). Im Sinne des Service Learnings wird in Hamburg seit 2009 ein Netzwerk »Lernen durch Engagement« aufgebaut, in dem mittlerweile über zwölf Schulen aktiv sind (vgl. www.buergerstiftung-hamburg.de/yousful).

1.2 Methodologie

Professionelle Projektkompetenz zeigt sich nicht nur in einem reflektierten Rollenverständnis und der sich daraus ergebenden Haltung als lernender Erwachsener (Habitus), sondern ebenso in der Kenntnis und Beherrschung des »Handwerks«. Damit sind nicht nur einzelne Methoden oder Instrumente gemeint, sondern ein aus reflektierter Erfahrung hervorgehendes Handlungswissen für die Gestaltung und Steuerung von Projekten.

In meiner Fortbildungspraxis haben sich in diesem Zusammenhang folgende handlungsleitende Grundvorstellungen als hilfreich erwiesen:

- Ein an Deweys Begriff der »reflective experience« orientiertes Verständnis von *Lernen als »denkende Erfahrung«:* Lernen ist reflektierende Rekonstruktion, Erweiterung und Verbesserung der eigenen Erfahrung (vgl. Dewey, 1997; 2009). Sinnsichernde Schlüsselfrage: Was hat das mit mir zu tun?
- Ein Bewusstsein von der prinzipiellen *Einmaligkeit jeder (Lern) Situation* und damit verbunden eine Haltung der »situativen Wachsamkeit« und des »Chancenblicks«: Welche Elemente oder Potenziale für die Lösung des Problems enthält die gegebene Situation?
- Die Vorstellung eines Verlaufsmusters (z. B. einer Lernspirale) mit sieben Phasen: Idee, Einstieg, Planung, Durchführung, Präsentation, Reflexion, Weiterführung (vgl. Emer & Lenzen, 2009).
- Die Kenntnis spezifischer *Merkmale einzelner Projektphasen,* z. B.: doppelter Planungsprozess (Lehrer- und Schülerplanung), idealtypischer Motivationsverlauf (Anfangseuphorie – Enttäuschungen und möglicher Motivationsrückgang durch Detailprobleme – neue Faszination bei Produkterstellung und Präsentationsvorbereitung), Notwendigkeit von »Fixpunkten« und »Metainteraktionen« (vgl. Frey, 2010).
- Ein klares Bewusstsein des *Unterschieds von Projektlernen und Projektmanagement:*
  - Projektmanagement ist immer mit einem – meist von dritter Seite kommenden – Projektauftrag verknüpft und konzentriert sich auf die auftragsangemessene und termingerechte Organisation der Erfüllung dieses Auftrags. Der Prozess ist dem Produkt untergeordnet.

- Projektlernen ist immer mit einer subjektiven Forschungsfrage verknüpft, die aus einer Irritation, einem Zweifel, einem Staunen hervorgeht. Der dadurch angestoßene, zielgerichtete Lernprozess (Suche nach einer bestimmten Antwort oder Problemlösung) braucht eine Form der Organisation von Zeit, Raum und Ressourcen. Im Mittelpunkt steht das Lernen durch Erfahrung: Prozess und Produkt sind gleichwertig – nicht selten ist der Lernprozess für den Lernertrag sogar wichtiger als das Produkt.
- Ein gutes Projektmanagement ist selbstverständlich für die äußere (Selbst-)Organisation von schulischen Projekten wünschenswert und nützlich. Es ist ein komplexes Instrument, das zum Gelingen beitragen kann – nicht mehr, nicht weniger und schon gar nicht die Sache selbst.
- Sicherung der *Kontinuität des Lernprozesses* durch geeignete Instrumente. Stichworte: Reflexionsbericht, Lehrer-Lerntagebuch, Evaluation, Dokumentation, organisierter Erfahrungsaustausch in einer Lehrergruppe über einen längeren Zeitraum (»professionelle Lerngemeinschaft«), Formulierung von Nah-, Mittel- und Fernzielen, Herstellung von Verbindlichkeit und persönlicher Verantwortungsübernahme auf Zeit (was? wer? mit wem? bis wann?), Absprachen mit *critical friend(s)*.

2. Welche projektdidaktischen Formen der Lehrerfortbildung haben sich in den letzten 25 Jahren in der Hamburger Lehrerfortbildung bewährt?

Im diesem Kapitel werden zunächst Beispiele praxiserprobter Formen schulinterner Projektfortbildung vorgestellt. Zentrales Ziel ist hierbei die Entwicklung einer Projektkultur als Teil des Schulprofils. Sie fanden manchmal an der Schule selbst, meist aber an einem dritten Ort statt.

Die danach vorgestellten Formen wurden Lehrkräften zentral angeboten; sie sind in der Regel fächerübergreifend und schulformgemischt angelegt und fanden teilweise im Landesinstitut, teilweise im Stadtteil oder an außerschulischen Lernorten statt.

2.1 Bewährte Formen schulinterner Projektfortbildung

Die pädagogische Ganztagskonferenz oder – in einzelnen Fällen – eine eineinhalbtägige Klausurtagung eröffnen die Möglichkeit, wichtige Phasen, Strukturen und Methoden eines Projekts mit einem ganzen Kollegium gleichsam im Zeitraffer zu erproben. Drei »Inszenierungen« haben sich in meiner Fortbildungspraxis besonders bewährt: die Ideenwerkstatt, das Erkundungsprojekt und die Zukunftswerkstatt. Die ersten beiden werden im Folgenden näher vorgestellt.

2.1.1 Die Ideenwerkstatt

Die Ideenwerkstatt beginnt in der Regel mit einem inszenierten Einstieg, z. B. einem »Fototermin«: Die Ankommenden werden von einem »Empfangskomitee« persönlich begrüßt und gebeten, sich für ein Foto einen Hut, eine Stola, eine Brille oder ein anderes ihnen zusagendes Requisit aus dem mitgebrachten Fundus auszusuchen. Während ihr Foto entwickelt wird, füllen sie einen »Steckbrief« aus, der mindestens zwei Fragen enthält, die das individuelle Interessen- und Kompetenzprofil der einzelnen Kollegiumsmitglieder aufleuchten lässt, ohne ihnen zu nahe zu treten: 1. Was wäre ich heute vielleicht, wenn ich nicht Lehrer geworden wäre? 2. Was würde ich tun, wenn ich ab morgen bei vollem Gehalt ein Jahr frei hätte?

Das fertige Foto wird in den »Steckbrief« mit den Antworten eingeklebt und an Stellwänden oder einer durch den Raum gespannten Leine präsentiert: Ein erstes personenbezogenes Produkt ist entstanden, begleitet als Ausstellung und Hintergrundinformation den Tag und ist Gesprächsgegenstand der ersten kleinen Kaffeepause.

Nach einem kurzen, flexibel an die jeweilige Kollegiumssituation angepassten Vortrag zu Grundlagen des Projektlernens (vgl. Kapitel 1 zur Lehrerrolle und Methodologie) beginnt das Kernstück des Tages: die *Ideenwerkstatt* nach der Fünf-Schritt-Methode (vgl. Abb. 1).

> **Die Fünf-Schritt-Methode**
>
> In fünf Schritten von der individuellen Idee zur Projektskizze der Gruppe.
>
> 1. **Ideensammlung**
>
>   Sammelt individuelle Ideen zu eurem Handlungsfeld:
>   Welche Frage interessiert mich?
>   Mit welcher Aufgabe würde ich mich gerne beschäftigen?
>   Welches Problem würde ich gerne lösen?
>
> 2. **Gemeinsame Forschungsfrage**
>
>   Einigt euch auf einen Schwerpunkt, ein Thema oder ein Vorhaben:
>   Welche der gesammelten und vorgetragenen Ideen eignet sich dazu, von uns als Projektgruppe bearbeitet zu werden?
>   Mit welcher Forschungsfrage könnten wir in die Arbeit einsteigen?
>
> 3. **Brainstorming/Mindmapping**
>
>   Welche Handlungsmöglichkeiten fallen uns dazu ein?
>   Was könnte man alles machen?
>
> 4. **Kompetenzrunde**
>
>   Welche Fähigkeiten, Fertigkeiten, Kontakte, Materialien, Werkzeuge, Instrumente etc. könnten die Mitglieder der Gruppe zu dem Vorhaben beitragen?
>
> 5. **Projektskizze**
>
>   In welchem zeitlichen und organisatorischen Rahmen könnten wir das Vorhaben realisieren?

Abb. 1: Die Fünf-Schritt-Methode

Bis zur Mittagspause haben die nach einem vorher abgesprochenen Verfahren entstandenen Kleingruppen (je ca. 5 Personen) Ideen gesammelt, Forschungsfragen formuliert und Projektskizzen entwickelt.

Nach der Mittagspause bereitet jede Gruppe eine Präsentation in Form einer 5-Minuten-Szene vor. Die einzelnen Szenen werden vom Moderator in eine dramaturgisch sinnvolle Reihenfolge gebracht und nach einer Kaffeepause in einem kleinen »Projekttheater« dem Kollegium vorgeführt.

Das abschließende Plenum dient der Diskussion um die Verwertung der entstandenen Ideen und Projektskizzen und die Form der Beteiligung der Schüler. Im Idealfall werden konkrete Verabredungen für Unterrichtsvorhaben in den kommenden Monaten und/oder die nächste Projektwoche getroffen und in einer To-do-Liste festgehalten, die auch die jeweils verantwortlichen Personen benennt.

2.1.2 Das Erkundungsprojekt

Dieses Format macht die Ortschaft, in der die jeweilige Tagungsstätte liegt, oder den Stadtteil der Schule zum Lernort. Eine Variante, die sich bewährt hat, ist die ergebnisoffene Erkundung. Lehrkräfte erkunden in kleinen Forschergruppen mit dem »fremden« oder »ethnologischen« Blick den Ort X, in dem die Tagungsstätte liegt. Der Titel der Veranstaltung lautet dann z. B.: »X – Annäherung an einen unbekannten Ort in der Nordheide«.

Eine von der Lehrerkonferenz legitimierte Vorbereitungsgruppe sieht sich nach einem Erstgespräch im Landesinstitut einige Wochen oder Monate zuvor als »Spähtrupp« in X um, kündigt den Termin der Ganztagskonferenz bei potenziellen Gesprächspartnern vor Ort an und trägt etwas Basismaterial für mögliche Forschungsfragen zusammen. Letztere werden in einer offenen Liste, die erweitert oder variiert werden kann, dem Kollegium einige Tage vor dem Ereignis vorgestellt. Die Kollegen werden gebeten, sich einer dieser Fragen zuzuordnen, gegebenenfalls welche hinzuzufügen und anschließend kleine Forschergruppen zu bilden. Im Folgenden wird ein Beispiel für eine solche Liste aufgeführt:

- Wer wohnt hier vermutlich? – Gartenzaun- und Vorgärten-Hypothesen.
- Soziale Treffpunkte – Supermarkt, Arzt, Apotheke, Gastwirtschaften, Kirche, Vereine …?
- Wie und von wem wird der Ort »regiert«? Wer hat hier »das Sagen«?

- »Helden« und herausragende Ereignisse in Geschichte und Gegenwart?
- Einstellung zu »Fremden«?
- Kinder- und Jugendfreundlichkeit?
- Tabus aus der Vergangenheit?
- Außenseiter?
- Auffällige Gebäude?
- »Erstmal gucken!« – Durch den Ort flanieren, Atmosphäre aufnehmen, als Tourist unterwegs in …
- …

Der Konferenztag beginnt mit einem Arbeitsfrühstück. Die Forschergruppen sitzen an vorbereiteten »Restaurant-Tischen« zusammen. Nach einer kurzen Erläuterung des Lernarrangements durch den Moderator planen sie ihr Vorgehen und sind dann drei bis vier Stunden als »Sozialforscher« in kleinen Gruppen (Rollen: Kameramann, Interviewer, Protokollant) unterwegs im gewählten Erkundungsfeld.

Nach der Mittagspause werden – nach dem gleichen Muster wie bei der *Ideenwerkstatt* – Präsentationen erarbeitet.

Im Anschluss an die Präsentation der »Szenen« folgt eine Reflexion der eigenen Lernerfahrung – als *Fishbowl* bei großen Kollegien oder im Plenum bei kleinen Kollegien. Leitgedanke: Lehrkräfte als lernende Erwachsene reflektieren das eigene Lernen am Beispiel der heutigen Erfahrung und sensibilisieren sich für die Rolle des »ältesten Teilnehmers« (s. oben 1.1).

2.2 Bewährte Formen zentraler oder regionaler Projektfortbildung

Die im Folgenden beschriebenen Fortbildungsangebote richten sich in der Regel an einzelne Lehrkräfte. Es gibt *Langformen,* die ein ganzes Schuljahr dauern und *Kurzformen* vom 90-minütigen Workshop innerhalb einer Fachtagung über zweistündige Intervalltreffen einer Redaktionsgruppe bis zum eineinhalbtägigen Projektseminar an einem Wochenende. Allen ist gemeinsam, dass sie als Projekt oder zumindest projektorientiert konzipiert sind.

2.2.1 Langformen: Projektorientierte Jahresseminare

Diese Formen projektorientierter Fortbildung sind komplexe Jahresprojekte mit einem zeitlichen Umfang von 70–80 Zeitstunden (ca. 16 Treffen plus eine Exkursion pro Schuljahr).

Ihre Merkmale sind:
- Vierzehntägige drei- bis vierstündige Treffen,
- ein bis zwei Anrechnungsstunden für die Teilnehmer,
- Leitung durch ein Team aus Lehrern und Fortbildnern als »Experten für Erwachsenenbildung«[5],
- Jahresgesamtplan mit Einführungsphase, Ideenwerkstatt für Projektunterricht, Umsetzung in der eigenen Schule, Erfahrungsaustausch und Reflexion im Seminar,
- eineinhalb- bis zweitägige Exkursion zu einer Reformschule etwa in der Mitte des Schuljahres,
- Dokumentation.

Eine Variante des Jahresseminars wird nachfolgend etwas genauer beschrieben:

2.2.1.1 Community Education: Im und mit dem Stadtteil lernen

Hamburg hat sieben Bezirke: Mitte, Nord, Wandsbek, Eimsbüttel, Altona, Harburg und Bergedorf, jeder hat die Größe einer mittleren Großstadt und zwischen 50 und 100 Schulen.

Es gehört von jeher zur Kernkompetenz von Lehrkräften, die Lebenswelt ihrer Schüler einigermaßen zu kennen – in einer Metropole wie Hamburg keine Selbstverständlichkeit.

Die projektdidaktische Antwort darauf waren in den 90er-Jahren insgesamt sieben projektorientierte Jahresseminare, für jeden Bezirk eines. Alle hatten das Ziel, mit Lehrern in einem großen Erkundungsprojekt den Stadtteil als Lebens- und Lernort wieder oder neu zu

---

5   Die Tatsache, dass ein Teil des Teams parallel zum Jahresseminar im eigenen Unterricht ähnlichen Problemen gegenüberstand wie die Seminarteilnehmer, sicherte den didaktischen »Dialog der Praktiker« auf Augenhöhe. Gleichzeitig war immer klar, dass es sich beim Jahresseminar um ein *Projekt für Erwachsene* handelte und nicht um ein »Nachspielen« von Schülerrollen.

entdecken und im Sinne von Community Education für Schule und Unterricht zu erschließen.

Die Teilnehmer kamen jeweils aus allen Schulformen und Fächern der Schulen eines Hamburger Bezirks.

Die erste Sitzung im Landesinstitut diente der spielerisch inszenierten Feststellung der individuellen Stadtteilkompetenz der Teilnehmer und einer Einschätzung der Vernetzung ihrer Schulen mit dem Stadtteil (projektdidaktische Funktion: »Die Situation in den Blick nehmen« und vorhandene Erfahrungen bewusst machen). Die Hypothese »Jeder weiß oder kennt vom Stadtteil seiner Schule mehr, als ihm bewusst ist« hat sich in allen Fällen bestätigt.

Die folgenden Treffen fanden vor Ort statt und bestanden in einer Reihe von Stadtteilgängen, die als Stadtteilführung oder Rallye gestaltet waren und unterrichtlich und pädagogisch interessante Orte und Objekte zum Gegenstand hatten. Allein die ungewohnte Art, die Geschwindigkeit zu drosseln und die Stadt aus der Fußgänger-Perspektive langsamer und genauer wahrzunehmen, führte zu interessanten Eigenerfahrungen, pädagogisch ertragreichen Diskussionen und Projektideen für die Arbeit mit Schülern.

Die Exkursionen dieser Jahresseminare führten uns zu Community Schools, die besonders gut mit dem Stadtteil oder der Gemeinde vernetzt waren, damals entweder nach Berlin (Adolf-Damaschke-Schule in Kreuzberg) oder nach Solingen, Unna oder Hagen-Haspe in NRW. Der schul- und schulformübergreifende Austausch wurde als »Blick über den Tellerrand« von den Teilnehmern als ausgesprochen positiv empfunden.

In der letzten Phase dieses Typus projektorientierter Jahresseminare verfassten die Teilnehmer Beiträge für eine Dokumentation zum Stadtteillernen in ihrem Bezirk. In einer abschließenden »Buchbinderwerkstatt« wurde daraus ein selbstgebundenes »Buch« hergestellt.

Inzwischen ist das afrikanische Sprichwort als englisches Zitat »It takes a whole village to raise a child« sehr bekannt. Die Gestaltung »regionaler Bildungslandschaften« ist nicht erst seit dem umstrittenen Lernatlas der Bertelsmann Stiftung (vgl. www.deutscher-lernatlas.de) in aller Munde. Stadtteilrundgänge werden heute von verschiedenen Experten zahlreicher als früher angeboten, allerdings nicht mit projektdidaktischem Akzent.

Die eben vorgestellte, erlebnisintensive und bis heute nachwirkende Form projektorientierter Fortbildung ist also up to date! Sie hat zur Bildung temporärer »professioneller Lerngemeinschaften« geführt und die Projektkompetenz der Teilnehmer gestärkt, besonders was Erkundungsprojekte und den Umgang mit außerschulischen Lernorten betrifft.

Zurzeit gibt es diese Fortbildungsform in Hamburg kaum noch. Sie sollte wieder entdeckt und gefördert werden. Einige Details könnten zur Steigerung der Attraktivität mühelos modernisiert und verbessert werden (Digitalkameras, Produkterstellung mit Computer, Laptop, iPad usw., gezieltere Einbeziehung von Schülern).

Die entscheidende Ressource *Zeit* müsste allerdings ausreichend zur Verfügung gestellt werden: Lernfreude der Teilnehmenden und nachhaltige Wirksamkeit der Fortbildung im Schulalltag lassen sich nur erreichen, wenn es gelingt, interessierten Lehrkräften solche »Inseln der Intensität« (Thomas Ziehe) für das Erleben und Reflektieren des eigenen Lernens künftig wieder über längere Zeiträume anzubieten. Die vorliegenden Erfahrungen lassen vermuten, dass sich eine Investition in Gestalt von Anrechnungsstunden in hohem Maß lohnen würde. Schule als Ort der Einübung in die Demokratie braucht gerade in den Zeiten des Internets und der Globalisierung die Wahrnehmung des sozialen Nahraums als Lebens- und Lernort, um den Heranwachsenden die Chance zu geben, ihre individuellen Handlungs- und Beteiligungsmöglichkeiten zu erkennen. Sie sollte ihren Auftrag zur Bürgererziehung *(civic education)* deshalb »glokal« anlegen.

2.2.1.2 Zukunftsorientierte Anmerkung

Wie deutlich wurde, halte ich für die gelingende Professionalisierung der Projektkompetenz von Lehrern eine Renaissance von praxisbegleitenden Langzeitformen der Lehrerfortbildung für zielführend. Entscheidend scheinen mir die Eröffnung von Erprobungsgelegenheiten und der kontinuierliche Austausch von Praktikern in mit Zeitressourcen ausgestatteten »professionellen Lerngemeinschaften« über einen längeren Zeitraum – in den einzelnen Schulen, aber gerade in der Metropole Hamburg auch schulübergreifend. Die hier beschriebenen Erfahrungen mit Jahresseminaren könnten als

Anregung dienen. Eine modernisierte Variante der Jahresseminare könnte den Erfahrungsaustausch zwischen den Teilnehmern durch die Verwendung zeitgemäßer Kommunikationsformen des Web 2.0 (z. B. Blogs) intensivieren und verbessern – die Beherrschung dieser Formen wird unter Schülern, Lehramtsstudierenden, Referendaren und jüngeren Lehrkräften immer selbstverständlicher (vgl. den Beitrag von Rosa in diesem Band). Ob der bewährte Rhythmus 14-tägiger Treffen dadurch teilweise ersetzt oder vor allem bereichert und ergänzt werden kann, muss die Praxis zeigen.

2.2.2 Kurzformen

Neben den Langzeitformen gab und gibt es auch in der Hamburger Lehrerfortbildung eine Reihe kleinerer Angebote, die in einer lebendigen Fortbildungskultur für Projektkompetenz nicht fehlen dürfen. Zwei von ihnen möchte ich zum Schluss noch knapp skizzieren:

2.2.2.1 Das geöffnete Wahlmodul

Diese kleinere Fortbildungsform gibt es seit 2009. Der Grundgedanke besteht darin, im Wahlpflichtprogramm für das Referendariat projektorientierte, demokratiepädagogische Wochenendseminare anzubieten, die für interessierte Lehrkräfte und Lehramtsstudierende im Masterstudiengang geöffnet sind. Der Dialog verschiedener Lehrergenerationen auf der Basis einer gemeinsamen Projekterfahrung soll damit angeregt werden. Die Veranstaltung umfasst 12 Stunden (Freitagnachmittag bis Samstagabend), die für die teilnehmenden Referendare ausbildungsrelevant angerechnet werden. Bisher wurden die folgenden Themenfelder z. T. mehrfach angeboten:
- Den Stadtteil als Lernort entdecken (Erkundungsprojekt),
- Service Learning (Einführung und Praxistag),
- Planspiele für Globales Lernen (Fishbanks, Strategem, Die Insel),
- Lehmbau für Groß und Klein (Stadtteilaktion mit einem Künstler),
- Die Dorfgründung (Simulationsspiel zu Grundfragen der Politik),
- Feindbilder und Friedenspädagogik (mit Kooperationspartnern für Schulen),
- »Richtiges« Erinnern (in Zusammenarbeit mit der Gedenkstätte Neuengamme).

Das Format wurde insbesondere von den Referendaren sehr gut angenommen. Wieweit es ab 2013 Eingang findet in die zurzeit laufende Neukonzeption der Hamburger Lehrerausbildung, ist noch offen.

2.2.2.2 Die Redaktionsgruppe

Diese Form umfasst ca. drei zweistündige Treffen pro Halbjahr und intensive redaktionelle Kommunikation per Mail und Telefon. Sie versucht, das Prinzip »Lehrerinnen und Lehrer erforschen ihren Unterricht« mit der Mitwirkung an der Gestaltung einer größeren Fachtagung zu verbinden – Motto: »Aus der Praxis für die Praxis«[6].

Die Teilnehmer reflektieren und dokumentieren auf zwei bis vier Druckseiten eigene projektorientierte Unterrichtsvorhaben als »Lernbereichsblätter« in einem einfachen Format, das für die Diskussion im Schulalltag, z. B. auf Fachkonferenzen, geeignet ist (vgl. Internetquelle 4). Auf der Tagung leiten sie zu ihrem Thema einen Workshop.

Die Intensität der Auseinandersetzung mit der eigenen Unterrichtspraxis führte vor allem bei den bisher ca. 20 Autoren zu einer Erweiterung ihrer Projektkompetenz. »Reflective Experience« und der »Dialog der Praktiker« standen im Zentrum der bisherigen Lernbereichstagungen.

Lernbereichsblätter und Workshopleitung wurden honoriert, die bisher 25 Lernbereichsblätter in gedruckter und digitaler Form veröffentlicht. Die Autoren können von interessierten Schulen und Kollegiumsgruppen eingeladen werden, z. B. zu Fachkonferenzen. Das übergreifende strategische Ziel besteht auch hier in der Anregung »professioneller Lerngemeinschaften« (Hader-Popp & Huber, 2008, S. 33–35).

---

6 Das Format befindet sich in der Entwicklung. Erfahrungen wurden seit 2009/10 vor allem im Zusammenhang mit dem *Lernbereichstag* gesammelt. Zum Programm des Lernbereichtags 2012 siehe Internetquelle 3.

3. Fazit

Über 25 Jahre Erfahrung in der Hamburger Lehrerfortbildung mit unzähligen Einzelberatungen, vielen Projektseminaren in Lang- und Kurzzeitformen, einigen Fachtagungen und ca. 120 pädagogischen Ganztagskonferenzen in allen Schulformen zeigen, dass nur dort wirkliche Fortschritte in der Professionalisierung von Projektlernen erzielt worden sind, wo eigene Projekterfahrungen – mit und ohne Schüler – ermöglicht und zum Gegenstand der kollegialen Reflexion von Praktikern gemacht wurden.

Aus der Aktionsforschung kommende Formen des organisierten Erfahrungsaustauschs, wie sie Altrichter und Posch unter dem schönen Titel »Lehrerinnen und Lehrer erforschen ihren Unterricht« (2007) dargestellt haben, sollten für ein künftiges Konzept der projektbezogenen Professionalisierung von Lehrkräften handlungsleitend sein. Fortbildungsangebote sollten so angelegt werden, dass »professionelle Lerngemeinschaften« entstehen, die sich über einen längeren Zeitraum regelmäßig treffen und ihre aktuellen, in Lehrer-Lerntagebüchern festgehaltenen Erfahrungen mit Projektlernen austauschen und reflektieren. Das Landesinstitut begleitet, stellt nach Bedarf Input und Beratung zur Verfügung, fördert und unterstützt die Veröffentlichung entstandener good-practice-Beispiele, initiiert und koordiniert Netzwerkbildung und Tagungen für den organisierten Erfahrungsaustausch »aus der Praxis für die Praxis«.

3.1 Lehrerkompetenz

Die hier vorgestellten, in der Praxis vielfach bewährten Lernarrangements und Handlungsmuster sollten als Bausteine in alle Phasen der Lehrerbildung so eingebaut werden, dass für den einzelnen Lehramtsstudenten, Referendar und Lehrer ein Curriculum zur erfahrungsbasierten Entwicklung von Projektkompetenz entstehen kann, ein – im Prinzip – lebenslanges »Kontinuum denkender Erfahrung«.

Wenn die Projekterfahrung des Einzelnen ein hohes Maß erreicht hat, kann sie allmählich in eine neue Routine übergehen. Diese zeigt sich in der flexiblen Gestaltung immer neuer Lernsituationen, für die der Lehrer die Gesamtverantwortung trägt und in denen er zugleich als »ältester Teilnehmer« gemeinsam mit den Schülern lernt, d. h.

eigene Forschungsfragen verfolgt, Probleme löst, Entdeckungen macht und Herausforderungen meistert. Das wird in der Regel erst nach einigen Jahren Berufserfahrung und vielen durchgeführten Projekten der Fall sein. Und sollte einmal ein Projekt nicht ganz gelingen oder gar scheitern, dann wird der professionelle Projektlehrer mit seinen Schülern diese Erfahrung als eine besondere Lerngelegenheit begreifen, die auch ihm hilft, seine eigene Handlungskompetenz auf hohem Niveau weiterzuentwickeln.

3.2 Projektkultur

Für die einzelne Schule sind die unter 2.1 vorgestellten Formen und Instrumente schulinterner Fortbildung ein in der Praxis erprobter Weg, nach und nach eine Projektkultur zu entwickeln.

Dieses Ziel kann mit dem Instrument einer jährlichen oder mindestens zweijährlich stattfindenden Bilanz- und Perspektivenkonferenz[7] erreicht werden, wenn es gelingt, die Kontinuität dieses komplexen Entwicklungsprozesses über einen längeren Zeitraum (mindestens 3 Jahre) durch Jahresziele und eine halbjährliche Zwischenevaluation zu sichern. Hierbei ist die langfristige Begleitung durch einen »critical friend« oder ein Beraterteam wünschenswert, das auf Wunsch auch für bedarfsgerechte Fortbildungsimpulse durch Experten sorgen und den Erfahrungsaustausch mit anderen Schulen vermitteln kann. Das Landesinstitut für Lehrerbildung und Schulentwicklung Hamburg bietet hierfür vielfältige Unterstützungsmöglichkeiten.

3.3 Zertifizierung

Um die systematische und nachhaltige Entwicklung von professioneller Projektkompetenz im System der Lehrerbildung stärker zu verankern, wäre es sinnvoll, in Kooperation mit der Universität und dem Zentrum für Lehrerbildung einen Postgraduierten-Studiengang »Projektdidaktik« zu entwickeln, in dem Lehrkräfte ein Projektkompetenz-Zertifikat erwerben können. Voraussetzung für den Erwerb eines solchen Zertifikats wäre der Nachweis eines bestimmten Maßes

---

7 Vgl. das Stichwort Bilanzierungskonferenz unter http://blk-demokratie.de/index.php?id= 82

an reflektierter eigener Projekterfahrung anhand der Entwicklung, Planung und Durchführung mehrerer Projekte sowohl in der Teilnehmer- als auch in der Lehrerrolle. Die hier vorgestellten projektdidaktischen Fortbildungsformen und Instrumente könnten für die Gestaltung der Module eines solchen Studiengangs hilfreich sein. Er würde im Rahmen der Lehrerfortbildung die an »reflektierter Erfahrung« orientierten Ansätze in der Lehrerausbildung im Rahmen eines Konzepts berufslangen Lernens sinnvoll ergänzen.

Ein Zusammenspiel dieser drei Handlungsfelder – Lehrerbildung, Schulentwicklung und anerkannte Qualifizierung berufserfahrener Lehrkräfte – würde die Chance erhöhen, den derzeitigen, schon viele Jahre andauernden Zustand des »muddling through« abzulösen durch eine langfristige Strategie der erfahrungszentrierten, systematischen Entwicklung des professionellen Lehrerhandelns in Projekten.

Literatur

Altrichter, H. & Posch, P. (2007). *Lehrerinnen und Lehrer erforschen ihren Unterricht* (4. Auflage). Bad Heilbrunn: Klinkhardt.
Bastian, J. & Gudjons, H. (1986). *Das Projektbuch*. Hamburg: Bergmann und Helbig.
Dewey, J. (2009). *Wie wir denken* (herausgegeben von R. Horlacher & J. Oelkers) (2. Auflage). Zürich: Pestalozzianum.
Dewey, J. (1997). *Experience & Education*. New York: First Touchstone Edition.
Emer, W. & Lenzen, D. (2009). *Projektunterricht gestalten – Schule verändern* (3. Auflage). Baltmannsweiler: Schneider-Verlag Hohengehren.
Frey, K. (2010). *Die Projektmethode* (11. Auflage). Weinheim: Beltz.
Hader-Popp, S. & Huber, S. (2008). Professionelle Lerngemeinschaften im Bereich Schule. *SchulVerwaltung Spezial, (3)*, 33–35.
Jostes, M. & Weber, R. (1992). *Projektlernen: Handbuch zum Lernen von Veränderungen in Schule, Jugendgruppen und Basisinitiativen*. Kassel: Weber und Zucht.
Kaplan, L. (1998). *The Teacher as a Learner*. Verfügbar unter http://psychcorp.pearsonassess ments.com/hai/images/NES_Publications/1998_04Kaplan_383_1.pdf [20.12.2012].
Klafki, W. (1985). *Neue Studien zur Bildungstheorie und Didaktik: Beiträge zur kritisch-konstruktiven Didaktik*. Weinheim: Beltz.
Kultusministerkonferenz (2000). *Bremer Erklärung der Kultusministerkonferenz vom 5.10.2000*. Verfügbar unter www.kmk.org/fileadmin/veroeffent-

lichungen_beschluesse/2000/2000_10_05-Bremer-Erkl-Lehrerbildung.pdf [20.12.2012].
Meyer, H. (1994). *Unterrichtsmethoden I* (Theorieband). Frankfurt a. M.: Scriptor.
Rosa, L. (2013). Lernen 2.0 – Projektlernen mit Lehrenden im Zeitalter von Social Media. *In diesem Band.*

Internetquellen

Internetquelle 1: li.hamburg.de/contentblob/3203696/data/pdf-innovative-formen-der-ver knuepfung-tagungsprogramm.pdf
Internetquelle 2: www.sinn-stiftung.eu/wissen/themen--beitraege/lernen--schule/index.html
Internetquelle 3: li.hamburg.de/tagungen/3315396/2012–04–18-lernbereichstag.html
Internetquelle 4: li.hamburg.de/publikationen/3631886/artikel-lernbereichsblaetter.html

Thomas Hill
Projektunterricht optimieren durch Qualitätsmanagement. Möglichkeiten und Grenzen am Beispiel des Beruflichen Gymnasiums in Schleswig

1. Einleitung

Projektarbeit und Qualitätsmanagement (QM) miteinander verknüpfen! Geht das überhaupt? Regt sich da nicht Widerspruch? Denn auf der einen Seite stehen die Projekte, bei denen es darum geht, ganzheitlich bzw. fächerübergreifend und produktorientiert Freiraum für Kreativität und Teamarbeit zu ermöglichen (Hänsel, 1999, S. 73–77; Wolters, 2005, S. 123–136; Emer & Lenzen, 2005, S. 32–37; Frey, 2007, S. 13–21). Und auf der anderen Seite stößt man unter QM auf einen systematischen Ansatz, der darauf zielt, Handlungsabläufe genau zu bestimmen und zu standardisieren und dadurch effizienter zu arbeiten, um letztlich Qualität zu verbessern (Herrmann & Fritz, 2011; Zollondz, 2011). Also hier beim Projekt problemorientiertes Handeln in Teamarbeit, dort bei Qualitätsmanagement Normen, Standards und Checklisten zur Überprüfung, ob die Normen und Standards eingehalten worden sind. Werden da nicht Äpfel mit Birnen gekreuzt?

Um keine Missverständnisse aufkommen zu lassen: Im Folgenden soll es nicht um die Einhaltung bestimmter QM-Modelle, die mittlerweile in der Schule Einzug gehalten haben, wie z. B. EFQM, Q2E, EQS usw. (Bülow-Schramm, 2006, S. 61–71; Steffens, 2009; etliche Fallbeispiele in: Rolff, Rhinow, Röhrich & Teichert, 2011), oder gar um eine Zertifizierung gehen. Vielmehr ist das Ziel, pragmatisch Elemente und Vorgehensweisen des Qualitätsmanagements auf schulische Projektarbeit anzuwenden, um deren Voraussetzungen, Durchführung und Ergebnisse nachhaltig zu verbessern. Damit kann QM auch einen Beitrag zur Professionalisierung der Lehrkräfte und ihrer Arbeit leisten (zum Begriff der Lehrerprofessionalität siehe

Bauer, 2000, bes. S. 64; Bauer, 2005, S. 50–86, bes. S. 81). Zunächst ist jedoch genauer zu klären, was eigentlich unter Qualitätsmanagement zu verstehen ist und wie dieses in der Schule eingesetzt werden kann. Dann wird am Beispiel der Projektarbeit des Beruflichen Gymnasiums in Schleswig erläutert, wie Qualitätsmanagement Projektunterricht unterstützen und professionalisieren kann.

2. Qualitätsmanagement als Prozess ständiger Verbesserung

Die International Standards Organization (ISO) in Genf ist für QM die maßgebliche Institution. Sie besteht seit 1947 und ihr gehören heute mehr als 160 Länder an, darunter auch die Bundesrepublik Deutschland (www.iso.org). Die ISO-Normenfamilie DIN EN ISO 9000:2000 bestimmt das Verständnis von Qualitätsmanagement weltweit. Qualität wird dabei sehr weit und offen definiert, indem »Merkmale« einer Sache, eines Produktes, einer Dienstleistung usw. »Anforderungen« erfüllen, so dass die Qualität z. B. als »schlecht, gut oder ausgezeichnet« bezeichnet werden kann (Qualitätsmanagementsysteme, 2005, S. 18 und 25 f.).

Die Sicherung und Verbesserung von Qualität dient vor allem der »Kundenzufriedenheit« (Qualitätsmanagementsysteme, 2008, S. 40). Die Benutzung dieses Begriffs zeigt deutlich, dass QM ein Ansatz aus der gewerblich-produzierenden Wirtschaft ist, wodurch es im schulischen Bereich häufig zu Irritationen kommt – denn wer ist hier der Kunde, der feststellt, dass die Anforderungen erfüllt werden? Diese Irritationen lassen sich aber leicht klären, da in der Schule nicht nur die Schüler zu den Kunden zu zählen sind, sondern auch die Kultus- oder Bildungsministerien, die Eltern, in den Berufsschulen die Betriebe und letztlich die Gesellschaft insgesamt (vgl. auch Steiner & Landwehr, 2003, S. 12).

Einen Grundsatz von Qualitätsmanagement stellt das Prinzip der »ständigen Verbesserung« dar (Qualitätsmanagementsysteme, 2008, 44 f.). Die Gesamtleistung einer Einrichtung soll sich permanent verbessern, um Kundenzufriedenheit zu gewährleisten. Der sog. Deming-Zyklus bzw. PDCA-Kreislauf der ständigen Verbesserung des Amerikaners William Edwards Deming setzt diesen Ansatz konsequent um (Techt & Merkt, 2006, S. 30; Reese, 2007, S. 56 f.; auch Zollondz, 2011, S. 297 f.):

Tab. 1: PDCA-Kreislauf nach Deming

Plan (P)	Es wird das Vorgehen geplant, das erforderlich ist, um das (zuvor gesetzte) Ziel zu erreichen.
Do (D)	Das Vorgehen wird praktisch und konsequent umgesetzt.
Check (C)	Das Vorgehen wird ausgewertet und evaluiert, Stärken und Schwächen sowie die Ergebnisse des Handelns werden erkannt.
Act (A)	Die erforderlichen Konsequenzen werden gezogen und neue Ziele gesetzt.
… und man beginnt wieder bei Plan.	

Dieser Kreislauf wird in Schulen im Grunde von vielen angewendet, auch wenn sie sich dessen nicht bewusst sind. Eine Lehrkraft, die z. B. eine Unterrichtsstunde zu einer bestimmten Thematik oder Problematik abhält, geht in diese Stunde mit einem Ziel und hat den Unterricht auch dementsprechend geplant (»Plan«). Nach der Unterrichtsstunde (»Do«) wird sie in der Regel deren Verlauf und Ergebnis vor dem Hintergrund der Zielsetzung und Planung reflektieren, und sei es nur auf dem Weg vom Klassenraum ins Lehrerzimmer (»Check«). Und diese Überlegungen werden die nächste Stunde in der Klasse und die nächste Stunde zu der Thematik oder Problematik beeinflussen (»Act«). Es darf auch nicht vergessen werden, dass es schon immer ein Anliegen der meisten Schulen war und ist, die eigene Arbeit kritisch zu reflektieren und nach Verbesserung zu streben. Beim Qualitätsmanagement ist lediglich der Unterschied, dass eher zufällige und sporadische Evaluation und Entwicklung nun systematisiert wird.

Daher ergeben sich aus dem PDCA-Kreislauf einige weiterführende Konsequenzen. Zunächst zu »Plan«: Voraussetzung für eine gute Planung sind Ziele, die erreicht werden sollen. Ein Ziel sollte immer SMART sein (Kempfert & Rolff, 2005, S. 57 f.; Reese, 2007, S. 62 f.):
- **Spezifisch**: Das Ziel ist konkret.
- **Messbar**: Die Zielerreichung kann beobachtet oder mittels Kennzahlen gemessen werden.
- **Akzeptiert**: Unter den Beteiligten besteht Konsens über das Ziel.

- **R**ealistisch: Das Ziel kann unter den gegebenen Rahmenbedingungen auch tatsächlich erreicht werden.
- **T**erminiert: Ein Zeitpunkt für (das Erreichen von Teilzielen und) die Zielerreichung ist angegeben.

Eine weitere Voraussetzung für eine gute Planung ist, dass die Zuständigkeiten geklärt sind und bekannt ist, wer für welche Aufgabe verantwortlich und Ansprechpartner ist.

Kommen wir zum »Do« (zum Folgenden siehe Techt & Merkt, 2006, S. 132–164; Pfitzinger, 2009, bes. S. 123–134): Qualitätsmanagement ist immer prozessorientiert und infolgedessen liegt ein Schwerpunkt des Qualitätsmanagements auf dem Prozessmanagement. Ein Prozess ist eine Abfolge von Arbeitsschritten bzw. Subprozessen, die zum Erreichen eines bestimmten Zieles oder Produktes erforderlich sind. Diese sollen erfasst, verbessert, dann standardisiert und dadurch in ihrer Qualität gesichert werden. Es soll aber auch eine Arbeitserleichterung gewonnen werden. Zu diesem Zweck werden die Arbeitsschritte in Prozessbeschreibungen festgehalten, die in verschiedenen Formen angelegt werden können, z. B. als einfache Tabelle, Strukturdiagramm, Ablaufdiagramm, Flussdiagramm usw. Die Prozessbeschreibungen werden mit dazu gehörigen Formularen und gegebenenfalls erläuternden Texten in einem QM-Handbuch zusammengestellt. Üblicherweise weist das QM-Handbuch einer Schule folgende Gliederung auf:

1. Schulprogramm, z. B. mit Mission und Vision,
2. Prozessmanagement-System (hier wird in die Gesamtübersicht der Prozesse der Schule und deren Beschreibung im QM-Handbuch eingeführt),
3. Führungsprozesse (diese liegen vor allem in der Verantwortung der Schulleitung und betreffen die Rahmenbedingungen der pädagogischen Arbeit),
4. Kernprozesse (dies sind Prozesse, mit deren Hilfe unmittelbar der Unterricht und die erzieherische Arbeit der Schule gestaltet wird),
5. Unterstützungsprozesse (diese sind für die eigentliche pädagogische Arbeit hilfreich und unterstützen sie, betreffen z. B. die Instandhaltung des Kopierers).

Nach dem Tun wird das Vorgehen evaluiert (»Check«). Für die interne Evaluation gibt es bekanntlich viele Möglichkeiten. Diese reichen vom kurzen Gespräch zwischen Tür und Angel über die Metaplan-Technik bis zu Fragebögen, die empirisch-statistisch ausgewertet werden (z. B. Kempfert & Rolff, 2005, S. 89–193; Schratz, Iby & Radnitzky, 2011, S. 95–254). Wichtig ist, dass die Bereitschaft gegeben ist, aus Schwächen und Fehlern zu lernen und somit die Evaluation auch Konsequenzen hat, so dass es unter »Act« gegebenenfalls zu einer Modifizierung oder gar Überarbeitung der Ziele kommt. Unerlässlich sind dabei auch Transparenz und die Einbindung aller Beteiligten und Betroffenen.

Gelingt es, diesen Kreislauf immer wieder zu durchlaufen, so hat die einzelne Lehrkraft die Möglichkeit, sich professionell zu entwickeln, denn Professionalität verlangt immer eine systematische, d. h. datengestützte und zielorientierte, Reflexion der Praxis (vgl. Buhren & Rolff, 2011, S. 53 f.; Helmke, 2012, S. 116 ff.). Mit Hilfe des Deming-Zyklus entwickelt sich zudem eine Einrichtung oder Schule zu einer lernenden Organisation. Der Entwicklungsprozess einer lernenden Organisation verläuft – wie die Professionalisierung einer Lehrkraft – jeweils unterschiedlich und in einem individuellen Tempo (Reese, 2007, S. 86 ff.). Dies soll im Folgenden an einem konkreten und überschaubaren Beispiel, der Projektarbeit des Beruflichen Gymnasiums Schleswig, vorgestellt werden (zum Folgenden siehe auch Hill, 2010).

3. Qualitätsmanagement konkret: Projektarbeit am Beruflichen Gymnasium in Schleswig

Das Berufliche Gymnasium (BG) in Schleswig ist Teil des Berufsbildungszentrums (BBZ) Schleswig, das aus den Beruflichen Schulen des Kreises Schleswig-Flensburg hervorgegangen ist, über eine Außenstelle in Kappeln (ca. 35 km von Schleswig entfernt) und eine Nebenstelle in Süderbrarup (ca. 25 km von Schleswig entfernt) verfügt und zu dessen Angebot neben dem Berufsschulunterricht und berufsvorbereitenden Maßnahmen auch berufsbezogener allgemeinbildender Unterricht gehört. So können am BBZ Schleswig alle deutschen Schulabschlüsse (Hautschulabschluss, Mittlere Reife, Fachhochschulreife und Abitur) erworben werden. An der Schule werden knapp 4000 Schüler von gut

200 Lehrkräften unterrichtet, von denen ca. 100 auch am Beruflichen Gymnasium tätig sind (siehe www.bbbzsl.de). Das BG umfasst in Schleswig je Jahrgang sieben Klassen mit den Schwerpunkten Wirtschaft (drei Klassen), Gesundheit (zwei Klassen) sowie Technik und Ernährung (je eine Klasse). Seit dem Schuljahr 2010/11 sind noch zwei Wirtschaftsklassen in Kappeln und Süderbrarup hinzugekommen, so dass am BG insgesamt ca. 700 Schüler unterrichtet werden.

3.1 Einführung fächerübergreifender Projekte am BG

Die Form der Projektarbeit, die zurzeit am BG betrieben wird und die gleich näher betrachtet werden soll, ist zum Schuljahr 2008/09 eingeführt worden. Vorher gab es nur im 12. Jahrgang innerhalb der beiden Leistungskurse ein Fachprojekt, das jeweils eine Klausur ersetzte (dazu Hill, 2008). Im Jahr 2007 änderte sich die rechtliche Situation, so dass nun am BG zwischen der elften und dreizehnten Jahrgangsstufe zwischen einem und drei fächerübergreifenden Projekten durchgeführt werden können, deren Ergebnisse die Klausuren dreier an dem Projekt beteiligter Fächer ersetzen sollen (vgl. Ministerium für Bildung und Kultur Schleswig-Holstein, 2011, BGVO, § 10, Abs. 2). Am Schleswiger BG ist auf einer Dienstversammlung schnell die Entscheidung gefallen, jeweils im 11., 12. und 13. Jahrgang ein fächerübergreifendes Projekt durchzuführen, an dem drei Fächer beteiligt sind. Die Perspektive, fächerübergreifend mit mehreren Lehrkräften arbeiten zu können, gab dabei den Ausschlag. Zudem bestand von Beginn an Konsens darüber, das Projektlernen vom 11. bis zum 13. Jahrgang progressiv zu gestalten, die Schüler zunächst mit der Projektmethode vertraut zu machen und dann zu immer größerer Selbstständigkeit zu führen. Zudem sollten mittels unterschiedlicher thematischer Ausrichtung in den drei Klassenstufen unterschiedliche Kompetenzen schwerpunktmäßig gefördert werden.

Die erste Projektwoche – nur für den 11. Jahrgang – fand im Oktober 2008 statt, ein Jahr später gab es Projektwochen für den 11. und 12. Jahrgang und im Schuljahr 2010/11 hatten alle drei Oberstufenjahrgänge ihre Projektwoche. Dabei wurden Themen gewählt, die die Schüler unmittelbar betreffen, z. B. die jährliche Skifahrt des 11. Jahrgangs ins italienische Jochgrimm, aber es ging auch um ganz grundsätzliche Fragen, die die Menschheit insgesamt und ihre

Projektunterricht optimieren durch Qualitätsmanagement 187

Abb. 1: Ausstellungstafel zu einem Projekt zur NS-Zeit

Zukunft berühren, wie der Treibhauseffekt, die begrenzten Energiereserven oder die Globalisierung. Vielfältig sind auch die Produkte der Projekte: phantasievoll gestaltete Plakate, Ausstellungstafeln (Abb. 1), PowerPoint-Präsentationen, Homepages, Filme, eine Podiumsdiskussion, ein Theaterstück usw.

3.2 Zuständigkeiten für die Projektarbeit

Wie oben erläutert, ist es im Sinne des Qualitätsmanagements sehr wichtig, dass Verantwortliche und feste Ansprechpartner für die jeweiligen Prozesse, hier den Projektunterricht und das Projektlernen, zur Verfügung stehen. Prozesseigner ist zwar der Koordinator des Beruflichen Gymnasiums, aber am Beruflichen Gymnasium in Schleswig erfolgte eine Institutionalisierung der Projektarbeit im Frühjahr 2008 mit der Gründung einer Fachgruppe Projekt als Steuergruppe, in der fünf Kollegen mitarbeiten. Alle verfügten bei der Gründung der Gruppe schon über Projekterfahrung; sie hatten z. B. Projekte am BG in den Leistungskursen des 12. Jahrgangs durchgeführt oder gehörten auch der Sozialpädagogischen Abteilung des BBZ an, in der es seit Jahren eine entwickelte Projektkultur gibt.

Inzwischen ist die Steuergruppe eine eigene Fachschaft geworden, der damit unter anderem auch ein Haushalt zusteht, so dass das Team z. B. Literatur für eine kleine Handbibliothek oder Präsentationsmaterialien und -koffer für die Projektgruppen anschaffen kann. Selbstverständlich kann das Team nur in Absprache mit dem Koordinator für das Berufliche Gymnasium agieren. Zudem steht der Projektgruppe das sog. Inno(vations)-Team beratend zur Seite, an dem alle Lehrkräfte des Beruflichen Gymnasiums mitarbeiten können und das sich als Gremium zur Weiterentwicklung des Beruflichen Gymnasiums versteht. Grundsätzliche Entscheidungen hinsichtlich der Projektarbeit, wie z. B. der Beschluss, jeweils im 11., 12. und 13. Jahrgang ein fächerübergreifendes Projekt durchzuführen, an dem drei Fächer beteiligt sind, oder der Entschluss für ein vorläufiges Gesamtkonzept des Projektlernens am BG (dazu unten in Kap. 3.3), sind auf Dienstversammlungen des Gymnasiums gefällt worden. Aber inhaltlich und planerisch betreut die Fachgruppe Projekt die Projektarbeit am BG.

3.3 Ziele (»Act« und »Plan«)

Bei den Zielen der Projektarbeit ging es zum einen ganz einfach darum, in drei Jahren gewährleisten zu können, dass Schüler, die das BG besuchen, in jedem Jahrgang ein fächerübergreifendes Projekt, das ungefähr eine Woche dauert und mit einer Produktpräsentation abschließt, absolvieren können. Dann sollte dieser neue Projektunterricht evaluiert werden.

Zum anderen waren mit der Einführung intensivierter Projektarbeit auch konkrete inhaltliche Ziele verbunden. Zwar wurde bei den ersten Planungen und Vorbereitungen für die Projektwoche des 11. Jahrgangs im Herbst 2008 auf die Erarbeitung eines detaillierten Gesamtkonzepts verzichtet, aber von Anfang an war, wie in Kapitel 3.1 erwähnt, geplant, die Projektarbeit progressiv und differenziert anzulegen, zum einen die Schüler zu immer größerer Selbstständigkeit zu führen und zum anderen in den drei Projekten jeweils unterschiedliche Kompetenzen zu fördern. Nach den ersten Projektwochen 2008 und 2009 und den dabei gesammelten Erfahrungen wurden die Zielsetzungen von der Fachgruppe Projekt präziser formuliert: Im 11. Jahrgang sollten die Gemeinschaft der neu formierten Klassen und die Methodenkompetenz der Schüler für das Lernen am BG entwickelt werden. Daher fand die Projektwoche bald nach Beginn des Schuljahres statt und war noch recht stark vorstrukturiert. Im Jahrgang 12 ging es um die Förderung der fachlichen Kompetenz und im letzten Schuljahr sollten die Abiturienten sich in den Projekten mit ihrer Zukunft beschäftigen – ihre Selbstkompetenz sollte im Mittelpunkt stehen. Ein Ziel dieses einfachen Curriculums war, dass die Schüler immer selbstständiger handeln, so dass die Lehrkräfte im 13. Jahrgang nur noch als Berater oder Coaches tätig sein könnten:

Tab. 2: Übersichtsplan zum Projektlernen am BG des BBZ Schleswig (2009)

	11. Jg.	12. Jg.	13. Jg.
Intention	»Wir arbeiten im Team und lernen methodisch.«	»Wir erkunden Berufsperspektiven.« (Fachprojekte mit beruflichem Bezug)	»Wir gestalten unsere Zukunft und übernehmen Selbstverantwortung!«
Schwerpunktkompetenzen	Methoden- und Sozialkompetenz	Sachkompetenz	Selbstkompetenz
Planung	Die am Projekt beteiligten Lehrkräfte planen das Projekt, bei dem Teamarbeit und methodisches Arbeiten im Vordergrund stehen sollen.	Die am Projekt beteiligten Lehrkräfte planen möglichst mit Beteiligung der Schüler das Projekt, das fachlichen Fragestellungen gewidmet sein soll.	Die Vorbereitung der Projekte soll durch die Schüler erfolgen, die Lehrkräfte fungieren als Berater/Coaches.
Durchführung	Die Projektwoche findet vor oder kurz nach den Herbstferien mit einem festen Ablaufplan statt.	Nach einer internen Präsentation erfolgt eine öffentliche am Tag der Beruflichen Bildung (Tag der offenen Tür).	Schülerprojekte finden zwischen den schriftlichen und mündlichen Abiturprüfungen statt.

3.4 Prozessmanagement (»Plan« und »Do«)

Wie oben erwähnt, ist das Prozessmanagement eine zentrale Aufgabe von Qualitätsmanagement. Es kann zum einen helfen, die Vorbereitung und Durchführung der Projektwochen zu verbessern, und zum anderen hilft es, den Ablauf und die Bewertung der Projekte zu koordinieren. Für beide Zielsetzungen haben wir in Schleswig eine Prozessbeschreibung mit mehreren dazu gehörigen Dokumenten entwickelt. Dieses Material, das ganz wesentlich auf den Erkenntnissen der Evaluation zu den durchgeführten Projektwochen (dazu in Kap. 3.5) beruht, findet man im QM-Handbuch der Schule unter den Kernprozessen. Das QM-Handbuch des BBZ entsteht ebenfalls in einem Prozess; es ist noch nicht abgeschlossen und wird nach und nach ergänzt. Es wird daher auch nicht in Papierform geführt, sondern im schulinternen Netz, dem Intranet. Das Inhaltsverzeichnis liegt gleich auf der Startseite unten rechts, so dass man sich problemlos in das Handbuch hineinklicken kann. Die Prozessbeschreibungen werden am BBZ Schleswig mit dem Microsoft-Programm »Visio« angefertigt. Horizontal werden – durch ein Rechteck gekennzeichnet – die jeweils Verantwortlichen für einen Arbeitsschritt oder Teilprozess angezeigt, vertikal sieht man die Arbeitsschritte bzw. Teilprozesse in ihrer zeitlichen Abfolge. Ein Rechteck, dessen untere Seite geschwungen ist, zeigt an, dass man durch Anklicken des Symbols Dokumente aufruft, die bei dem Arbeitsschritt benötigt werden oder hilfreich sind.

Die Prozessbeschreibung »Planung und Durchführung von Projekten am BG« (Abb. 2) zeigt an, dass zunächst die Fachgruppe Projekt den Zeitpunkt der Projektwochen festlegt und diesen rechtzeitig mitteilt, so dass die von den Klassenteams bestimmten Lehrkräfte, die die Projekte betreuen, ebenfalls rechtzeitig mit der Vorbereitung ihrer Projekte beginnen können und dabei auch gegebenenfalls die Schüler beteiligen. Es hat sich als sinnvoll erwiesen, dass die Fachgruppe die Verteilung der für die einzelnen Projekte benötigten EDV-Geräte vornimmt, da meist mehr Laptops und Netbooks von den Projekten angefordert werden, als die Schule zur Verfügung stellen kann. Auch regelt die Fachgruppe unter anderem die Besetzung des Projektbüros, in dem die Schüler während der Projektwochen Medienkoffer und weiteres Präsentationsmaterial ausleihen können.

Projektunterricht optimieren durch Qualitätsmanagement 191

Mit der eigentlichen Durchführung und Bewertung der Projekte, die klassenweise erfolgt, hat die Fachgruppe nichts zu tun. Sie evaluiert diese jedoch nach Abschluss der Projektwoche.

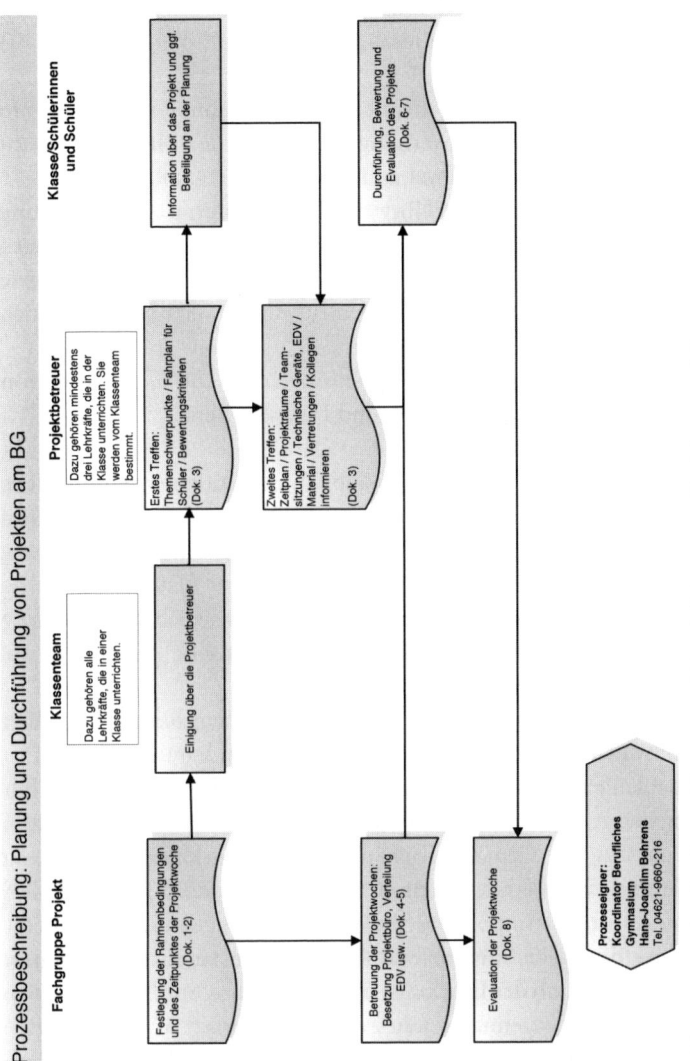

Abb. 2: Prozessbeschreibung »Planung und Durchführung von Projekten am BG«

Mit Hilfe der Prozessbeschreibung lassen sich, wie erwähnt, einige Dokumente öffnen, die sowohl für die Fachgruppe als auch für Projekte betreuende Lehrkräfte eine Hilfe sind. Besonders verwiesen sei hier auf die Dokumente Nr. 1, 3, 6 und 7 für die Lehrkräfte:
- Nr. 1: das didaktische Gesamtkonzept der Projektarbeit am BG (vgl. Kap. 3.3 mit Tab. 2),
- Nr. 3: eine Checkliste, die die einzelnen Planungsschritte für ein Projekt verzeichnet und angibt, was bei der Planung alles zu berücksichtigen und wer zu informieren ist (Abb. 3),
- Nr. 6: eine Datei mit Hinweisen und Material zur Bewertung von Projekten und ihren Präsentationen (Formulare für Tagesprotokolle und zur Bewertung von Produktpräsentationen sowie ein Schülerbeobachtungsbogen für die Bewertung der eigenen Gruppenarbeit),
- Nr. 7: Standards bzw. Empfehlungen für die Gestaltung von Handouts, Thesenpapieren und Hausarbeiten.

Falls in der Schule kein QM-Handbuch vorhanden ist, empfiehlt es sich, eine eigene Materialsammlung für den Projektunterricht mit entsprechenden Materialien zum Prozessmanagement zur Verfügung zu stellen. Am BG in Schleswig gibt es solch eine Materialsammlung zusätzlich zum QM-Handbuch, allerdings ist dies nicht der klassische Ordner im Lehrerzimmer, sondern eine Teamseite im Intranet mit mehreren virtuellen Ordnern.

Über das dokumentierte Prozessmanagement hinaus ist es aber auch wichtig, die Kollegen fortzubilden und zu schulen, um die Prozessabläufe zu optimieren. Zur Verbesserung der Planung, Durchführung und Auswertung von Projekten sind am Beruflichen Gymnasium in Schleswig vor allem ein allgemeiner Schulentwicklungstag im Januar 2008 und ein abteilungsinterner Schulentwicklungstag im Juni 2009 genutzt worden. Ging es dabei Anfang 2008 noch grundsätzlich um die Perspektiven fächerübergreifender Projektarbeit, so wurde im Frühjahr 2009 auf Wunsch der Lehrkräfte eine Fortbildung zur Bewertung von Projekten angeboten. Ungefähr zwei Drittel der am BG beschäftigten Lehrkräfte nahmen an dieser Fortbildung teil. Die Referenten Wolfgang Emer und Felix Rengstorf vom Oberstufen-Kolleg Bielefeld, das 1974 durch Hartmut von Hentig gegründet wurde und seitdem ein

Projektunterricht optimieren durch Qualitätsmanagement 193

Prozessbeschreibung und Checkliste für die Planung von Projekten im BG		
Planung: Projekt am Beruflichen Gymnasium Klasse _____		
Bis zum „Datum" zu erledigende *Planung*		*Erledigt*

1.	**Treffen des Klassenteams** (frühzeitig)
	 • Festlegen der Projektbetreuer:
	     ✓ Betreuer _____
	     ✓ Betreuer _____
	     ✓ Betreuer _____
	 • Projektzeitraum festlegen bzw. beachten:
	     Vom ___. ___. 20___ bis zum ___. ___. 20___	

2.	**Erstes Treffen der Projektbetreuer** (frühzeitig)
	 • Themenschwerpunkte festlegen
	     ✓ Themenschwerpunkt _____
	     ✓ Thema Fach 1 _____
	     ✓ Thema Fach 2 _____
	     ✓ Thema Fach 3 _____
	 beachte: eine Forschungsfrage soll formuliert werden	

	• Fahrplan für die Schüler festlegen Klausuren, Exkursionen, eigene Einsatzmöglichkeiten usw. im Projekt beachten	
	• Bewertungskriterien festlegen	
3.	**Besprechung mit den Schülerinnen und Schülern** • Information • Beteiligung an der Planung • beachte: eine Forschungsfrage soll formuliert werden	
4.	**Zweites Treffen der Projektbetreuer** (eher kurzfristig)	
	• Genauen Zeitplan erstellen dabei auch Zeitraum für die Bewertung und Evaluation des Projekts berücksichtigen	
	• Projektraum/-räume festlegen: Raum Nr.	
	• Bedarf an technischen Geräten bei der EDV-Administration anmelden	
	• Materialwünsche an das Projektteam weiterleiten	
	• Regelmäßige Teamsitzungen der Projektgruppe vereinbaren	
	• Vertretungen für die Präsentationen organisieren ggf. Stunden mit Kollegen tauschen	
	• Die übrigen Lehrkräfte der Klasse über das Projekt und dessen zeitlichen Ablauf informieren	

Abb. 3: Prozessbeschreibung und Checkliste für die Planung von Projekten im BG (Auszug)

Vorreiter der Projekt-Idee in Deutschland ist, führten recht umfassend in die Möglichkeiten der Bewertung von Projektarbeit ein.

Die Projekte werden von Lehrkräften zusammen mit den Schülern organisiert und durchgeführt, aber die Lehrer bekommen durch QM Hilfestellung bei der Planung, Durchführung und Bewertung der Projekte. Der Freiraum, den Projektarbeit benötigt, wird durch Qualitätsmanagement nicht eingeschränkt, sondern immer wiederkehrende Abläufe werden festgehalten und standardisiert, so dass die an den Projekten beteiligten Lehrkräfte sich ganz auf die inhaltlich-thematische Ausgestaltung ihrer Projekte konzentrieren können!

3.5 Evaluation (»Check« und »Act«)

Ohne Evaluation gibt es keine Verbesserung. Während der ersten beiden Jahre sind die Projektwochen in Gesprächen, an denen aus jedem Projekt mindestens eine Lehrkraft sowie die Mitglieder der Fachgruppe Projekt und der Koordinator des Beruflichen Gymnasiums teilnahmen, ausgewertet worden. So sollte gewährleistet werden, dass auch wirklich alle Probleme der Projektwochen zur Sprache kommen. Danach sind wir dazu übergegangen, mittels Fragebögen ein Feedback zu Stärken und Schwächen der jeweiligen Projektwochen einzuholen. Die Fragebögen sind bisher in Papierform an die betroffenen Kollegen verteilt und dann ausgewertet worden. In absehbarer Zeit werden wir uns des Online-Befragungssystems »LeOniE+« bedienen, das das Ministerium für Bildung und Kultur des Landes Schleswig-Holstein kostenlos zur Verfügung stellt.

Folgende Fragen wurden beispielsweise im Schuljahr 2011/12 nach Durchführung der Projektwochen des 11. und 12. Jahrgangs an die betreuenden Lehrkräfte gestellt:
1. Warum, aus welchen Gründen habt ihr/haben Sie das Projekt betreut?
2. Was war gut an der Projektwoche?
3. Was war nicht so gut an der Projektwoche?
4. Bewertet/bewerten Sie die Organisation der Projektwoche durch die Fachgruppe Projekt mit einer Note zwischen 1 und 6 (wie in der Schule: 1 = sehr gut, 6 = ungenügend).
5. Verbesserungsvorschläge zur Durchführung der Projektwochen: (…).

Die Frage nach der Bewertung der Organisation der Projektwochen, hier Frage Nr. 4, hat immer eine Note im Bereich von »gut« (2) bzw. »schwachem gut« (2–) ergeben. Das sind durchaus erfreuliche Werte, die verdeutlichen, dass vieles offensichtlich klappt, aber auch noch verbesserungsfähig ist. So haben die Gespräche und Befragungen auch Unsicherheiten der Kollegen bei der Vorbereitung, Durchführung und Bewertung der Projekte aufgezeigt. Daher ist zum einen das Prozessmanagement der Projektwochen verbessert worden, indem, wie erwähnt, eine Prozessbeschreibung mit etlichen dazu gehörenden Materialien entwickelt und ins Intranet gestellt wurde, und zum anderen sind die gleichfalls schon genannten Fortbildungen organisiert worden.

Die Befragungen der letzten Jahre haben ergeben, dass diesen Maßnahmen durchaus Erfolg beschieden ist. Ein Beispiel: Anregungen in den Fortbildungen, die Schüler in Projekten wirklich selbstständig mit der »Lehrperson im Hintergrund« (Frey, 2007, S. 164–167) und gegebenenfalls ohne Aufsicht arbeiten zu lassen, sind positiv aufgenommen und umgesetzt worden, was nicht allen Kollegen immer leicht gefallen ist. Und die Materialien der Fachgruppe Projekt zur Bewertung der Projekte, in denen auch davon ausgegangen wird, dass die Schüler ihre Gruppenarbeit selbst bewerten und diese Bewertung in die Gesamtbeurteilung der Projekte einfließt (vgl. auch Wolters, 2005, S. 143 f.; Emer & Lenzen, 2005, S. 54), werden sehr häufig eingesetzt. Die Kollegen erweitern also ihr pädagogisches Handlungsrepertoire (zum Begriff siehe Bauer, 2000, S. 63; Bauer, 2005, S. 80 f.) und verwenden neue Hilfsmittel, um Projekte angemessen zu beurteilen. In kleinen Schritten geht die Professionalisierung der Lehrkräfte voran, wodurch der Projektunterricht am BG sukzessiv verbessert wird.

Die Evaluation soll aber nicht nur dazu dienen, die Vorbereitung, Organisation und Durchführung der Projektwochen zu verbessern. Die Ziele, die mit der Projektarbeit verbunden sind, sollten nach einem Zeitraum von drei Jahren, in dem alle Jahrgänge des Beruflichen Gymnasiums Projekte durchgeführt haben, auf den Prüfstand gestellt und gegebenenfalls neu formuliert werden. Zusammen mit der Fachgruppe Projekt wertete das Inno(vations)-Team des BG im Frühjahr 2011 die seit dem Herbst 2008 erfolgte Projektarbeit aus.

Einige Revisionen am bisherigen Konzept wurden beschlossen: Die Anzahl der Projekte wurde auf minimal zwei festgesetzt. Dabei legen die Klassenteams in der 11. Klasse fest, welche Lehrkräfte die Projekte betreuen und wann diese stattfinden. Es wurde empfohlen, diese Projekte im 11. und 12. Jahrgang durchzuführen. Der Hintergrund für diesen Beschluss ist die Reform des Abiturs am Beruflichen Gymnasium in Schleswig-Holstein zum Schuljahr 2008/09: Die Schüler haben fünf Prüfungen zu absolvieren (vier schriftliche, eine mündliche), die Prüfungsaufgaben werden zudem in Deutsch, Mathematik und Englisch zentral gestellt. Die Rückmeldungen der Lehrkräfte haben gezeigt, dass die neue Form des Abiturs im 13. Jahrgang zu einem großen Zeitdruck führt, so dass häufig der Wunsch geäußert wurde, die Konzentration auf die Abiturvorbereitung nicht durch eine Projektwoche zu unterbrechen. Das didaktische Gesamtkonzept wurde grundsätzlich gutgeheißen und dem Beschluss angepasst: Im 11. Jahrgang sollen – wie bisher – die Teambildung und vor allem das methodische Arbeiten gefördert werden. Diese Schwerpunktsetzung hat sich bewährt. Damit soll die Basis für die Projekte im 12. und gegebenenfalls 13. Jahrgang gelegt werden, in denen die Fach- oder Selbstkompetenz im Vordergrund stehen sollen (vgl. Tab. 2).

Aber es liegen noch Aufgaben zur Verbesserung der Qualität des Projektunterrichts vor uns: Stärker als bisher sind die inhaltlichen Ziele zu berücksichtigen. Die Ziele unserer Projektarbeit sind nicht immer SMART formuliert, was noch geschehen sollte, um den eigentlichen Projektunterricht stärker in den Verbesserungsprozess einbeziehen zu können. Überhaupt lassen sich nicht alle Probleme durch QM lösen! Da die Lehrkräfte, die am Beruflichen Gymnasium unterrichten, in der Regel auch in anderen Abteilungen des BBZ Schleswig tätig sind, ist es nicht möglich, die Lehrer über den üblichen Stundenplan hinaus für die Betreuung der Projektarbeit freizustellen. Ja, es ist nicht einmal gewährleistet, dass die drei Lehrkräfte, deren Fächer das Projekt tragen und bei denen das Projekt eine Klausur ersetzt, während der Präsentation der Projektergebnisse anwesend sein können. Es wird zwar angestrebt, dass besagte Kollegen für die Projektwoche und insbesondere den Präsentationstag Vertretungspläne schreiben und sich durch Lehrer, für die in den Projektwochen Unterricht ausfällt, vertreten lassen, damit sie die

Schüler zu Beginn und während der Projektwoche wirklich betreuen und auch an der gesamten Präsentation teilnehmen können. Dies lässt sich jedoch nicht immer umsetzen. Die Größe der Schule führt so doch zu einer erheblichen Beeinträchtigung der Projektarbeit. Hier liegt ein strukturelles Problem vor, das bisher noch nicht gelöst werden konnte.

4. Schluss: Qualitätsmanagement und Projektkultur

Qualitätsmanagement bietet vor allem die Möglichkeit, die schulische Projektarbeit zu verstetigen und zu verbessern, ohne dass die eigentliche Arbeit der Schüler dadurch eingeschränkt wird. Im Gegenteil: Verantwortlichkeiten sind geregelt, Voraussetzungen, Prozessabläufe und die Nachbereitung von Projekten bzw. Projektwochen werden geklärt und optimiert, so dass die Lehrkräfte und die Schüler sich auf die Projekte, deren Problemstellung und Bearbeitung konzentrieren können. Damit bietet QM auch für Projektunterricht Chancen. Es darf allerdings nicht vergessen werden, dass QM mit Hilfe des Deming-Kreislaufs nur schrittweise zu einer Verbesserung der Projektarbeit führt und dieser Verbesserungsprozess seine Grenzen in den grundlegenden Rahmenbedingungen und Ressourcen einer Schule für den Projektunterricht findet, die außerhalb der Verantwortung der unmittelbar Beteiligten liegen.

Gleichwohl vermag Qualitätsmanagement einen Beitrag zur Professionalisierung des Projektunterrichts sowie zur Entwicklung einer Projektkultur leisten. Der Begriff der »Projektkultur« ist noch recht jung und am Oberstufen-Kolleg Bielefeld näher ausgearbeitet worden. Damit ist gemeint, dass Projektarbeit an Schulen personell, organisatorisch und im Unterricht dauerhaft und fest verankert ist, indem z. B. Projekte nachdrücklich als eigenständige Unterrichtsform im Schulprogramm anerkannt sind, es feste Ansprechpartner für Projektarbeit gibt, Schüler regelmäßig in das Projektlernen eingeführt werden usw. (vgl. Emer, Rengstorf & Thomas 2008, bes. S. 217 f.; Forschungsgruppe Projektarbeit und Projektkultur, 2008; Emer & Rengstorf 2010, bes. S. 19 f.). QM hilft, eine Projektkultur an einer Schule zu etablieren und zu entfalten, indem es zielorientiert und systematisch daran geht, Projektarbeit zu institutionalisieren und die Prozesse, die mit den Projekten verbunden sind, in ihrem Ablauf zu standardisieren und zu optimieren. Qualitätsmanagement ist aber kein Selbstgänger, sondern setzt die Bereitschaft aller Beteiligten voraus, aus Schwächen und Fehlern zu lernen und so die eigene Arbeit zu verbessern. Auf dieser Basis können Lehrkräfte sich professionell entwickeln und Schulen sich als lernende Organisation erweisen.

Literatur

Bauer, K.-O. (2005). *Pädagogische Basiskompetenzen: Theorie und Training*. Weinheim: Juventa.
Bauer, K.-O (2000). Konzepte pädagogischer Professionalität und ihre Bedeutung für die Lehrerarbeit. In J. Bastian, W. Helsper, S. Reh & C. Schelle (Hrsg.), *Professionalisierung im Lehrerberuf: Von der Kritik der Lehrerrolle zur pädagogischen Professionalität* (S. 55–72). Leverkusen: Leske + Budrich.
Buhren, C.G. & Rolff, H.-G. (2011). *Personalmanagement für die Schule: Ein Handbuch für Schulleitung und Kollegium* (2. Auflage). Weinheim: Beltz.
Bülow-Schramm, M. (2006). *Qualitätsmanagement in Bildungseinrichtungen*. Münster: Waxmann.
Emer, W. & Lenzen, K.-D. (2005). *Projektunterricht gestalten – Schule verändern: Projektunterricht als Beitrag zur Schulentwicklung* (2. Auflage). Baltmannsweiler: Schneider-Verlag Hohengehren.
Emer, W. & Rengstorf, F. (2010). Bedeutung einer Projektkultur an Schulen und ihre Merkmale. *TriOS,* (2), S. 17–21.
Emer, W., Rengstorf, F. & Thomas, C. (2008). Projekte als zentrale Lerngelegenheit – oder: Wie kann man eine Projektkultur entwickeln? In J. Keuffer & M. Kublitz-Kramer (Hrsg.), *Was braucht die Oberstufe? Diagnose, Förderung und selbstständiges Lernen* (S. 211–224). Weinheim: Beltz.
Forschungsgruppe Projektarbeit und Projektkultur in der gymnasialen Oberstufe am Oberstufen-Kolleg Bielefeld (2008). *Entwicklung einer Projektkultur in der Schule – Begriffsbestimmung und Kriterienliste*. Verfügbar unter www.projektdidaktik.de/didaktik/projektkultur.html [04.12.2012].
Frey, K. (2007). *Die Projektmethode: »Der Weg zum bildenden Tun«* (10. Auflage). Weinheim: Beltz.
Hänsel, D. (1999). Projektmethode und Projektunterricht. In D. Hänsel (Hrsg.), *Projektunterricht: Ein praxisorientiertes Handbuch* (2. Auflage) (S. 54–92). Weinheim: Beltz.
Helmke, A. (2012). *Unterrichtsqualität und Lehrerprofessionalität: Diagnose, Evaluation und Verbesserung des Unterrichts* (4. Auflage). Seelze-Velber: Klett-Kallmeyer.
Herrmann, J. & Fritz, H. (2011). *Qualitätsmanagement: Lehrbuch für Studium und Praxis*. München: Hanser.

Hill, T. (2010). Entwicklung einer Projektkultur als Teil der Schulentwicklung – Erfahrungen am Beruflichen Gymnasium in Schleswig. *TriOS*, (2), S. 161–170.

Hill, T. (2008). Wie gelingen Projekte? Ein Plädoyer für realistische Projektarbeit in Schule und Universität. In O. Hartung & K. Köhr (Hrsg.), *Geschichte und Geschichtsvermittlung: Festschrift für Karl Heinrich Pohl* (S. 230–245). Bielefeld: Verlag für Regionalgeschichte.

Kempfert, G. & Rolff, H.-G. (2005). *Qualität und Evaluation: Ein Leitfaden für pädagogisches Qualitätsmanagement* (4. Auflage). Weinheim: Beltz.

Ministerium für Bildung und Kultur Schleswig-Holstein (2011). *Landesverordnung über das Berufliche Gymnasium (BGVO)*. Verfügbar unter www.schulrecht-sh.de [04.12.2012].

Pfitzinger, E. (2009). *Projekt DIN EN ISO 9001:2008: Vorgehensmodell zur Implementierung eines Qualitätsmanagementsystems* (2. Auflage). Berlin: Beuth.

Qualitätsmanagementsysteme (2008). *Anforderungen (ISO 9001:2008)* (Dreisprachige Fassung EN ISO 9001:2008). o. O. (maschinenschriftlich).

Qualitätsmanagementsysteme (2005). *Grundlagen und Begriffe (ISO 9000:2005)* (Dreisprachige Fassung EN ISO 9000:2005). o. O. (maschinenschriftlich).

Reese, M. (2007). *Wie macht man gute Schule? Basiswissen zum schulinternen Qualitätsmanagement*. München: LinkLuchterhand.

Rolff, H.-G., Rhinow, E., Röhrich, T. & Teichert, J. (Hrsg.). (2011). *Qualität in allen Schulen – Handbuch für ein schulinternes Qualitätsmanagement*. Köln: Link.

Schratz, M., Iby, M. & Radnitzky, E. (2011). *Qualitätsentwicklung: Verfahren, Methoden, Instrumente*. Weinheim: Beltz.

Steffens, U. (2009). Schulqualitätsdiskussion in Deutschland – Ihre Entwicklung im Überblick. In J. van Buer & C. Wagner (Hrsg.), *Qualität von Schule: Ein kritisches Handbuch* (2. Auflage) (S. 21–51). Frankfurt a. M.: Lang.

Steiner, P. & Landwehr, N. (2003). *Das Q2E-Modell – Schritte zur Schulqualität: Aspekte eines ganzheitlichen Qualitätsmanagementsystems an Schulen*. Bern: hep Verlag.

Techt, U. & Merkt, B (2006). *Qualität und Eigenständigkeit – Unternehmen Schule: Praktischer Leitfaden zur Schulentwicklung*. Norderstedt: Books on Demand GmbH.

Wolters, A. (2005). Projekt- und Fächerübergreifender Unterricht. In G. Bovet & V. Huwendiek (Hrsg.), *Leitfaden Schulpraxis: Pädagogik und Psychologie für den Lehrberuf* (4. Auflage) (S. 123–149). Berlin: Cornelson Scriptor.

Zollondz, H.-D. (2011). *Grundlagen Qualitätsmanagement: Einführung in Geschichte, Begriffe, Systeme und Konzepte* (3. Auflage). München: Oldenbourg.

Sabine Schweder
Projektdidaktik und der Einsatz einer erweiterten Lernumgebung für Projektunterricht – Lernumgebung gestalten und Lernen begleiten

»Projektunterricht ist anstrengend!« Dieses Resümee zog ein Schüler, nachdem zwei Projektwochen hinter ihm lagen. Die Beteiligung am eigenen Lernen war eine ungewohnte Belastung. Die Subjektgebundenheit, die den Wert des Projektunterrichts beschreibt (Groddeck, 1983, S. 621), verändert und stärkt die Position des Schülers. Folglich birgt die Projektmethode potenziell Sprengkraft für tradierte Haltungen (Gudjons, 2006) – nicht nur beim pädagogischen Personal, sondern auch bei den Schülern. Die Lehrkräfte beschränken sich bei dieser Methode auf die Gestaltung von Lernumgebungen. Didaktische, methodische, materielle und mediale Aspekte werden so geordnet, dass die Wahrscheinlichkeit des erfolgreichen Verlaufs anvisierter Lernprozesse möglichst hoch ist (Wahl, 2006, S. 84). Dabei dürfen die Lehrkräfte nicht den Anspruch erheben, dass sie Lernprozesse direkt beeinflussen können. Im Projektunterricht haben Lehrer, im Gegensatz zum vermittelnden Unterricht, ›nur noch‹ die Aufgabe, günstige Voraussetzungen für Lernprozesse zu schaffen.

Der folgende Beitrag geht auf die zentrale Bedeutung der Gestaltung einer Lernumgebung für die Professionalisierung des Projektunterrichts ein. In den Ausführungen wird dabei folgende Frage fokussiert: Wie und auf welche Weise kann eine Lernumgebung Projektunterricht ermöglichen? Dabei werden zuerst die Funktionen der Lernumgebung und der Lehrerrolle im Projektunterricht überblicksartig skizziert, ehe auf einzelne Elemente einer projektaffinen Lernumgebung näher eingegangen wird.

Lernumgebung und Lehrerrolle im Projektunterricht

Die Lernumgebung im Projektunterricht dient der Selbstorganisation der Schüler und ermöglicht eine professionelle Begleitung der selbsttätigen Handlungsvorgänge. Die Vorbereitung und Unterhaltung der Lernumgebung werden somit zu einer zentralen Aufgabe der Lehrkräfte.

Collins, Brown und Newman (1989) beschreiben den Lehrer in einem auf die Entwicklung von Selbststeuerung angelegten Lernarrangement, wie es der Projektunterricht darstellt, zunächst in der Rolle des Lernbegleiters und Lernberaters. Als Begleiter ist er jedoch nicht nur Teil einer Lernumgebung, sondern vielmehr Gestalter derselben. Als dieser sollte er sich folgende Frage stellen: Auf welche Art und Weise unterstützt die Lernumgebung eine professionelle Lernberatung? Eine Lernumgebung vom Blickwinkel einer effizienten Lernbegleitung zu denken, fokussiert den pädagogischen Auftrag und steigert die Aussicht auf selbstständiges Lernen. Denn eine Lernumgebung, welche den Schüler bei der Projektarbeit unterstützt, setzt eine professionelle Lernbegleitung voraus.

Um der Gestaltungsaufgabe gerecht zu werden, müssen somit Instrumente gefunden werden, die vor allem einer effizienten Lernbegleitung dienen. Diese auszuwählen bedeutet immer auch Instrumente der Selbstorganisation zu etablieren. Instrumente sollten beiden Akteuren des Projektunterrichts dienen, sowohl dem Lehrer als auch dem Schüler.

Folgende Elemente der Lernumgebung (Abb. 1) sind im Projektunterricht von zentraler Bedeutung:
- Thematische Rahmung des Projekts,
- Hilfen zur Selbstorganisation,
- Lernberatung,
- Zeitstrukturen,
- Möglichkeiten zur Ergebnissicherung und Präsentation,
- Hilfen zur Lernreflexion,
- Hilfen zur Kommunikation und Kooperation,
- Arbeitsplatz.

Diese Elemente verstehen sich als Ankerpunkte bei der Entwicklung eines Konzepts für die Vorbereitung des Projektunterrichts. Um

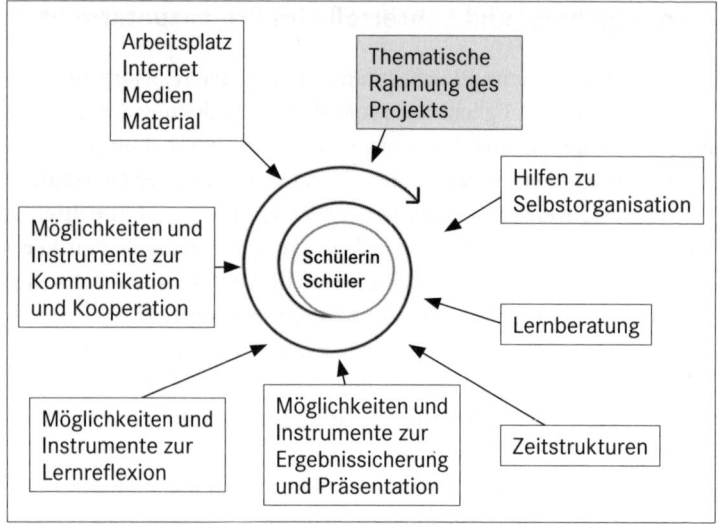

Abb. 1: Elemente der Lernumgebung im Projektunterricht

seiner Gestaltungsaufgabe gerecht zu werden, benötigt der Lehrer einen Überblick über diese Elemente.

In den folgenden Abschnitten wird exemplarisch auf einzelne Elemente der Lernumgebung näher eingegangen. Dies erfolgt zunächst mit Bezug auf ein konkretes Instrument, den Projektplan, der eine Hilfe zur Selbstorganisation der Schüler und zur Lernberatung durch die Lehrer darstellt.

Selbstorganisation ermöglichen

Der Lehrer hat die Verantwortung für die Planung der Selbstplanung: »Im Idealfall handelt es sich beim Projektunterricht um eine Unterrichtsform, die das Planungsmonopol, das Informationsmonopol und das Kontrollmonopol des Lehrers aufgibt und diese durch Strukturen reziproker Verantwortung ersetzt« (Bastian, 1984, S. 293). Da selbstgesteuertes Lernen bei Schülern nicht vorausgesetzt werden kann, benötigen Lernhandlungen und Lernberatungen eine professionelle Grundlage. Würde man die Fähigkeiten zu einem eigenständigen Lernen jedoch voraussetzen, käme es bei den Lernenden zu einem ›unökonomischen Zick-Zack-Kurs‹. Die didaktische Konsequenz daraus kann nur lauten, einen aktiven Prozess des Lernens bei den Lernenden so intensiv wie möglich zu unterstützen (Gudjons, 2006, S. 1). Selbstlernarrangements dürfen Selbstlernfähigkeiten auf keinen Fall voraussetzen (Faulstich, Forneck & Knoll, 2005, S. 81). So wird es immer notwendig sein, mit den gewählten Methoden zum einen die Selbststeuerung zu fördern und schrittweise die Lernenden in die eigene Aktivität zu ›entlassen‹, zum anderen eine Lernbegleitung zu ermöglichen. Die Dialektik von Führung und Selbsttätigkeit besitzt nach wie vor ihre Gültigkeit (Arnold & Gomez-Tutor, 2006, S. 70). Konrad schreibt in diesem Zusammenhang: »Es geht um eine begründete Vereinbarkeit instruktionaler Anleitung und Unterstützung mit dem Ziel eines aktiv-konstruktiven Lernens« (Konrad, 2003, S. 16).

Der Einsatz eines Regelwerks zur Selbstorganisation, möglicherweise in Form eines Projektplans oder auf der Basis einer Online-Plattform, entspricht einer nach Bönsch (2002, S. 219) geforderten »Startrampenstrategie« zur Anregung eines selbstgesteuerten Lernhandelns. Instruktion durch einen »Projektplan« kann man demnach als eine Art ›Sprungbrett‹ und Voraussetzung für die Aktivierung von Schülern verstehen. Dieser hilft, das anfängliche Chaos einer noch unstrukturierten Lernsituation einzudämmen und deren Komplexität so zu reduzieren, dass Lernende die Situation bewältigen können, die ansonsten zu verwirrend und damit unter Umständen demotivierend wirkt (Arnold & Gomez-Tutor, 2006, S. 70).

Der Projektplan (s. Abb. 2) gleicht in seiner Gestaltung und Wirkung einer Selbstlernarchitektur, orientiert sich dabei an der Projektmethode und führt bei vollständiger Anwendung idealerweise zu einem vollständigen Lernhandeln. Die Lernenden greifen auf vorstrukturierte Wege für eine kooperative Handlung zu. Der Plan determiniert jedoch nicht die inhaltliche Wissenskonstruktion, sondern ausschließlich die Vorgehensweise, also die Methode.

Damit reduziert sich die direkte Einflussnahme durch die Lehrkraft. Die Lehrkraft sollte zwar als konstituierendes Element präsent bleiben, mit dem Plan »verblasst« jedoch die Rolle der Lehrkraft als Instrukteur, weil die methodische Instruktion vom Projektplan übernommen wird. Unter der Bezeichnung »Forschungsplan« wurde

Abb. 2: Heuristik des Plans zum Zweck des selbstständigen Managements eines Projektvorhabens

solch ein Projektplan an der »bernsteinSchule« Ribnitz-Damgarten (vgl. www.bernsteinSchule.de) bereits erfolgreich eingesetzt (Schweder, 2012). Neben Instrumenten wie dem vorgestellten »Projektplan« eignen sich auch Online-Plattformen als Anleitungs- und Dokumentationssysteme (Schweder, 2008, S. 75–80). Diese bieten einen zusätzlichen Mehrwert, weil sie Kommunikation und Kooperation unterstützen und bezüglich Zeit und Raum entgrenzen. Gleichzeitig kann eine Dokumentation von Kognitionen und, im weiteren Verlauf der Projektarbeit, von tatsächlich erlebten Lernhandlungen systematisch in den Projektplan integriert werden.

Damit die Schüler den Anforderungen nach Transparenz/Dokumentation gerecht werden und zugleich bei ihrer Selbstorganisation unterstützt werden, bieten sich zwei Regularien an. Zum einen ein auf die Tätigkeiten des Handelns und Dokumentierens abgestimmter Rhythmus und zum anderen ein die Komponenten des Dokumentierens honorierendes Bewertungsverfahren. In der folgenden Darstellung wird zunächst auf die Rhythmisierung eingegangen, um darauf aufbauend die Effekte auf eine Arbeitsteilung unter Lehrkräften zu diskutieren. Daran schließen sich Ausführungen zu einer Bewertungsstrategie für die Dokumentation von Lernprozessen an.

Rhythmisierung des Projektunterrichts

Projektunterricht kann in jedwedem Zeitgefäß seinen Platz finden. Günstigerweise sollte dabei auf ein ausgewogenes Verhältnis der im Folgenden dargestellten Komponenten geachtet werden.

Tab. 1: Komponenten für die Rhythmisierung von Projektunterricht

Komponente/ Anforderung	Beschreibung	Verhältnis der Komponenten
Aktuelle Planung	Die im Projektkonzept festgelegten Ziele werden bezüglich der Relevanz und anhand zurückliegender Lernerfahrungen und Ergebnisse geprüft. Hinweise der Lernberatung werden rekapituliert. Es wird entschieden, ob die ursprünglichen Planungen den Zielvorstellungen entsprechen.	Aktuelle Planung
Projektarbeit	Anhand der aktuellen Planung wird die Projektarbeit begonnen bzw. fortgesetzt. Tatsächlich geleistete Arbeitsschritte werden fortlaufend notiert (dokumentiert).	Projekt arbeit
Diskussion	Die Schüler erhalten Gelegenheit, Erfahrungen aus der Phase der Projektarbeit darzulegen und zu diskutieren.	Diskussion
Lerntagebuch	Anhand der aktuellen Planung, der Zielvorstellungen, der Erfahrungen und erzielten (Teil-)Ergebnisse wird das Tagebuch geschrieben.	Lerntagebuch

Je nach Wahl des Zeitmodells ergeben sich in jedem Projektunterricht Projektzeiteinheiten. So kann etwa von einem Tag oder von einem Zeitblock ausgegangen werden. Die jeweiligen Zeiteinheiten sollten entsprechend rhythmisiert werden, um die Aufmerksamkeit der Schüler zu unterstützen. Mit der Rhythmisierung werden der Reflexionsarbeit (z. B. durch das Führen eines Lerntagebuchs) neben der inhaltlichen Projektarbeit definierte Zeiten und Räume zugewiesen. Der damit einhergehende Stellenwert signalisiert den Schülern, dass die Rückschau die Grundlage für das Anerkennen und Rückmelden erzielter Leistungen ist und der Anerkennung der Lernfortschritte bzw. der Identifikation von Einzelleistungen dient.

Im traditionell organisierten Schulalltag gibt es mittlerweile einige ›Erfindungen‹, die den Projektunterricht möglich machen. An dieser Stelle soll beispielhaft die günstige Wirkung eines Stundenplans beschrieben werden. Als zentrale Organisationsgrundlage bestimmt der Stundenplan den Verlauf des Schulalltags. Entscheidet sich eine Schule für einen zeitlich begrenzten und geblockten Projektunterricht, dann erscheint der Stundenplan zunächst als eine hinderliche Rahmenvorgabe. Bei genauerer Betrachtung kann dieser jedoch als ein ›Spielbrett‹ für innerschulische Teamarbeit zum Zweck der Abwicklung einer arbeitsteiligen Lernberatung in einem Projektunterricht wahrgenommen werden. Der Blick auf diese günstige Ausgangsposition, die durch den Stundenplan existiert, wird oftmals durch einen fachbezogenen Blick und fachspezifische Lernzielvorgaben verstellt. In seiner Existenz ermöglicht er jedoch Projektwochen, in die alle am Unterricht einer Klasse beteiligten Lehrer eingebunden sind. Abbildung 3 beschreibt eine mögliche Rhythmisierung einer Projektwoche auf Grundlage des regulären Stundenplans. Der hinter der Rhythmisierung liegende Stundenplan stellt dabei die Grundlage der arbeitsteiligen Lernberatung dar. Am Montag ist es Aufgabe der in Geschichte zugeteilten Lehrkraft, die Schüler darauf hinzuweisen, dass zunächst die aktuelle Planung stattfindet und nach 40 Minuten der Übergang in die Projektarbeit. Die Lehrkraft für Deutsch moderiert die Diskussion und leitet die Phase ein, in der die Schüler das Lerntagebuch bearbeiten.

Stunde	Zeit	Montag	Dienstag	Mittwoch	Donnerstag	Freitag
1	7:45	Geschichte	Englisch	Biologie Aktuelle Planung	Mathematik	Sport
2	8:30	Geschichte	Englisch	Biologie	Mathematik	Sport
3	9:45	Englisch	Informatik	Physik **Projektarbeit**	Musik	Mathematik
4	10:30	Englisch	Informatik	Physik	Musik	Mathematik
5	11:45	Deutsch	Deutsch Diskussion		Deutsch	Englisch
6	12:30	Deutsch	Deutsch Lerntagebuch		Deutsch	Englisch

Abb. 3: Rhythmisierung einer Projektwoche auf Grundlage des regulären Stundenplans

Arbeitsteilung zwischen den Lehrkräften

Da die Schüler in der Lernumgebung alle Instrumente zur Selbststeuerung vorfinden und die eigenständige Wissenskonstruktion anhand einer Projektfrage bzw. Problemstellung festgelegt ist, können die laut Stundenplan festgesetzten Lehrkräfte in den Projektunterricht wechseln – allerdings nicht, um das eigene Fach zu bearbeiten, sondern in der Rolle des Lernberaters. Der Rhythmus (Abb. 3) legt sich über den Stundenplan und die einwechselnde Lehrkraft orientiert sich an den Erfordernissen, greift jedoch möglichst nicht ein. Während der Präsenz stellt sich die Lehrkraft auf allgemeine oder ihr Fach betreffende Fragen ein und unterstützt die Schüler auch bei organisatorischen und koordinierenden Aufgaben, allerdings nur auf Anfrage. Da auf diese Weise nicht nur eine Lehrkraft in die Klasse wechselt, bietet es sich an, die Schüler arbeitsteilig zu coachen. Die zahlreichen Informationen aus dem Projektplan, den aktuellen Planungen, der Dokumentation (unter anderem das Lerntagebuch) bedürfen der Sichtung und Rückmeldung. Jeder Schüler wird einer Lehrkraft zugeteilt. Eine Lehrkraft erhält so viele Schüler, wie das zeitlich und im Verhältnis zur Klassenstärke und der Stundenanzahl in der Klasse passend ist. Damit reduziert sich die notwendige intensivere Wahrnehmung individueller Lernäußerungen auf ein vertretbares Maß. Die Präsenzzeit reicht, um Sichtungen vorzunehmen und Beratungsgespräche durchzuführen. Je mehr Lehrkräfte in den Projektunterricht einbezogen werden, umso geringer wird der Aufwand der individuellen Lernbegleitung.

Bewertung von Lernprozessen – Einzelleistungen der Schüler wahrnehmen

Im Projektunterricht geht es vor allem darum, in den eigentlichen Lernprozess der Schüler nur dann einzugreifen, wenn Hilfe unbedingt geboten ist und von den Lernenden abverlangt wird. Bei dieser Art von Lernberatung geht es nicht um die Instruktion der Lernenden. Das bedeutet, dass sich die Lehrkräfte aus den Lernhandlungen der Schüler und dem daraus resultierenden Wissensaufbau zurückziehen müssen.

Der Lehrkraft kommt es jedoch zu, die selbstständigen Lernhandlungen zu beobachten, zu erfassen und die Lernenden dabei zu unterstützen, Entwicklungen und erzielte Fortschritte zu spiegeln und Lernerfolge unter konkretem Bezug auf die Leistungen des Einzelnen zu honorieren. Im traditionellen Projektunterricht fällt die Begleitung von individuellen Lernbiografien meistens aus bzw. beschränkt sich auf oberflächliche Betrachtungen. Das dürfte ein wesentlicher Grund für die Marginalisierung des Projektunterrichts sein. Da der einzelne Schüler innerhalb einer Kooperationsgemeinschaft nicht vollständig in all seinen Lernschritten zu »verfolgen« ist, führt das bisher dazu, dass Lernleistungen nicht präzise zu beschreiben und zu bewerten sind. Die Lehrkraft sträubt sich angesichts der zu erwartenden Überforderung und der nicht bewertbaren Lernvorgänge gegen die Anwendung der Projektmethode. Unterstützt werden diese Vorbehalte noch bis heute durch Forschungsergebnisse über kooperatives Lernen, wo als größte Schwachstelle die »Unsichtbarkeit« einzelner Lernschritte zu einer »Verantwortungsdiffusion« führt, die nicht nur der Lehrkraft Unbehagen bereitet. Nach Slavin (1995, S. 45) stößt kooperatives Lernen bei Schülern nur dann auf Akzeptanz, wenn kooperatives Lernhandeln honoriert wird, indem auch die individuelle Einzelleistung berücksichtigt und belohnt wird.

In zahlreichen Studien konnte ebenfalls nachgewiesen werden, dass kooperatives Lernen effektiver und akzeptierter ist, wenn Gruppenerfolg differenziert belohnt wird, indem individuelle Verantwortungsübernahme in Teilbereichen des Gruppenergebnisses gewürdigt wird (vgl. Vogt, 2004). Wird die Einzelleistung überhaupt nicht berücksichtigt, besteht die Gefahr des »Trittbrettfahrens«, womit gemeint ist, dass nicht alle Lernenden gemäß ihren Fähigkeiten am Gruppenergebnis beteiligt sind. Dies ist ein häufiger Kritikpunkt von Lehrkräften in der Praxis, der als Argument gegen die Ermöglichung kooperativer Lernprozesse ins Feld geführt wird (Gräsel & Gruber, 2000). In der Praxis des kooperativen Lernens sind Frustrationen und Desorientierung seitens der Lehrkräfte wie auch der Schüler aufgrund unklarer Verantwortlichkeiten bekannt geworden (Huwendieck, 2004, S. 96). Die fehlende Professionalität bzgl. der Bewertung von Einzelleistungen in Gruppenprozessen stellt ein großes Problem im traditionellen Projekt- und Gruppenunterricht dar.

Eine projektunterrichtliche Lernumgebung, die professionelles Handeln unterstützt, sollte somit um die Dimension schriftlicher Introspektiven erweitert werden. Es geht dabei um eine Lernumgebung, die den Schülern Instrumente bietet, die auf der Grundlage sprachlicher Aussagen Aufschluss über das Selbstkonzept, das Gruppenkonzept, Zielvorstellungen, Prozessplanungen, Lernerfahrungen u. a. m. geben. Die schriftlichen Äußerungen machen individuelle sowie auf die Gruppe bezogene Lernvoraussetzungen, Lernerfahrungen, Lernergebnisse und Lernreflexionen zugänglich und auswertbar.

Das Ziel der professionellen Lernbegleitung besteht darin, dass die Schüler ihre persönlichen Lernvoraussetzungen selbst einschätzen lernen und diese im Rahmen ihrer Möglichkeiten weiterentwickeln, um zunehmend selbstgesteuerter mit den Lernherausforderungen und mit dem Lerngegenstand problemlösend umzugehen (Hameyer & Hardeland, 2011, S. 11).

Zentrale Lernleistungen im Projektunterricht bestehen in dem Erwerb von Kompetenzen. Wenn Zensuren nach Fächern verteilt werden, ist zu entscheiden, in welchem Fach die Note zur Kompetenzentwicklung zu vergeben ist. Fast alle Lehrpläne verweisen auf Kompetenzen und deren Bedeutung in der Wissenskonstruktion. Da

Kompetenzen durch aktives Handeln entstehen, ist die Bezugnahme auf Lernhandlungen entscheidend. Es ist durchaus legitim, einmal nicht Ergebnisdokumente, sondern Prozessdokumente (beispielsweise Lernverträge, Tagespläne, Lerntagebücher etc.) auf Quantität und Qualität zu untersuchen und zu zensieren. Die Bewertung des Lernprozesses unterstützt die Schüler, die Reflexionsarbeit ernst zu nehmen und diese als einen notwendigen Bestandteil des Projektgeschehens zu begreifen. Das folgende exemplarische Bewertungsraster (Abb. 4) diente zur Evaluation zweier Projektunterrichtswochen, die nach dem besprochenen Rhythmus und mit Einsatz des Projektplans an der bernsteinSchule Ribnitz-Damgarten durchgeführt wurden.

Arbeit am Projektplan	
Es galt, alle Seiten des Projektplans zu bearbeiten. Die Note wird einmal im Fach _____ vergeben.	
Projektfrage zerlegen	4 Punkte
Aufgaben ordnen	8 Punkte
Projektskizze	8 Punkte
Zeit planen	8 Punkte
Was können wir?	4 Punkte
Projektplan	16 Punkte
Summe aller Punkte	**48 Punkte**
Note	

Abb. 4: Aus der Praxis: Bewertungsraster für zwei Projektunterrichtswochen

Mithilfe dieses Rasters kann die Quantität und Qualität von Tagesplänen, Lernverträgen und Lerntagebüchern bewertet werden, in denen alle im Projektunterricht entstandenen Lernäußerungen dokumentiert wurden. Die jeweiligen Dokumente werden dann für die Prozess- und Ergebnisbewertung an die Lehrkraft ausgeteilt, die für die betreffenden Schüler verantwortlich ist.

Fazit

Lernprozesse im Projektunterricht können bezüglich ihrer Inhalte, ihrer Dynamik und ihrer Voraussetzungen nicht mehr vorhergesagt werden. Aus diesem Grunde muss die Gestaltung der Lernumgebung gleich zwei zentralen Aufgaben, nämlich der Selbstorganisation und der Beratung, dienen. Letzteres sichert die Qualität der individuellen Lernprozesse. Da individuelle Lernberatung in normalen Klassengrößen schnell eine Überforderung darstellt, gelingt Projektunterricht nur im Zusammenschluss mehrerer Lehrkräfte. Geeignete Organisationsmodelle, die quasi einen Motor der Professionalisierung von Lehrenden und Lernenden darstellen, lassen sich unter Bezugnahme auf die Elemente einer projektunterrichtlichen Lernumgebung entwickeln und umsetzen. Der Stundenplan als Ausdruck traditioneller Schulorganisation kann dabei unter Umständen gerade den Erfolg der Konzeption begründen.

Literatur

Arnold, R. & Gomez-Tutor, C. (2006). Selbstgesteuertes Lernen: Erfahrungen mit handlungsorientierten Seminaren zur Entwicklung von Selbstkompetenz. In H. Dieckmann, K.-H. Dittrich & B. Lehmann (Hrsg.), *Kompetenztransfer durch selbstgesteuertes Lernen* (S. 53–78). Bad Heilbrunn: Klinkhardt.

Bastian, J. (1984). Lehrer im Projektunterricht. In *Westermanns Pädagogische Beiträge*. Heft 6, S. 293.

Bönsch, M. (Hrsg.). (2002). *Selbstgesteuertes Lernen in der Schule: Praxisbeispiele aus unterschiedlichen Schulformen.* Neuwied: Westermann.

Collins, A., Brown, J. S. & Newman, S. E. (1989). Cognitive apprenticeship: Teaching the crafts of reading, writing, and mathematics. In L. B. Resnick (ed.): *Knowing, learning, and instruction: Essays in honor of Robert Glaser* (pp. 453–494). Hillsdale: Erlbaum.

Gräsel, C. & Gruber, H. (2000). Kooperatives Lernen in der Schule. In N. Seibert, (Hrsg.), *Unterrichtsmethoden kontrovers* (S. 161–175). Bad Heilbrunn: Klinkhardt.

Groddeck, N. (1983). Offener Unterricht. In D. Lenzen (Hrsg.), *Enzyklopädie Erziehungswissenschaft, Band 8* (S. 621–625). Stuttgart: Klett-Cotta.

Gudjons, H. (2006). *Neue Unterrichtskultur – Veränderte Lehrerrolle.* Bad Heilbrunn: Klinkhardt.

Faulstich, P., Forneck, H. J. & Knoll, J. (2005). *Lernwiderstand – Lernumgebung –*

Lernberatung: Empirische Fundierungen zum selbstgesteuerten Lernen. Bielefeld: WBV.

Hameyer, U. & Hardeland, H. (2011). Wissen, Wollen, Können. *SchulVerwaltung spezial (1)*, S. 11–13.

Huwendieck, V. (2004). Unterrichtsmethoden. In G. Bovet & V. Huwendiek (Hrsg.), *Leitfaden Schulpraxis* (S. 68–103). Berlin: Cornelsen.

Konrad, K. (2003). Wege zum selbstgesteuerten Lernen. Vom Konzept zur Umsetzung. *Pädagogik 55(5)*, 14–17.

Schweder, S. (2012). Forschendes Lernen strukturiert planen und durchführen. *Pädagogik (7/8)*, 70–75.

Schweder, S. (2008). *SCHOLA-21 als erweiterte Lernumgebung für den Projektunterricht. Untersuchungen zum Einsatz einer Lernplattform bei unterschiedlichen didaktischen Konzepten*. Verfügbar unter http://opus.kobv.de/tuberlin/volltexte/2008/1853/[24.11.2012].

Slavin, R. E. (1995). *Cooperative Learning*. New York: Prentice Hall.

Vogt, K. (2004). Interessenerzeugung durch individuelle Belohnung oder Übung zur Verhinderung von social loafing in Kooperationssituationen. Verfügbar unter http://tobias-lib.uni-tuebingen.de/volltexte/2005/1796/pdf/Dissertation_Vogt.pdf [24.11.2012].

Wahl, D. (2006). *Lernumgebungen erfolgreich gestalten*. Bad Heilbrunn: Klinkhardt.

Teil 3

**Professionalisierung für Projektunterricht:
Bilanzen und Perspektiven**

Ulrike Weyland
Entwicklung von Projektkompetenz als Aufgabe einer zukunftsorientierten Lehrerbildung – Herausforderungen für die universitäre Lehrerausbildung

1. Einführung: Einordnung und Anliegen des Beitrages

Dieser Beitrag führt in den letzten Teil des vorliegenden Sammelbandes »Projektunterricht und Professionalisierung« ein und knüpft damit an vorhergehende Ausführungen an. Während im einführenden Teil dieses Sammelbandes allgemeine Begründungs- und Entwicklungslinien in Bezug auf Projektunterricht und Professionalisierung im Fokus standen, richteten sich die im nachfolgenden Teil anschließenden Beiträge auf konkretere Ansätze, Konzepte und auch Forschungsergebnisse zur ausgewiesenen Thematik. Im nun abschließenden Teil »Folgen und Entwicklungsaufgaben für die Professionalisierung im Projektunterricht« folgen sowohl allgemeine als auch konkretisierende Hinweise. Dabei soll in diesem Beitrag die Entwicklung von Projektkompetenz unter dem besonderen Blickwinkel der Herausforderungen für die universitäre Lehrerausbildung als Schwerpunkt thematisiert werden. In Anknüpfung an vorhergehende Ausführungen in diesem Sammelband wird hier mit Blick auf die zukünftigen Herausforderungen für die Lehrerbildung[1] herauszustellen sein, warum der Anbahnung von Projektkompetenz bei angehenden Lehrkräften überhaupt eine größere Aufmerksamkeit als bisher entgegengebracht werden sollte. Dies kann nicht losgelöst

---

1 Im Folgenden wird der Auffassung der KMK (vgl. Terhart, 2000) gefolgt, d.h. es wird immer dann von Lehrerbildung gesprochen, wenn alle Phasen gemeint sind. Sofern nur auf eine Phase fokussiert wird, wird von Lehrerausbildung gesprochen, wie im Falle der ersten und zweiten Phase der Lehrerbildung.

von der ›Rolle‹ des Projektunterrichtes in der Schule erfolgen, so dass zunächst eine Kontextualisierung in Bezug auf die mit dieser methodischen Großform verbundenen Ansprüche erfolgt (vgl. Kap. 2). Dessen Legitimation führt schließlich zu spezifischen Fragen an die hier fokussierte erste Phase der Lehrerbildung im Professionalisierungsprozess. Insofern wird im nachfolgenden Kapitel der spezifische Beitrag universitärer Lehrerausbildung zur Entwicklung von Projektkompetenz bei den Studierenden zu beleuchten sein[2] (vgl. Kap. 3). Die Anbahnung von Projektkompetenz im Studium richtet die Frage schließlich auf den Aspekt der hochschuldidaktischen Umsetzung als weitere Herausforderung für die universitäre Lehrerausbildung. Diesem Aspekt wird aufgrund seiner Bedeutung ein eigenes Kapitel gewidmet (vgl. Kap. 4), allerdings unter dem erweiterten Fokus eines spezifischen hochschuldidaktischen Ansatzes, der mit Bezug auf die hier zu thematisierende Entwicklungsaufgabe als besonders gewinnbringend eingestuft wird: das Forschende Lernen. Gerade hierin wird die besondere Chance gesehen, Projektkompetenz entlang bestimmter Prinzipien anzubahnen, die einerseits das professionelle Lernen betonen bzw. an grundlegenden Überlegungen zur Professionalisierung ansetzen, andererseits den Blick auf die Ausbildung eines sogenannten ›forschenden Habitus‹ richten (vgl. u. a. Altrichter & Mayr, 2004).

Die Entwicklung von Projektkompetenz in der Lehrerbildung wird nur im Zuge einer ausgewogenen Ziel-Mittel-Relation zu erreichen sein, d. h. wenn auch entsprechende strukturelle und organisatorische Rahmenbedingungen gegeben sind. Dieser Aspekt muss in diesem Beitrag vernachlässigt werden, da dies u. a. eine systematische Auseinandersetzung mit den die Entwicklung beeinflussenden Kontextfaktoren erfordert. Dies kann hier nicht zufriedenstellend geleistet werden, sondern bedarf eines eigenständigen Beitrags im Rekurs

---

2 Im Sinne des Verständnisses von Lehrerbildung als berufsbiographischem Entwicklungsprozess (vgl. Terhart, 2000; Keuffer & Oelkers, 2001) müssten mit Bezug auf die zuvor erwähnte zukunftsorientierte Entwicklungsaufgabe alle Phasen der Lehrerbildung sowie die individuelle Entwicklung berücksichtigt werden. Aufgrund des begrenzten Rahmens richtet sich dieser Beitrag aber schwerpunktmäßig auf die universitäre bzw. hochschulische Lehrerausbildung.

auf theoretische und empirische Analysen. Allerdings wird im Zuge des vorzunehmenden Fazits (Kap. 5) zumindest auf einzelne Aspekte hingewiesen. Die Formulierung von Forschungsperspektiven bildet den Abschluss des Ausblicks.

2. Kontextualisierung: Projektunterricht als Ausgangspunkt und Anspruch bzw. Herausforderung

Im Eingangsteil dieses Sammelbandes stellen Rengstorf und Schumacher die Notwendigkeit einer Professionalisierung für und im Projektunterricht deutlich heraus. In ihrer Argumentationslinie verweisen sie dabei u.a. auf die – auch durch die internationalen Leistungsvergleichsstudien TIMSS und PISA unterstützend forciert – notwendige Veränderung der Unterrichtskultur und damit einhergehend auf den besonderen Bildungswert von Projektunterricht[3]. Weitere Begründungslinien sind grundsätzlich in Zusammenhang zu der seit mehreren Jahren intensiv geführten Debatte von der Input- zur Output-/Outcomeorientierung und der Forderung nach kompetenzorientiertem Unterricht zu stellen (vgl. Helmke, 2012; vgl. Boller, Rengstorf, Schumacher & Thomas, 2012, S. 115). In Bezug auf die Anforderungen in Wirtschaft und Gesellschaft wird zudem die Möglichkeit einer gezielten Vorbereitung gesehen, da durch den Projektunterricht z. B. auf ganz bestimmte Anforderungen im Kontext beruflicher Planungs- und Entscheidungsprozesse vorbereitet werden kann (vgl. Emer, Rengstorf & Schumacher, 2010, S. 8 f.). Die auch von weiteren Autoren (vgl. z. B. Gudjons, 2008; vgl. Emer u. a., 2010) herausgestellten Argumente für eine stärkere Fokussierung auf Projektunterricht sollen an dieser Stelle aber nicht wiederholt werden, vielmehr wird hierzu auf den Einführungsteil (Teil I) dieses Bandes verwiesen.

In Bezug auf die Kennzeichen und Zielsetzungen von Projektunterricht wird sehr deutlich, dass es sich um eine äußerst anspruchs-

---

3 Im Folgenden wird von Projektunterricht gesprochen. Auf eine weitere begriffliche Differenzierung bzw. auf verschiedene Grundformen der Projektarbeit wird an dieser Stelle nicht weiter eingegangen (vgl. Emer u. a., 2010.; vgl. Gudjons, 2008; vgl. Frey zur Projektmethode 1998).

volle Unterrichtsform handelt und diesbezüglich nicht nur Voraussetzungen bzw. Kompetenzen seitens der Schüler gefordert sind, sondern auch entsprechende Anforderungen an die Lehrkraft gestellt werden. Denn das gruppenbezogene Handeln der einzelnen Personen sowie spezifische Problem- und Fragestellungen bzw. Forschungsfragen bilden nun den Ausgangspunkt unterrichtlicher Überlegungen, weniger jedoch die Fachsystematik (vgl. Emer u. a., 2010, S. 5 f.). Insofern kann von einem Paradigmenwechsel ›von der Fächerorientierung zur Handlungsorientierung‹ gesprochen werden. Auch weitere Kennzeichen bzw. Kriterien von Projektunterricht (vgl. Emer & Lenzen, 2009), die sich u. a. durch methodisch-schülerorientierte Vielfalt und bildungstheoretisch fundierte Zielsetzungen, wie u. a. Selbstbestimmung der Lernenden, Befähigung zum demokratischen Handeln und Problemlösungsfähigkeit, bestimmen lassen, markieren den besonderen Anspruch an die beteiligten Akteure im Lehr-Lernprozess und an die Ausbildung von Lehrkräften (vgl. auch Boller u. a., 2012). Daher spricht Gudjons (vgl. 2008, S. 115) beim Projektunterricht auch von einer Art Hochform handlungsorientierten Unterrichts bzw. kennzeichnet diesen als ein »umfassendes Konzept handlungsorientierten Lehrens und Lernens« (ebd., S. 73). Gleichzeitig kritisiert er jedoch die wahrnehmbare inflationäre Verwendung des Begriffs Projektunterricht in der Praxis und die Vernachlässigung des dahinter liegenden eigentlichen theoretischen Anspruchs (vgl. ebd.). Insofern plädiert er für eine systematische Einbettung dieses Konzeptes, denn »Projektunterricht bleibt Episode, wenn er sich auf gelegentliche Projektwochen vor den Sommerferien beschränkt«, so Gudjons (ebd., S. 10).

Hinsichtlich der tatsächlichen Umsetzung von Projektunterricht kommen Rengstorf und Schumacher (2010, S. 52) in einer systematischen Zusammenstellung zu bisher vorliegenden, wenn auch im Vergleich zur Fülle an sonstiger Literatur zu dieser Unterrichtsform bislang noch spärlich vertretenen Arbeiten/Studien aus der empirischen Unterrichtsforschung, zu der ernüchternden Erkenntnis, dass Projektunterricht in der alltäglichen Unterrichtspraxis eher selten vertreten ist. Angesichts der dem Projektunterricht attestierten bildungstheoretischen Bedeutung ist dies erstaunlich und wirft die Frage nach den Gründen für diese in pädagogischer Hinsicht missliche Situation auf. In Bezug auf die Lehrerbildung erscheint problematisch, dass der Projektunterricht thematisch und in seiner hochschuldidaktischen Umsetzung bisher eher marginalisiert wurde (vgl. Jung, 2005; vgl. Emer u.a., 2010). Insofern kann nicht davon ausgegangen werden, dass Lehrkräfte über ein fundiertes Wissen, geschweige denn über tatsächliche Projektkompetenz entlang professioneller Kriterien verfügen (s. u.). Dies führt aber zwangsläufig zu weiteren Anfragen an die Lehrerbildung, z.B. inwieweit bereits Erkenntnisse aus der empirischen Unterrichtsforschung (vgl. Helmke, 2012) zentraler Gegenstand in der ersten Phase der Lehrerbildung sind bzw. dort curricular aufgegriffen werden. Dies verlagert den Blick auf die grundsätzliche Frage nach der Qualität unterrichtlichen Lehrerhandelns und der Entwicklung sowie Sicherstellung professionellen Lehrerhandelns. Hierauf wird im Folgenden (vgl. Kap. 3) und zum Abschluss dieses Beitrags wieder rekurriert.

Den vorhergehenden Ausführungen folgend wären für diesen Beitrag zunächst zwei zentrale Ebenen als Schaltstellen zu fokussieren: zum einen die Schulebene und die dort gegebenen curricularen, personellen und organisatorischen Rahmenbedingungen, zum anderen die hier für die Anbahnung von Projektkompetenz erste, nämlich initialzündende wissenschaftsorientierte Ebene, die Hochschule bzw. die universitäre Ebene, und die dort geleistete pädagogische und fachdidaktische Ausbildung der angehenden Lehrkräfte in Bezug auf Projektunterricht. Im Hinblick auf die erste Ebene stellen Rengstorf und Schumacher im Rückgriff auf bisher zu ziehende Schlussfolgerungen aus vorliegenden empirischen Untersuchungen heraus, dass »eine erfolgreiche Durchführung von einem komplexen Gefüge verschiedener Einflüsse […] abhängig ist« (Rengstorf & Schumacher, 2010, S. 52, vgl. auch Schumacher & Rengstorf, in diesem Band). Unter dem Gesichtspunkt des mit dieser Unterrichtsform verbundenen Anspruchs (s. o.) weisen sie hinsichtlich deren Implementierung zudem darauf hin, dass »sowohl auf Lehrer- wie auch auf Schülerseite Lernprozesse stattfinden müssen«. Dabei sind die Lehrkräfte besonders gefordert, wie Rengstorf und Schumacher herausstellen: »Sie müssen ihren Schüler(inne)n Hilfestellung leisten und sind gleichzeitig wieder in der Rolle der Lernenden« (Rengstorf & Schumacher, 2010, S. 51). Hieraus lassen sich zwei Implikationen ableiten: Einerseits die prozessbezogene und systematische Heranführung der Schüler an Projektunterricht mit dem Ziel der Ausbildung sowohl fachübergreifender als auch fachbezogener Kompetenzen bzw. Qualifikationen, andererseits die gezielte Anbahnung von Projektkompetenz seitens der Lehrkräfte über alle Phasen der Lehrerbildung hinweg, und zwar im Sinne eines dem professionellen Lehrerhandeln dienenden systematischen und zugleich berufsbiographisch angelegten Professionalisierungsprozesses. Hierauf wird im Folgenden nun spezifischer einzugehen sein, womit die zuvor genannte zweite Schaltstelle in den Mittelpunkt der Betrachtung gerät. Da die universitäre Ebene im weiteren Verlauf dieses Beitrages im Fokus steht, wird die schulische Umsetzungsarbeit, d.h. die Gestaltung von Rahmenbedingungen, hier nicht weiter thematisiert (vgl. etwa Dietz u.a., 2010).

3. Beitrag der universitären Lehrerausbildung zur Entwicklung von Projektkompetenz

3.1 Einführende Hinweise

Betrachtet man auf der Basis bisher vorliegender empirischer Erkenntnisse die Situation unter dem Blickwinkel der Entwicklung von Projektkompetenz, so ist ermutigend, dass gegenüber den Studierenden nicht nur der bildungstheoretische Gehalt dieser Unterrichtsform thematisiert werden kann, sondern sich auch der in fachlicher und überfachlicher Hinsicht zu erzielende Gewinn für den Lernprozess zumindest im Ansatz empirisch legitimieren lässt (vgl. ausführlich Rengstorf & Schumacher, 2010, S. 31 ff.). Allerdings sind hierzu weitere Studien zur differenzierten sowie domänenspezifischen Forschung erforderlich. Darüber hinaus wird in der Literatur auf die mit der Unterrichtsform Projektunterricht verbundenen Vor- und Nachteile aus Schüler- und Lehrersicht eingegangen sowie auf sogenannte erschwerende Hemmnisse zur Implementierung dieser Unterrichtsform hingewiesen (vgl. z.B. Jung, 2005).

Die Zielsetzung ›Entwicklung von Projektkompetenz‹ führt nun zu der Frage, welche Aufgaben die einzelnen Phasen im Kontext des Professionalisierungsprozesses mit Blick auf diese spezifische Kompetenz übernehmen sollten. Ein neuralgischer Punkt scheint allerdings die bisherige Vernachlässigung dieser Aufgabe im Professionalisierungsprozess von Lehrkräften zu sein. Dass sich zukünftige curriculare und infrastrukturelle Anstrengungen der Lehrerbildung jedoch verstärkt auf die Entwicklung von Projektkompetenz beziehen sollten, steht auch angesichts der zuvor dargelegten Kontextualisierung bezüglich des Projektunterrichts außer Frage. Diese Auffassung spiegelte sich auch auf der im Herbst 2011 in Hamburg durchgeführten Tagung des Landesinstituts für Lehrerbildung und Schulentwicklung zum Thema »Projektkompetenz in der Lehrerbildung« deutlich wider. Dabei wurde nicht nur der spezifische Auftrag der jeweiligen Phasen im Professionalisierungsprozess diskutiert, sondern letztlich der Versuch unternommen, Impulse für »eine die Projektkompetenz aktiv fördernde Lehrerbildung« zu geben (s. Ankündigungsflyer LI 2011).

In Bezug auf den Beitrag der universitären Ausbildungsphase müssen m. E. folgende Punkte unter dem Blickwinkel der Entwicklung von Projektkompetenz geklärt werden:
a) Welche aufgabenbezogenen Anknüpfungspunkte ergeben sich im Hinblick auf das Lehrerhandeln?
b) Was umfasst das Konstrukt »Projektkompetenz«?
c) Was sind die zu verfolgenden spezifischen Zielsetzungen und thematischen Schwerpunkte in Bezug auf die Entwicklung von Projektkompetenz in der universitären Ausbildung, gerade auch unter dem Blickwinkel der übergreifenden Zielperspektive »professionellen Lehrerhandelns«?
d) Wie kann Projektkompetenz angebahnt werden?

Im Folgenden wird auf diese Fragen detaillierter eingegangen (vgl. Kap. 3.2), wenngleich eine umfassende Analyse noch durchaus weitere Aspekte in die Bearbeitung mit aufnehmen müsste. Dies betrifft z. B. vertiefende Zugänge zur Kompetenzdiskussion, aber auch die Vertiefung in einzelne Forschungsrichtungen innerhalb der Lehrerbildungsforschung. Während die Fragen a) bis c) im nachfolgenden Kapitel behandelt werden, erfolgt die Beantwortung der letztgenannten Frage im Kontext der Abhandlung zum hochschuldidaktischen Ansatz des Forschenden Lernens (Kap. 4). Die Autorin ist sich bewusst, dass sich zum Aspekt der didaktischen Umsetzung weitere Zugänge ergeben. Wie eingangs erwähnt, erfolgt hier allerdings die Fokussierung auf das Forschende Lernen. Weitere Fragen, wie z. B. »Wie gestaltet sich die Anbahnung von Projektkompetenz in curricularer und infrastruktureller Hinsicht?« und »Was sind die notwendigen Rahmenbedingungen?« können hier ob des begrenzten Rahmens nicht erörtert werden.

3.2 Konkrete Erläuterungen

Aufbauend auf den zuvor unter a) bis c) genannten Aspekten folgen zur Konkretisierung des Beitrags der universitären Lehrerausbildung zur Entwicklung von Projektkompetenz nun einzelne Erläuterungen. Dabei wird zunächst auf den Aspekt der aufgabenbezogenen Anknüpfungspunkte im Rekurs auf die KMK Standards (Kultusministerkonferenz, 2004) einzugehen sein:

Zu a): Die in den KMK Standards (Kultusministerkonferenz, 2004) ausgewiesenen Kompetenzbereiche gelten in Bezug auf den bildungswissenschaftlichen Teil der Lehrerausbildung (erste und zweite Phase) als Referenz für die mit dem Lehrerhandeln verbundenen allgemeinen Aufgaben. Grundsätzliche Bezüge für den Projektunterricht ergeben sich im Hinblick auf die dort aufgeführten zu erwerbenden didaktischen Kompetenzen im Kompetenzbereich Unterrichten. Damit ist aber zunächst die Unterrichtsebene tangiert, d. h. was die Planung, Durchführung und Auswertung von Projektunterricht betrifft. Dieser Anknüpfungspunkt muss bezüglich der Frage, warum Lehrkräfte Projektkompetenz entwickeln sollten, aber um eine weitere Komponente ergänzt werden. Denn neben dem Unterrichten und weiteren Aufgaben müssen Lehrkräfte sich auch an Schulentwicklungsprozessen beteiligen. Dies wird u. a. mit der Formulierung des Kompetenzbereichs ›Innovieren‹ der KMK Standards zum Ausdruck gebracht (vgl. Kultusministerkonferenz, 2004, S. 12 ff.). Demzufolge wird davon ausgegangen, dass sich Lehrkräfte bei der Initiierung, Durchführung und Auswertung innerschulischer Entwicklungsprojekte engagieren. Hierzu müssen in der ersten Phase des Professionalisierungsprozesses die theoretischen Grundlagen gelegt werden, so dass die Entwicklung der Projektkompetenz auch in den Zusammenhang der Entwicklung sogenannter »Schulentwicklungskompetenz« (Kansteiner-Schänzlin, 2011, S. 188) zu stellen ist. Den

Studierenden muss dabei im Zusammenhang mit der Anbahnung von Projektkompetenz die aufgabenbezogene Affinität zum Themenkomplex Schulentwicklung, gerade auch unter dem Blickwinkel einer ›lernenden Organisation‹ (vgl. Holtappels, 2011, S. 131 ff.) verdeutlicht werden. Im Rekurs auf vorliegende empirische Befunde bedarf es hier anscheinend einer deutlichen Anstrengung, denn die Studierenden, so Kansteiner-Schänzlin (2011, S. 196), würden schulbezogenen Standards weniger Aufmerksamkeit beimessen als didaktischen Standards. Die Weiterentwicklung des eigenen Unterrichts stellt nicht nur die Aufgabe eines jeden Einzelnen dar, sondern versteht sich als kollektive Aufgabe im Rahmen von Schul- bzw. dem ihm innewohnenden Gegenstandsbereich Unterrichtsentwicklung (vgl. auch ähnlich ebd., S. 197). Projekte, die auf die Verbesserung von Unterricht abzielen, orientieren sich somit zugleich an qualitätsbezogenen Standards im Kontext von Schulentwicklung (vgl. auch Altrichter & Helm, 2011). Die Entwicklung von Projektkompetenz darf sich folglich nicht nur auf den Kompetenzbereich Unterrichten begrenzen, sondern muss die Schule über den Kompetenzbereich Innovieren als Ganzes in den Blick nehmen. Die Anknüpfung an diese Aufgaben sollte den Studierenden bereits früh im Studium verdeutlicht werden.

Zu b): Bei der Recherche nach Definitionen zum Begriff »Projektkompetenz« fällt auf, dass es keine eindeutige Definition gibt, vielmehr sogar sehr unterschiedliche Aspekte damit verbunden werden. Allein die Eingabe bei Google zu den Wörtern »Definition Projektkompetenz« ergibt mehr als 10.000 Treffer, das Wort »Projektkompetenz« mehr als 44.000. Die Suche nach »Definition Projektkompetenz von Lehrkräften« ergibt keine Treffer, auch nicht die Suche nach »Projektkompetenz von Lehrkräften«.[4] Ein Vergleich einzelner »Definitionsansätze« erweist sich für diesen Beitrag als nicht zielführend. Insofern wird der Versuch eines systematischen Zugangs unternommen, der seinen Ausgangspunkt in der begrifflichen Ausdifferenzierung des Wortes »Projektkompetenz« nimmt: Projekt und Kompetenz. Etymologisch betrachtet stammt das Wort »Projekt« aus dem Lateinischen:

---

4 Auch die Eingabe der Wörter »Lehrerinnen und Lehrer« statt »Lehrkräfte« ergab keine Treffer. »Projektkompetenz Lehrer« führt allerdings zu ca. 4.650 Treffern; »Projektkompetenz Lehrkräfte« zu ca. 4.210 Treffern.

proiectum = das nach vorn Geworfene (s. Duden) im Sinne von Plan, Entwurf etc. Im Rekurs auf vorhergehende Ausführungen ist bezüglich des Gegenstandsbezuges herauszustellen, dass unter dem Blickwinkel Schule damit zwei Aspekte im Zuge der Projektkompetenz anzuvisieren wären: zum einen die Mikroebene im Sinne des unterrichtlichen bzw. didaktischen Kontextes, was die Planung von Projekten als methodische Großform bzw. Unterrichtsform betrifft, zum anderen die Mesoebene mit der anzuvisierenden Perspektive der Planung von Projekten im Rahmen von Schulentwicklung. Dabei stehen die im Rahmen der Unterrichtsentwicklung systematisch initiierten Projekte zur Verbesserung der Unterrichtsqualität im Zusammenhang mit dem erstgenannten Gegenstandsbereich. Im Ergebnis heißt dies für diesen Beitrag, dass sich der Begriff Projektkompetenz zunächst auf diese beiden funktionalen Gegenstandsbereiche innerhalb von Schule beziehen sollte, Studierende zugleich mit diesen beiden Bezügen im Zuge der Anbahnung ihrer Projektkompetenz zu konfrontieren wären.[5]

Im Hinblick auf den Begriff Kompetenz ergibt sich ebenso ein diffuses Bild, da in der Literatur eine präzise einheitliche Begriffsbestimmung bisher nicht vorliegt. So kommen auch Seeber und Nickolaus (2010) zu folgender Einschätzung:

> Derzeit existiert kein allgemeiner und breit akzeptierter Kompetenzbegriff. Auch innerhalb der wissenschaftlichen Teildisziplinen, die sich mit Zielen, Prozessen und Ergebnissen der Bildung und Qualifizierung befassen, wird der Begriff der Kompetenz mit sehr unterschiedlicher Konnotation verwendet (Seeber & Nickolaus, 2010, S. 249).

Eine Auflistung verschiedener Definitionen würde hier zu weit führen, dennoch ist für das eigene Verständnis und gerade unter dem Aspekt der Entwicklung von Projektkompetenz in Bezug auf die

---

5   Die hier vorgenommene Eingrenzung auf Schule ist der Tatsache geschuldet, dass dieser Sammelband den Projektunterricht fokussiert. Eine Ausweitung des Gegenstandsbereichs auf z. B. gemeinsame Forschungsprojekte mit der Universität oder Kooperationsprojekte mit der zweiten Phase etc. ist ebenfalls denkbar. Nicht zuletzt ist in Bezug auf den gesellschaftsbezogenen und lebenspraktisch bedeutsamen Bereich auf den persönlichen Nutzen und Gewinn hinzuweisen.

übergreifende Zielperspektive professionellen Lehrerhandelns bzw. professioneller Lehrerkompetenz eine Zuordnung vorzunehmen. Im Zusammenhang der noch im nachfolgenden Punkt zu klärenden Perspektive des spezifischen Beitrags der universitären Phase wird hier der Auffassung Kunters u. a. (2011) gefolgt, die von einem mehrdimensionalen Konstrukt professioneller Kompetenz ausgehen. Zu begründen ist dies mit dem empirischen Beweis der im COACTIV-Modell formulierten theoretischen Annahme eines mehrdimensionalen Konstrukts von professioneller Lehrerkompetenz. Wenngleich damit der Diskurs um domänenspezifische Kontexte ins Rollen gerät, wird dem dort zugrunde liegenden Verständnis gefolgt, da zentrale Erkenntnisse der Lehrerbildungsforschung und verschiedene Forschungstraditionen darin aufgehen (vgl. ausführlich ebd.). Demzufolge bezieht sich professionelle Kompetenz, von der hier im Rahmen der Projektkompetenz dann auch mit Bezugnahme auf professionelles Lehrerhandeln ausgegangen wird, nicht nur auf das Vorhandensein von Wissen, sondern umfasst

> ein Bündel unterschiedlicher berufsbezogener Voraussetzungen, nämlich das Wissen, die Überzeugungen sowie motivationale und selbstregulative Merkmale, die im Wechselspiel miteinander stehen und bestimmen, wie gut eine Lehrkraft die Anforderungen ihres Berufs bewältigen kann (Kunter, Kleickmann, Klusmann & Richter, 2011, S. 55).

Mit der Betonung der Anforderung wird zudem auf den situativen Kontext von Kompetenzen verwiesen (vgl. auch Klieme, Maag-Merki & Hartig, 2007, S. 12). Darüber hinaus wird hier einem Verständnis gefolgt, dass Kompetenzen erlernbar und durch entsprechende Interventionen veränderbar bzw. beeinflussbar sind (vgl. Kunter u. a., 2011, S. 55).[6] Unter dem Blickwinkel der Anbahnung von Projektkompe-

---

6 Auf den Aspekt der interindividuellen Unterschiede sowie auf weitere Determinanten im Sinne von beeinflussenden Kontextfaktoren kann hier allerdings nicht weiter eingegangen werden, auch wenn diese hier im Zusammenhang mit der Entwicklung professioneller Kompetenz natürlich von Interesse wären (vgl. Helmke, 2012; vgl. Kunter u. a., 2011).

tenz ist zu folgern: a) die universitäre Lehrerausbildung kann somit auf die Entwicklung dieser Kompetenz einwirken, ohne dass damit an dieser Stelle schon der spezifische Beitrag geklärt wäre; b) neben kognitiven Elementen sind auch motivationale Aspekte etc. spezifisch in den Blick zu nehmen, ohne dass damit z. B. gesagt ist, um welche Wissensbestände es sich handeln müsste.

Die Studierenden sollten angesichts des eigens zu vertretenen Anspruchs professioneller Entwicklung sich bereits früh mit diesen, den Begriff Projektkompetenz kennzeichnenden Aspekten in theoretischer sowie selbstreflexionsbezogener Hinsicht befassen.

Zu c): Angesichts der vorhergehenden Ausführung, derzufolge Projektkompetenz erlernbar ist, stellt sich nun die Frage nach dem spezifischen Auftrag der universitären Ausbildungsphase. Dabei sind zwei Argumentationslinien zu berücksichtigen: zum einen der Tatbestand, dass wir von einem berufsbiographischen Professionalisierungsprozess über mehrere Phasen ausgehen, was impliziert, dass die universitäre Lehrerausbildung gemäß ihrer wissenschaftsbezogenen Einbindung ein Fundament für die sich anschließenden Phasen liefern muss; zum anderen der Sachverhalt, dass sich die Anbahnung von Projektkompetenz an einem übergreifenden Modell, nämlich der Entwicklung professionellen Lehrerhandelns bzw. Lehrerkompetenz, zu orientieren hat. In Anknüpfung an die obigen Ausführungen zum Kompetenzbegriff soll hier ein strukturierendes Denkmodell ins Spiel gebracht werden, das nicht nur die in dem mehrdimensionalen Konstrukt angesprochenen Aspekte aufgreift, sondern die professionelle Entwicklungsperspektive entlang der die Lehrerbildung bestimmenden und zueinander in Wechselwirkung bestehenden Bezugssysteme von Wissenschaft, Praxis und Person berücksichtigt (vgl. zum Modell in Bayer, Carle & Wildt, 1997, S. 8, in Anlehnung an Huber, 1983; vgl. auch in Weyland, 2010, S. 320 sowie in Weyland & Wittmann, 2011). Diese Denkfigur ist als grundlegende Strukturierungs- und Reflexionshilfe hinsichtlich des spezifischen Blickwinkels zum Beitrag universitärer Lehrerausbildung zur Entwicklung von Projektkompetenz leitend. In diesem Zusammenhang wird zugleich auf den Beitrag von Rengstorf und Schumacher in diesem Band verwiesen, die diese Denkfigur ebenfalls nutzen und dort auch spezifisch um den Aspekt der Projektkompetenz erweitern (vgl. Rengstorf & Schumacher, in diesem Band). Gemäß dieser heuristischen Denkfigur und ihrer in Wechselbeziehung zueinander stehenden Bezugssysteme, denen jeweils ein ganz eigenes Wissen immanent ist, wird theoretisch von der Annahme ausgegangen, dass eine professionell handelnde Lehrkraft sowohl über theoretisches Reflexionswissen (Bezugssystem Wissenschaft) als auch über praktisches Handlungswissen (Bezugssystem Praxis) sowie über selbstreflexives Wissen (Bezugssystem Person) verfügen sollte (vgl. auch ausführlich Weyland, 2010, 2012). Wie auch schon in der COACTIV-Studie wird ebenso die Lehrperson selbst mit ihren eigenen Überzeugungen, Wertvorstellungen, ihrer Motivation etc. in den Blick genommen, d. h. dass »gegenüber der Dominanz von Wissenschaft und Praxis als Bezugssysteme herkömmlicher Lehrerbildung [auch] der ›Eigensinn‹ der Person in der Lehrerbildung zu behaupten […] [ist]« (Bayer u. a., 1997, S. 9). Im Hinblick auf die COACTIV-Studie kann mittlerweile empirisch, wenn auch zugleich domänenspezifisch für den Bereich Mathematik, die These gestützt werden, dass neben dem Professionswissen eben auch personale Aspekte wie Werthaltungen, Motivationen etc. zentrale Faktoren für erfolgreiches Lehrerhandeln mit Bezugnahme auf qualitätsbezogenes Unterrichten sind (vgl. ausführlich Kunter u. a., 2011). Weitere Begründungen für die stärkere Berücksichtigung des Bezugssystems Person im Professionalisierungsprozess finden sich u. a. auch in den angeführten Studien zur Lehrergesundheit (vgl. u. a. Schaarschmidt, 2004). In Bezug auf das Professionswissen wurde auch die Bedeutung des fachdidaktischen Wissens empirisch gestützt (vgl. ebd.; vgl. Blömeke, Kaiser & Lehmann, 2011, S. 13).

Voraussetzung für professionelles Lehrerhandeln ist, um mit den Worten Helspers zu sprechen, folglich ein sogenannter doppelter Habitus, d. h. »der wissenschaftlich-reflexive Habitus […] [muss] durch den Habitus des routinisierten, praktischen Könners relativiert und begrenzt werden« (Helsper, 2001, S. 26). Dabei diene »der wissenschaftlich-reflexive Habitus […] vor allem der ›höhersymbolischen‹ Begründung des eigenen pädagogischen Tuns und der reflexiven Befragung der Praxis und ihrer Zwänge« (ebd.). In Bezug auf den hier thematisch fokussierten Professionalisierungsprozess bedeutet dies, dass hinsichtlich der ersten, wissenschaftlich geprägten Phase der Lehrerbildung Folgendes sicherzustellen ist: *Die Studierenden müssen genau das wissenschaftliche Begründungswissen vermittelt bekommen, welches für die im Zusammenhang mit der Projektkompetenz beschriebenen didaktischen (Projektunterricht) und schulentwicklungsbezogenen (Projekte im Kontext von Schulentwicklung) Aufgaben relevant ist.* Im Zusammenhang mit der didaktischen Planungsebene müssten sie z. B. ein grundlegendes theoretisches Wissen bezüglich des Projektunterrichts erwerben. Hinsichtlich des Anspruchs an Projektunterricht als »umfassendes Konzept handlungsorientierten Lehrens und Lernens« (Gudjons, 2008, S. 73) ist außerdem sicherzustellen, dass die Studierenden ein grundlegendes Wissen über den bereits ebenso als didaktisch anspruchsvoll zu bezeichnenden Gruppenunterricht[7] erwerben sowie über Erkenntnisse der empirischen Unterrichtsforschung verfügen. Denn Projektunterricht ist und darf nicht auf eine vereinzelt in den Alltag zu integrierende methodische Form reduziert oder gar als eine nette methodische Abwechslung vor Beginn der Sommerferien missverstanden werden (vgl. auch Kap. 2). Dies würde die mit dem Projektunterricht verbundenen Ziele, gerade auch hinsichtlich seines Bildungswertes, unterlaufen. Daher muss der damit verbundene Anspruch bereits im Studium klar und präzise verdeutlicht werden, die notwendigen wissenschaftlichen Grundlagen müssen sogleich systematisch gelegt werden. Wesentlich erscheint es der Autorin, dass in dem Zusammenhang auch das theoretische und empirische Wissen über Unterrichtsqualität einschließlich des Wissens über Lern- und Sozialisationsbedingungen in den Fokus der universitären Lehrerausbildung gerät (vgl. z. B. auch die Ausführungen zum Angebot-Nutzungs-Modell in Helmke, 2012). Insofern würde dann auch der Gefahr einer missverständlichen, nach Auffassung der Autorin oftmals einseitig diskutierten Polarisierung von lehrerzentriertem versus schülerzentriertem Unterricht vorgebeugt werden können. Genau das sollte die Aufgabe und zugleich Herausforderung der universitären Lehrerbildung als Geburtsstätte wissenschaftlichen

---

7 Vgl. z. B. die Untersuchungen von Dann, Diegritz & Rosenbusch (1999) bzw. der Nürnberger Forschungsgruppe zum Gruppenunterricht.

Wissens sein, eben ihre Anstrengungen auf die Vermittlung dieses notwendigen Wissens für die Gewährleistung der Anbahnung professionellen Lehrerhandelns bzw. professionell fundierter Projektkompetenz zu richten. Insofern sollte die erkenntnisbezogene Perspektive (Bezugsystem Wissenschaft) in der ersten Phase im Vordergrund stehen, ergänzt durch die Ermöglichung des selbstreflexionsbezogenen Zugangs (Bezugsystem Person). Letzteres bedeutet z. B., dass die Sichtweisen der Studierenden auf Projektunterricht unter Einschluss ihrer bisherigen schulischen Vorerfahrungen frühzeitig aufgegriffen werden sollten. Denn lt. der empirischen Befundlage scheint die subjektive Wahrnehmung von Lehrkräften eher skeptisch zu sein, was z. B. den fachlichen Kompetenzzuwachs von Schülern betrifft (vgl. Rengstorf & Schumacher, 2010, S. 38 ff.). Damit sind die subjektiven Theorien angesprochen (vgl. Groeben, Wahl, Schlee & Scheele, 1988), die ob ihrer handlungsleitenden Bedeutung berücksichtigt und somit reflektiert werden sollten (vgl. auch Boller & Schumacher, in diesem Band). Auch die Auseinandersetzung mit der eigenen Belastbarkeit im Rahmen durchgeführter Projektvorhaben, z. B. im Rahmen von Schulpraktika, sollte im Hinblick auf die Gewährleistung solcher Vorhaben zum Reflexionsgegenstand werden.

Der gesetzte Fokus auf die o. g. Perspektiven schließt aber nicht aus, dass auch die Studierenden in der Hochschule Projekte durchführen oder bereits Projektunterricht im Rahmen einzelner Seminare als Vorbereitung auf die Praxisphasen im Studium planen und/oder während des Schulpraktikums selbst durchführen. Im Hinblick auf den Auftrag der universitären Phase zur Professionalisierung steht diese Tätigkeit aber vordergründig unter einer erkenntnis- und selbstreflexionsbezogenen, weniger jedoch unter einer handelnd-pragmatischen Perspektive.[8] Aufgrund der Gefahr von Theoriefeindlichkeit seitens der Studierenden und des möglichen Infrage-Stellens des ›Nutzens von Theorie‹ für die spätere Berufstätigkeit als Lehrkraft (vgl. Weyland, 2010, S. 177 ff., S. 204 ff.) wird es gerade in der ersten Phase darauf ankommen, solche Lerngelegenheiten zu ermöglichen, die eine Relationierungsperspektive zwischen den Bezugsystemen

---

8   Vgl. zur Frage der Zielsetzungen von Praxisphasen im Studium die Ausführungen von Weyland (2010).

Wissenschaft und Praxis ermöglichen und somit erfahrungs- und situationsorientierte Zugänge in einen reflexiven Kontext setzen. Damit wird auf das Differenzlernen gesetzt und auf die Förderung der metakognitiven Reflexionsfähigkeit, verbunden u. a. mit dem Ziel, die Bedeutung und Grenzen der jeweiligen Bezugssysteme unter dem Blickwinkel ihres Beitrags zum professionellen Lehrerhandeln zu reflektieren (vgl. ausführlich in Weyland, 2010). Auch wegen des zuvor herausgestellten situativen Kontextes von Kompetenzen (s. Definition) sollte bereits in der Hochschule situiertes Lernen ermöglicht werden sowie eine handlungsorientierte Auseinandersetzung mit der Thematik »Projektunterricht« erfolgen. Dies leitet über zum nachfolgenden Kapitel, in dem die hochschuldidaktische Ebene thematisiert wird. Wie bereits herausgestellt, wird im Ansatz des Forschenden Lernens ein besonderer Gewinn zur Entwicklung von professionell fundierter Projektkompetenz gesehen. Hierauf wird im Folgenden unter Berücksichtigung vorhergehender Ausführungen in diesem Kapitel eingegangen.

4. Forschendes Lernen im Lehramtsstudium als hochschuldidaktischer Zugang zur Entwicklung von Projektkompetenz

4.1 Zum Ansatz des Forschenden Lernens

Der Ansatz des Forschenden Lernens ist kein neuer und auch kein spezifisch hochschuldidaktischer Ansatz ausschließlich für die Lehrerbildung. Er wurde bereits in den 1970er Jahren durch die Bundesassistentenkonferenz (BAK) in die universitäre Lehrpraxis eingeführt und ist fächerübergreifend zu denken (vgl. Obolenski & Meyer, 2006, S. 9). Allerdings hat dieser in den letzten Jahren, gerade auch im Zusammenhang mit den allgemeinen bildungspolitischen Bestrebungen zur Verbesserung der Hochschullehre (vgl. z. B. Wissenschaftsrat, 2008), eine gewisse Konjunktur erfahren. Diese Entwicklung verläuft mit Bezugnahme auf die Lehrerbildung fast in Analogie zu den seit der Jahrtausendwende deutlich wahrnehmbaren Qualitätsoffensiven zur Verbesserung der Lehrerbildung. Dies zeigt sich auch in einzelnen Expertisen zur Lehrerbildung, in denen auf den besonderen Stellenwert des Forschenden Lernens zur Entwicklung professionellen Lehrerhandelns hingewiesen wird (vgl. Terhart, 2000; Keuffer & Oelkers, 2001; vgl. Ministerium für Innovation, Wissenschaft, Forschung und Technologie des Landes Nordrhein-Westfalen, 2007). Insbesondere im Zusammenhang mit dem Studienelement Praxisphasen bzw. Schulpraktischen Studien tritt der Begriff des Forschenden Lernens neuerdings als nicht mehr wegzudenkende Metapher auf (vgl. z. B. in Weyland, 2012). Dabei hat die derzeitige Entwicklung der Einführung von Praxissemestern einen besonderen Zugang zu diesem Ansatz verdeutlicht, d. h. also, dass insbesondere hier auf die mit dem Ansatz verbundenen Zielsetzungen gesetzt wird (vgl. ebd.[9]). Als problematisch erweist sich jedoch der Tatbestand, dass im Vergleich zu den mit diesem Ansatz verbundenen theoretischen Ausführungen die empirische Befundlage zur Wirkung des Forschenden Lernens sehr unzufrieden stimmt. Denn die Anzahl der empirischen Studien ist nicht nur knapp, sondern bezieht sich zudem kaum auf den Kern der Wirkungsforschung im Sinne der Messung des Kompetenzzuwachses bzw. des Lerngewinns (vgl. auch Feindt & Broszio, 2008). Hier besteht eine große Forschungslücke, so dass im Folgenden fast ausschließlich auf theoretische Überlegungen rekurriert wird. Was die mittlerweile deutlich gestiegene Anzahl an Publikationen betrifft, kann hier nur auf einige verwiesen werden (vgl. Altrichter & Mayr, 2004; Boelhauve, 2005; Obolenski & Meyer, 2006; Roters, Schneider, Koch-Priewe, Thiele & Wildt, 2009; Weyland & Busch, 2009; Wildt, 2006; Schneider, 2009). Auch auf einzelne, innerhalb von Ausschreibungen fokussierte Ansätze kann hier nicht weiter eingegangen werden (s. z. B. Stifterverband »Von der Hochschule in den Klassenraum«).

In Bezug auf diesen Ansatz wird auf eine Definition von Boelhauve (2005) zurückgegriffen, die Forschendes Lernen als einen

> Lernprozess [kennzeichnet], der darauf abzielt, den Erwerb von Erfahrungen im Handlungsfeld Schule in einer zunehmend auf Wissenschaftlichkeit ausgerichteten Haltung theoriegeleitet und selbstreflexiv unter gleichzeitiger Beachtung des Respekts vor der

---

9 Siehe als Beispiel die Ausführungen von Klewin und Schüssler (2012): »Forschendes Lernen im Bielefelder Praxissemester«.

nicht zu verdingenden Persönlichkeit des Kindes bzw. Jugendlichen sowie Lehrenden zu ermöglichen (Boelhauve, 2005, S. 105).

Laut dieser Definition lassen sich folgende Kennzeichen ableiten: Theoriebezug, Selbstreflexion, Entwicklungsprozess, Erfahrungsorientierung sowie die Berücksichtigung ethischer Prinzipien. Nicht unmittelbar aus dieser Definition ablesbar, aber für Forschendes Lernen ebenso wesentlich, ist der Bezug auf Forschungsmethoden bzw. Methoden der empirischen Sozialforschung sowie der Rekurs auf Problemstellung und Forschungsfragen sowie auf den Forschungsprozess (vgl. z. B. Schneider, 2009; vgl. ähnlich zur Erweiterung der Definition Klewin & Schüssler, 2012, S. 80).[10] Zur Realisierung sind verschiedene Formen denkbar, angefangen über Fallarbeit, theoriegeleiteter Beobachtung von fremdem und eigenem Unterricht bis hin zur Realisierung in Form von Studienprojekten[11] usw.

Zur Legitimation Forschenden Lernens können grundsätzlich verschiedene Eckpunkte aufgelistet werden, ohne einen Anspruch auf Vollständigkeit zu erheben. In Anlehnung an Fichten (2012, S. 5 f.) lassen sich, grob betrachtet, lerntheoretische, bildungstheoretische und qualifikatorische Gesichtspunkte differenzieren. So korrespondiert Forschendes Lernen u. a. mit dem Ansatz des situierten Lernens und zwar über die Ermöglichung konkreter, an Problem- und Fragestellungen orientierten Erfahrungen (vgl. Altrichter & Mayr, 2004, S. 168; Fichten, 2012). Im Hinblick auf den bildungstheoretischen Kontext ermöglicht Forschendes Lernen die aktive Teilhabe an Wissenschaft und Forschung (vgl. ebd., S. 5, mit Verweis auf den BAK 1970). Bezüglich des qualifikatorischen Aspektes wird gerade hier die Chance gesehen, sowohl die theoretische als auch die metakognitive Reflexionsfähigkeit zu fördern (vgl. ausführlich Weyland, 2010). Denn durch die Formulierung von Forschungsfragen werden Erfahrungen aus der Praxis rückgekoppelt an theoretische Wissensbestände,

---

10 Auf die Abgrenzung zum Begriff Aktions- bzw. Praxisforschung soll hier nicht weiter eingegangen werden (vgl. Altrichter & Mayr, 2004; Freitag & von Bargen, 2012).
11 Siehe auch in Klewin und Schüssler (2012, S. 79 f.) das Beispiel Studienprojekte.

durch die Ermöglichung reflektierter Erfahrungen mit der Differenz von theoretischem Reflexions- und praktischem Handlungswissen zugleich einer möglichen Theoriefeindlichkeit von Studierenden entgegengewirkt (vgl. ebd.; vgl. Altrichter & Mayr, 2004, S. 168). In diesem Kontext gehen Keuffer und Oelkers davon aus, dass der Nutzen theoretischen Reflexionswissens nur dann deutlich werden könne, »wenn eine forschende Haltung zur eigenen Berufstätigkeit entwickelt wird« (Keuffer & Oelkers, 2001, S. 33 f.). Die Anbahnung eines sogenannten forschenden Habitus und einer kritisch-reflexiven Haltung (vgl. auch Helsper, 2001; Altrichter & Mayr, 2004, S. 164), verbunden mit der Fähigkeit, gegenüber der eigenen und fremden Praxis Distanz einnehmen zu können (vgl. auch Klewin & Schüssler, 2012, S. 79), wird zugleich als wichtige Grundlage für die professionelle Lehrtätigkeit gesehen. Auch zeige sich, so Altrichter und Mayr (vgl. 2004, S. 166), hinsichtlich bestimmter Kompetenzforderungen eine offensichtliche Affinität zur Forschungstätigkeit, wie z. B. im Kontext diagnostischer Kompetenz sowie bezüglich der Fähigkeiten im Bereich der Schulentwicklung (s. auch Kompetenzbereich Innovieren). Letztlich wird durch die Forschungstätigkeit im Kontext dieses Ansatzes professionelles Lernen initiiert, da es alle drei Bezugssysteme tangiert. Nach Wildt (2006) heißt dies:

> Professionelles Lernen geht immer durch das Nadelöhr des Subjekts: ein Lernen, das nicht nur Beobachtung und Beobachtetes in Bezug setzt, sondern dies wiederum reflektiert – in Bezug zum Beobachter selbst setzt (Wildt, 2006, S. 81).

Damit wird insbesondere auch die durch das Forschende Lernen ermöglichende einzunehmende Relationierungsperspektive aufgegriffen (vgl. Weyland, 2010). Festzuhalten ist, dass das Forschende Lernen auf theoriegeleitetes, metakognitives und selbstreflexives Lernen fokussiert und damit den Beitrag universitärer Lehrerausbildung zur Entwicklung professionellen Lehrerhandelns unterstützen kann. Dabei geht es um reflektierte Erfahrungen, nicht um blinden Aktionismus, ebenso sollte der Lerngewinn der Studierenden im Vordergrund stehen (vgl. Altrichter & Mayr, 2004, S. 169). Die Bezugnahme auf reflektierte, an der Differenz der Wissensformen der Bezugssysteme Wissenschaft und Praxis ansetzende Erfahrungen wird dabei als besondere Chance gesehen, die theoretische und auch metakognitive Reflexionsfähigkeit zu fördern. Wie sich dieser Ansatz nun hinsichtlich der Entwicklung der Projektkompetenz gestalten lässt, wird im nachfolgenden Punkt exemplarisch verdeutlicht.

4.2 Perspektivierung: Projektkompetenz

Einleitend ist anzumerken, dass hier aufgrund des begrenzten Rahmens nur einzelne Veranschaulichungen erfolgen, insofern ist also kein Anspruch auf Vollständigkeit gegeben. Auch wird keine Bezugnahme zu anderen bereits vorliegenden Ansätzen erfolgen,[12] da es hier um das Aufzeigen allgemeiner Möglichkeiten zur Anbahnung von Projektkompetenz unter dem Blickwinkel des Forschenden Lernens geht.

Bei der Darlegung der Kennzeichen von Forschendem Lernen fällt auf, dass viele Parallelen zum projektbezogenen Lernen vorliegen, ohne dass diese in diesem Beitrag selbst alle genannt wurden (vgl. u. a. Gudjons, 2008). Das selbsttätige Tun im Situationsbezug, die Entwicklung von Fragen usw. zeigen selbst schon Parallelen zur Tätigkeit im Rahmen projektbezogenen Lernens auf. Insofern kann der Lernprozess im Forschenden Lernen bereits unter dem Aspekt dieses didaktischen Ansatzes auf seinen Lerngewinn, aber auch auf Problemstellungen und Herausforderungen hin reflektiert werden. Dadurch, dass die Studierenden selbst Lernende sind, können sie hinsichtlich der späteren Rolle als Lehrender das Lernen unter den o. g. Gesichtspunkten reflektieren und somit quasi antizipierend Bezüge zu ihren Schülern herstellen. Dieses Hineinversetzen in die Rolle als Lernende im Sinne einer aktivierenden, aber nicht aktionistischen Auseinandersetzung wird hier als grundsätzlich gewinnbringend in Bezug auf das spätere Hineinversetzen in die Rolle von Schülern im Rahmen der Auseinandersetzung mit neuen Lehr-Lernkonzepten gesehen.

---

12 Siehe hierzu den Beitrag von Thomas in diesem Band; siehe hierzu auch die Beiträge im Rahmen der Aktions-/Praxisforschung, z. B. im Kontext angelegter gemeinsamer Projekte von Studierenden und Lehrenden zur Schulentwicklung (z. B. die Ansätze an den Standorten der Universität Hamburg und Oldenburg sowie auch Bielefeld).

Mit Bezugnahme auf die zu erforschenden Gegenstände wird zunächst auf die an anderer Stelle dieses Beitrages erwähnten Ebenen im Zusammenhang von Projektkompetenz verwiesen: zum einen die Unterrichtsebene im Sinne der didaktischen Planung von Projektunterricht, zum anderen die Schulebene im Kontext der Entwicklung von Projekten innerhalb von Schulentwicklung.

Im Zusammenhang mit der didaktischen Unterrichtsebene können grundsätzlich die innerhalb des Projektunterrichts auszudifferenzierenden Themen Planung, Durchführung und Auswertung einzeln betrachtet werden. Ein konkretes Beispiel im Kontext des Forschenden Lernens wäre z. B. die – im Rahmen von Praxisphasen oder in seminarbezogenen Forschungswerkstätten – mögliche Erforschung der Sichtweisen von Lehrkräften zu den Zielen, zur Rolle der Akteure oder auch zu den besonderen Herausforderungen im Projektunterricht. Hier müssten allerdings in Abhängigkeit vom Studienverlauf curriculare Schwerpunkte, auch unter Berücksichtigung weiterer fachdidaktischer Kenntnisse, gesetzt werden; außerdem ist die Forschungsmethode zu klären. Die Tätigkeit innerhalb des Forschenden Lernens setzt nicht nur eine theoretische Auseinandersetzung mit spezifischen, je nach Fragestellung zu akzentuierenden theoretischen Grundlagen zum Projektunterricht voraus, sondern fokussiert auch die Relationierungsebene, da ggf. andere Problemlagen und situative einzelfallbezogene Aspekte identifiziert und Abweichungen zu bisherigen theoretischen Erkenntnissen erfasst werden. In der gemeinsamen Aufarbeitung kann den Studierenden zugleich nochmal die Differenz der Bezugssysteme Wissenschaft und Praxis verdeutlicht und ganz gezielt auf das metakognitive Lernen hingewirkt werden. Auch die Reflexion der eigenen Sichtweisen auf Projektunterricht unter Einschluss der eigenen Sozialisationserfahrungen sollte eingebunden werden (Bezugssystem Person). Ebenso könnte z. B. zur Durchführung von Projektunterricht die Beobachtung von Gruppenprozessen unter dem Fokus von Störungen oder Interventionen seitens der Lehrkraft beobachtet und analysiert werden. Damit wird der theoretische Kontext der Gelingensbedingungen von Gruppenunterricht als methodische Subform innerhalb der Großform Projektunterricht fokussiert. In der Reflexion können ebenfalls Erfahrungen aus der Schulzeit, aber auch aus der eigenen erlebten Hochschulpraxis aufgegriffen und somit subjektive Annahmen zur Präferenz oder Ablehnung von Gruppenarbeit verdeutlicht werden (Bezugssystem Person). Hier können dann auch Lehrerbildner gezielt ansetzen, wenn beabsichtigt ist, Sichtweisen von Studierenden verändern zu wollen bzw. hierauf in bildender Absicht Einfluss zu nehmen. Die Erforschung der weiteren Ursachen von gelingender oder eben nicht gelingender Gruppenarbeit erfordert eine am situativen Kontext (Bezugssystem Praxis) ansetzende reflektierte Auseinandersetzung mit theoretischen Erkenntnissen zur Gruppenarbeit im Kontext empirischer Unterrichtsforschung (Bezugssystem Wissenschaft). Zugleich werden die Studierenden angehalten, die besonderen Ansprüche von Projektunterricht und die damit einhergehenden notwendigen didaktischen Kompetenzen zur professionellen Ausübung von Projektunterricht zu reflektieren. Neben Beobachtungen spezifischer Gruppenprozesse können genauso aber auch Befragungen als Erhebungsmethode eingesetzt werden. Dies setzt unter der Zielperspektive professionellen Lehrerhandelns auch grundsätzlich eine Auseinandersetzung mit Forschungsmethoden voraus (vgl. auch Kap. 5). Im Zuge von eigenem Projektunterricht wäre es ebenso denkbar, dass die Studierenden auf der Grundlage von Videosequenzen ihr Verhalten hinsichtlich der Rolle als Lernbegleiter bzw. ihrer Intervention während Gruppenarbeiten im Nachgang analysieren und dabei auch ihre eigene Rolle sowie ihre Werthaltungen etc. analysieren und reflektieren. Damit stünde der eigene, nicht der fremde Unterricht im Vordergrund, was hinsichtlich des Erkenntnisgewinns sicherlich erst zu einem späteren Zeitpunkt im Studium möglich wäre. Anhand dieser Beispiele wird deutlich, welch breites Spektrum an möglichen Forschungsfragen sich im Kontext des Forschenden Lernens zur Thematik Projektunterricht ergibt. Herauszustellen ist, dass das zuvor angesprochene Verständnis von Forschendem Lernen als professionellem Lernen den Rückbezug auf Theorie und auf das Subjekt erfordert. Die Verdeutlichung der Notwendigkeit der Anbahnung eines wissenschaftlich-reflexiven Habitus muss im Seminar aber systematisch aufgearbeitet werden. Den Studierenden sollten die mit dem Forschenden Lernen intendierten Zielsetzungen am Beispiel der Entwicklung von Projektkompetenz durch die Lehrerbildner in der ersten Phase verdeutlicht werden. Des Weiteren sollten die Lehrerbildner ganz im Sinne des Prinzips pädagogischer Authentizität überlegen, wie sie bereits im Rahmen der eigenen Hochschulpraxis im Lernort Hochschule Forschendes Lernen zu dieser Thematik ermöglichen könnten. Hier böte sich z. B. die Beobachtung von Gruppenprozessen im Kontext studentenbezogener Projekte innerhalb der Hochschule durch Studierende an. Allerdings ist auch diese nicht voraussetzungslos, d. h. es gilt sicherzustellen, dass die Studierenden ein bestimmtes forschungsmethodisches, aber ggf. auch weiteres lerntheoretisches und didaktisches Wissen mitbringen. Ansonsten besteht die Gefahr des blinden Aktionismus. Damit sind zugleich curriculare Überlegungen zur Umsetzung dieses Ansatzes im Studienverlauf anzustellen, auf die hier aber nicht weiter eingegangen werden kann. Vielmehr wäre dies eine ganz eigene Forschungsperspektive (vgl. Kap. 5). Allerdings wäre zu fordern, dass das Thema Projektunterricht, z. B. in Form eines eigenen Seminars zur Projektdidaktik, seinen eigenen curricularen Raum erhält (vgl. auch den Beitrag von Thomas in diesem Band).

Hinsichtlich der Projektkompetenz wäre in Bezug auf die zweite Ebene auf die Erforschung von Projekten im Kontext von Schulentwicklung zu setzen. Auch hier gibt es viele Möglichkeiten der Umsetzung. So wäre z. B. denkbar, dass Studierende Schulentwicklungsprozesse unter dem Blickwinkel der Initiierung gesundheitsfördernder Projekte erforschen (vgl. auch Weyland & Busch, 2009). Ebenso könnte bezüglich des Kompetenzbereichs Innovieren erforscht werden, ob und warum unterrichtsbezogene Projekte von Lehrkräften in Schulentwicklungsprozesse eingebunden werden. Auch Maßnahmen zur Verbesserung von Unterricht könnten von den Studierenden erforscht werden, und zwar in Bezug auf die projektbezogene Rückbindung zum Themenkomplex Qualitätsmanagement bzw. qualitätsinterne Steuerungsmechanismen von Schulentwicklung (siehe dazu auch den Beitrag von Hill in diesem Band). Die Reflexion der Studierenden nimmt dabei die schulentwicklungsbezogene und professionstheoretische Ebene auf und sollte ebenso an den Grundprinzipien des Forschenden Lernens, d. h. vorausgehende Fragestellung etc., ansetzen. Grundlegend wären hier im Kern theoretische Zugänge zur Schulentwicklung (Bezugssystem Wissenschaft) sowie auch die

Fokussierung auf den forschenden Habitus bzw. die Bereitschaft, Projekte im späteren Schulleben im Kontext von Schulentwicklung bzw. im spezifischen Bereich von Unterrichts- und Organisationsentwicklung mit zu entwickeln. Zugleich bietet sich Forschendes Lernen im Studium unmittelbar im Zusammenhang mit z. B. einem Modul zur Schulentwicklung an. Hier wird die Möglichkeit gesehen, über den Zugang zur Schulrealität auch die Abweichungen einzelner Schulen in ihren Initiativen zur Schulentwicklung zu verdeutlichen. Auch hier stände die Erforschung im Kontext des zuvor beschriebenen differenzgeleiteten Lernens, indem u. a. die Bezugsysteme Wissenschaft und Praxis systematisch und reflexiv zueinander in Beziehung gesetzt werden. Die Arbeit an den eigenen subjektiven Vorstellungen zur Gestaltung von Schule sollte dabei ebenfalls einen zentralen Reflexionsraum einnehmen (Bezugssystem Person).

Zu beiden Bereichen liegen der Autorin Erfahrungen aus der eigenen Hochschullehre vor. Die von Kansteiner-Schänzlin beschriebene Präferenz der Studierenden gegenüber didaktischen Fragestellungen wird auch in den eigenen Seminaren deutlich. Die konkrete Verzahnung des Moduls Schulentwicklung mit der Schulpraxis über den Ansatz des Forschenden Lernens wird aber als sehr gewinnbringend eingestuft, zumindest laut Ergebnissen aus Evaluationen zur eigenen Lehre. Der Kompetenzbereich Innovieren sollte hinsichtlich seiner Bezüge zur Projektkompetenz systematisch in der Hochschullehre bearbeitet werden.

5. Ausblick

In diesem Beitrag stand die Entwicklung der Projektkompetenz innerhalb der ersten Phase der Lehrerbildung im Vordergrund. Dabei wurde insbesondere die Aufgabe bzw. der spezifische Beitrag der universitären Lehrerausbildung reflektiert. Deutlich wurde, dass mit dem Projektunterricht spezifische Herausforderungen einhergehen und dieser eine anspruchsvolle Unterrichtsform darstellt, auf welche die angehenden Lehrkräfte systematisch vorbereitet werden müssen. Der mit dem Projektunterricht verbundene Bildungswert kann nur dann eingelöst werden, wenn Lehrkräfte dazu in der Lage sind, diesen anhand professioneller Kriterien zu gestalten. Eine Verdichtung von Projektunterricht am Ende eines Schuljahres, vielmehr sogar die Begrenzung auf eine Projektwoche, verleitet zu der Annahme, dass der Grundgedanke von projektbezogenem Unterricht nicht verstanden wurde. Will man diesem eine realistische Chance einräumen, so gilt es zunächst, den spezifischen Bildungsauftrag der Universität zur Entwicklung der Projektkompetenz bei angehenden Lehrkräften zu bestimmen. Hier müssen die weiteren Phasen der Lehrerbildung ansetzen, d. h. die Entwicklung von Projektkompetenz gestaltet sich als eine langfristige Aufgabe, eingebunden in einen systematischen, berufsbiographischen Professionalisierungsprozess. Entlang der aufgezeigten professionsbezogenen Anforderungen für qualitätsvolles Lehrerhandeln wurde anschließend die spezifische Aufgabe der ersten Phase der Lehrerbildung analysiert. Ausgehend von einer Analyse des Begriffes bzw. Konstrukts Projektkompetenz wurde verdeutlicht, dass sich die Projektkompetenz unter Einschluss der Aufgaben von Lehrkräften auf zwei Gegenstandsbereiche zu beziehen hat: auf die Unterrichts- und auf die Schulebene.

In Bezug auf die Entwicklung dieser Kompetenz wurde nachgezeichnet, dass innerhalb der universitären Phase die wissenschaftliche Fundierung von Projektkompetenz zu gewährleisten ist, darüber hinaus aber auch das selbstreflexive und metakognitive Lernen anvisiert werden sollte. Die Argumentation wurde im Rekurs auf professionstheoretische Überlegungen und Erkenntnisse der Lehrerbildungsforschung geleistet. Hinsichtlich der Bedeutung wissenschaftlichen Wissens für professionelles Lehrerhandeln muss es gelingen, um mit den Worten von Keuffer und Oelkers (2001) zu sprechen, dass die »Ausbildung [...] den Nutzen wissenschaftlichen Wissens für die Gestaltung des Berufsfeldes kenntlich [...] [macht]« (Keuffer & Oelkers, 2001, S. 33 f.). Gerade unter dem Gesichtspunkt des Anspruchs von Projektunterricht stellt sich hier eine besondere Herausforderung, da dessen professionelle Umsetzung aufgrund seiner Kennzeichnung als methodische Großform ein Wissen zu vielen Themenbereichen erfordert. Somit stellt sich auch die Frage nach den Kernthemen, aber auch nach der curricularen Setzung von Projektunterricht im Studienverlauf. Ebenso ist von der Autorin auf die Gefahr einer polarisierten Abgrenzung vom lehrer- zum schülerorientierten Unterricht hingewiesen worden, gerade unter dem Aspekt der Erkenntnisse der empirischen Unterrichtsforschung zur Unterrichtsqualität.

Die Frage nach der Umsetzung der zuvor dargelegten Ansprüche richtete den Blick schließlich auf die Hochschuldidaktik, hier auf den Ansatz des Forschenden Lernens innerhalb der ersten Phase der Lehrerbildung. In diesem Ansatz wird die besondere Chance eines situierten, auf Realitätsbezug ausgerichteten Zugangs zur ausgewiesenen Zielperspektive der Anbahnung von Projektkompetenz gesehen. Dabei ist Reflexivität sowohl Ziel- als auch Gestaltungskriterium und bezieht sich auf die Reflexion über Wissenschaft, über Praxis und über die eigene Person, hier mit Bezugnahme auf die anzubahnende Projektkompetenz (vgl. Weyland 2010; Weyland & Wittmann 2011). Allerdings treten besondere Herausforderungen auf, die sich auf den Forschungskontext selbst beziehen, d. h. was die notwendigen Vorkenntnisse zum Bereich Forschungsmethoden betrifft. Auch darf »›Forschendes Lernen‹ [...] nicht zu einem probaten Kürzel werden, das ›läppisch jeden Realitätsbezug‹ glorifiziert« (Altrichter & Mayr, 2004, S. 169). In den weiteren Phasen innerhalb des Professionalisierungsprozesses sollte an diesen Ansatz im Sinne der Aktions- und Praxisforschung gezielt angeknüpft werden. Den Studierenden sollte verdeutlicht werden, dass die universitäre Phase ihren ganz spezifischen und wichtigen Beitrag zur Entwicklung professionell fundierter Projektkompetenz leistet und dass mit Beendigung dieser Phase der Lernprozess fortzusetzen ist. Die Bereitschaft der Studierenden, sich darauf einzulassen, könnte als Indikator für die spätere Innovationsbereitschaft im Kontext des späteren Berufsfeldes gedeutet werden. Damit wird auch nochmal der Aspekt der Anbahnung eines forschenden Habitus als konstitutiver Bestandteil professionellen Lehrerhandelns betont. Letztlich sei darauf hingewiesen, dass bei allen Bestrebungen, die hier vorgestellt wurden, die Chance auf eine professionelle Anbahnung von Projektkompetenz vertan wird, wenn nicht auch die Lehrerbildner selbst sich auf projektbezogenes und handlungsorientiertes Lehren und Lernen einlassen; d. h. auch, dass diese den forschenden Bezug zur Schulrealität, z. B. auch im Sinne eines Forschungssemesters in der Schule, nachweisen sollten.

Abschließend sei ausschnitthaft noch auf einige Forschungsperspektiven hingewiesen: So bedarf das Konstrukt Projektkompetenz einer differenzierten theoretischen Modellierung und sollte einer empirischen Prüfung zugänglich gemacht werden. Darüber hinaus wären die Gelingensbedingungen im Sinne der zu berücksichtigenden Kontextfaktoren für Forschendes Lernen zu identifizieren. Ebenso wäre die Wirkung Forschenden Lernens auf diese Zielsetzungsperspektive hin zu messen. Darüber hinaus ließe sich mit Blick auf die weiteren Phasen der Lehrerbildung auch prüfen, inwieweit kooperative Modelle im Sinne gemeinsamer Lerninseln zwischen Studierenden, Referendaren und Lehrkräften die Anbahnung von Projektkompetenz unter dem Blickwinkel der Relationierungsperspektive fördern könnten.

Literatur

Altrichter, H. & Helm, C. (2011). Schulentwicklung und Systemreform. In H. Altrichter, & C. Helm (Hrsg.), *Akteure & Instrumente der Schulentwicklung* (S. 13–35). Baltmannsweiler: Schneider Verlag Hohengehren.

Altrichter, H. & Mayr, J. (2004). Forschung in der Lehrerbildung. In S. Blömeke, P. Reinhold, G. Tulodziecki, & J. Wildt (Hrsg.), *Handbuch Lehrerbildung* (S. 164–184). Bad Heilbrunn: Klinkhardt.

Bayer, M., Carle, U. & Wildt, J. (1997). Editorial. In M. Bayer, U. Carle & J. Wildt (Hrsg.), *Brennpunkt: Lehrerbildung* (Schriftenreihe der DGfE) (S. 7–16). Opladen: Leske und Budrich.

Blömeke, S., Kaiser, G. & Lehmann, R. (2011). Messung professioneller Kompetenz angehender Lehrkräfte: »Mathematics Teaching in the 21st Century« und die IEA-Studie TEDS-M. In H. Bayrhuber, U. Harms, B. Muszynski, B. Ralle, M. Rothgangel, L.-H. Schön, H. J. Vollmer, & H.-G. Weigand (Hrsg.), *Empirische Fundierung in den Fachdidaktiken* (S. 9–25). Münster: Waxmann.

Boelhauve, U. (2005). Forschendes Lernen – Perspektiven für erziehungswissenschaftliche Praxisstudien. In A. H. Hilligus & H.-D. Rinkens (Hrsg.), *Zentren für Lehrerbildung – Neue Wege im Bereich der Praxisphasen* (Paderborner Beiträge zur Unterrichtsforschung, Bd. 10) (S. 103–126). Münster: Lit.

Boller, S., Rengstorf, F., Schumacher, C. & Thomas, C. (2012). Projektunterricht und Professionalisierung. Das Erleben von Lehrerrolle und Theorie-Praxis-Verhältnis von Studierenden am Beispiel eines Seminars zur Einführung in die Projektdidaktik. In C. Freitag & I. von Bargen (Hrsg.), *Praxisforschung in der Lehrerbildung. 16. Jahrestagung des Nordverbunds Schulbegleitforschung am 15./16. Sept. 2011 an der Universität Paderborn* (S. 115–123). Berlin: Lit.

Boller, S. & Schumacher, C. (2013). Subjektive Lerntheorien, Lehrerrolle und Lehrerhandeln im Projektunterricht aus Sicht von Lehramtsstudierenden. Evaluation eines Modellseminars. *In diesem Band.*

Dann, H., Diegritz, T. & Rosenbusch, H. S. (Hrsg.). (1999). *Gruppenunterricht im Schulalltag. Realität und Chancen*. Erlangen: Universitäts-Bibliothek.

Dietz, M., Döring, T., Emer, W., Sagasser, H., Schöbel, R., Schumacher, C., Thomas, C. & Rengstorf, F. (2010). Unter die Lupe genommen: Die Umsetzung von Projektunterricht und Projektkultur an sechs Schulen in NRW. Eine vergleichende qualitative Untersuchung zur gymnasialen Oberstufe. *TriOS, 5(2)*, 57–112.

Emer, W. & Lenzen, K.-D. (2009). *Projektunterricht gestalten – Schule verändern* (Basiswissen Pädagogik, Bd. 6) (3. Auflage). Baltmannsweiler: Schneider Verlag Hohengehren.

Emer, W., Rengstorf, R. & Schumacher, C. (2010): Der Projektunterricht in der Bildungsdiskussion. *Trios, 5(2)*, 5–15.

Feindt, A. & Broszio, A. (2008). Forschendes Lernen in der LehrerInnenbildung – Exemplarische Rekonstruktion eines Arbeitsbogens studentischer Forschung. *FQS, 9(1)*, Art. 55, 1–26.

Fichten, W. (2012). *Über die Umsetzung und Gestaltung Forschenden Lernens im Lehramtsstudium*. Oldenburg: diz.

Freitag, C. & von Bargen, I. (2012). *Praxisforschung in der Lehrerbildung. 16. Jahrestagung des Nordverbunds Schulbegleitforschung am 15./16. Sept. 2011 an der Universität Paderborn*. Berlin: Lit.

Frey, K. (1998). *Die Projektmethode. Der Weg zum bildenden Tun*. Weinheim: Beltz.

Gudjons, H. (2008). *Handlungsorientiert lehren und lernen* (7. aktualisierte Auflage). Bad Heilbrunn: Klinkhardt.

Groeben, N., Wahl, D., Schlee, J. & Scheele, B. (1988). *Forschungsprogramm Subjektive Theorien. Eine Einführung in die Psychologie des reflexiven Subjekts*. Tübingen: Francke.

Helmke, A. (2012). *Unterrichtsqualität und Lehrerprofessionalität. Diagnose, Evaluation und Verbesserung des Unterrichts* (4. aktualisierte Auflage). Seelze: Kallmeyer.

Helsper, W. (2001). Praxis und Reflexion – die Notwendigkeit einer »doppelten Professionalisierung« des Lehrers. *journal für lehrerinnen- und lehrerbildung*, 1(1), 7–15.

Holtappels, H. G. (2011). Schulinterne Steuerungsinstrumente der Schulentwicklung. In H. Altrichter & C. Helm (Hrsg.), *Akteure & Instrumente der Schulentwicklung* (S. 131–149). Baltmannsweiler: Schneider Verlag Hohengehren.

Huber, L. (1983). Hochschuldidaktik als Theorie der Bildung und Ausbildung. In L. Huber (Hrsg.), *Ausbildung und Sozialisation in der Hochschule* (Enzyklopädie Erziehungswissenschaften, Bd. 10) (S. 114–138). Stuttgart: Klett-Cotta.

Jung, E. (2005). Projektpädagogik als didaktische Konzeption. In V. Reinhardt (Hrsg.), *Projekte machen Schule* (S. 13–34). Schwalbach: Wochenschau.

Kansteiner-Schänzlin, K. (2011). Schulentwicklung als Gegenstand der Lehrerbildung. In H. Altrichter & C. Helm (Hrsg.), *Akteure & Instrumente der Schulentwicklung* (S. 187–200). Baltmannsweiler: Schneider Verlag Hohengehren.

Keuffer, J. & Oelkers, J. (2001). *Reform der Lehrerbildung in Hamburg*. Abschlussbericht der von der Senatorin für Schule, Jugend und Berufsbildung und der Senatorin für Wissenschaft und Forschung eingesetzten Kommission Lehrerbildung (im Auftrag der Senatorinnen und der Kommission herausgegeben von J. Keuffer & J. Oelkers). Weinheim: Beltz.

Klewin, G. & Schüssler, R. (2012). Forschendes Lernen im Bielefelder Praxissemester. In C. Freitag & I. von Bargen (Hrsg.), *Praxisforschung in der Lehrerbildung. 16. Jahrestagung des Nordverbunds Schulbegleitforschung am 15./16. Sept. 2011 an der Universität Paderborn* (S. 75–84). Berlin: Lit.

Klieme, E., Maag-Merki, K. & Hartig, J. (2007). Kompetenzbegriff und Bedeutung von Kompetenzen im Bildungswesen. In J. Hartig & E. Klieme (Hrsg.), *Möglichkeiten und Voraussetzungen technologiebasierter Kompetenzmodelle* (S. 5–15). Bonn: Bundesministerium für Bildung und Forschung.

Kultusministerkonferenz (2004). *Standards für die Lehrerbildung: Bildungswissenschaften* (Beschluss der KMK vom 16.12.2004).

Kunter, M., Baumert, J., Blum, W., Klusmann, U., Krauss, S. & Neubrand, M. (Hrsg.). (2011). *Professionelle Kompetenz von Lehrkräften. Ergebnisse des Forschungsprogramms COACTIV*. Münster: Waxmann.

Kunter, M., Kleickmann, T., Klusmann, U. & Richter, D. (2011). Die Entwicklung professioneller Kompetenz von Lehrkräften. In M. Kunter, J. Baumert, W. Blum, U. Klusmann, S. Krauss & M. Neubrand (Hrsg.), *Professionelle Kompetenz von Lehrkräften. Ergebnisse des Forschungsprogramms COACTIV* (S. 55–68). Münster: Waxmann.

Ministerium für Innovation, Wissenschaft, Forschung und Technologie des Landes Nordrhein-Westfalen (2007). *Ausbildung von Lehrerinnen und Lehrern des Landes Nordrhein-Westfalen. Empfehlungen der Expertenkommission zur Ersten Phase* (Vorsitz Baumert). Düsseldorf.

Obolenski, A. & Meyer, H. (Hrsg.) (2006). *Forschendes Lernen. Theorie und Praxis einer professionellen LehrerInnenausbildung* (2. aktualisierte Auflage). Oldenburg: Diz.

Rengstorf, F. & Schumacher, C. (2013). Projektunterricht in Lehrerbildung und Bildungsdiskussion. *In diesem Band*.

Rengstorf, F. & Schumacher, C. (2010). Projektarbeit und Projektunterricht in der schulischen Wirklichkeit – ein Niemandsland in der empirischen Unterrichtsforschung? *TriOS, 5(2)*, 23–56.

Roters, B., Schneider, R., Koch-Priewe, B., Thiele, J. & Wildt, J. (2009). *Forschendes Lernen im Lehramtsstudium*. Bad Heilbrunn: Klinkhardt.

Schaarschmidt, U. (2004). *Halbtagsjobber? Psychische Gesundheit im Lehrerberuf – Analyse eines veränderungsbedürftigen Zustandes*. Weinheim: Beltz.

Schneider, R. (2009). Kompetenzentwicklung durch Forschendes Lernen? *Journal Hochschuldidaktik, 20(2)*, 33–37.

Schumacher, C. & Rengstorf, F. (2013). Chancen und Probleme bei der Implementation von Projektunterricht – eine Übersicht zur empirischen Unterrichtsforschung aus international vergleichender Perspektive. *In diesem Band*.

Seeber, S. & Nickolaus, R. (2010). Kompetenz, Kompetenzmodelle und Kompetenzentwicklung in der beruflichen Bildung. In R. Nickolaus, G. Pätzold, H. Reinisch, & T. Tramm (Hrsg.), *Handbuch Berufs- und Wirtschaftspädagogik* (S. 247–257). Bad Heilbrunn: Klinkhardt.

Terhart, E. (2000). *Perspektiven der Lehrerbildung in Deutschland*. Abschlussbericht der von der Kultusministerkonferenz eingesetzten Kommission (im Auftrag der Kommission herausgegeben von E. Terhart). Weinheim: Beltz.

Thomas, C. (2013). Von randständig-singulärer zu kontinuierlicher Projektdidaktik in der universitären Lehrerbildung – Seminarkonzepte. *In diesem Band*.

Weyland, U. (2012). *Expertise zu den Praxisphasen in der Lehrerbildung in den Bundesländern* (Auftraggeber LI Hamburg, Prof. Dr. Keuffer). Hamburg: Landesinstitut für Lehrerbildung und Schulentwicklung.

Weyland, U. (2010). *Zur Intentionalität Schulpraktischer Studien im Kontext universitärer Lehrerausbildung*. Paderborn: Eusl.

Weyland, U. & Busch, J. (2009). Forschendes Lernen in Schulpraktischen Studien unter dem Fokus von ›Lehrergesundheit‹ und ›Lehrerbelastung‹. *bwp@ Berufs- und Wirtschaftspädagogik-online, (179)*, 1–23. Verfügbar unter: www.bwpat.de/ausgabe17/weyland_busch_bwpat17.pdf [17.12.2012].

Weyland, U. & Wittmann, E. (2011). *Expertise. Praxissemester im Rahmen der Lehrerbildung. 1. Phase an hessischen Hochschulen* (vorgelegt beim Hessischen Ministerium für Wissenschaft und Kunst am 15.02.2010) (Materialien zur Bildungsforschung, Bd. 30). Frankfurt am Main: GFPF.

Wildt, J. (2006): Reflexives Lernen in der Lehrerbildung – ein Mehrebenenmodell in hochschuldidaktischer Perspektive. In A. Obolenski & H. Meyer (Hrsg.), *Forschendes Lernen. Theorie und Praxis einer professionellen LehrerInnenausbildung* (2. aktualisierte Auflage) (S. 73–86). Oldenburg: Diz.

Wissenschaftsrat (2008): *Empfehlungen zur Qualitätsverbesserung von Lehre und Studium*. Bonn.

Lisa Rosa
Lernen 2.0 – Projektlernen mit Lehrenden im Zeitalter von Social Media

In a world of nearly infinite information, we must first address
why, *facilitate* **how,** *and let the* **what** *generate naturally from there.*
Michael Wesch, 2009

1. Einleitende Bemerkungen

Dass die Nutzung von Social Media (Web 2.0) aus dem individuellen wie dem gesellschaftlichen Leben der Gegenwart nicht mehr wegzudenken ist, sondern sich im Gegenteil rasant weiter ausbreitet, ist eine vielfach empirisch belegte Tatsache, die hier nicht aufs Neue nachgewiesen zu werden braucht. Und auch die in Deutschland lange gehegte Vorstellung, dass das Bildungssystem sich dem neuen Leitmedium[1] Internet verschließen könne, ja zur Rettung der Bildung geradezu verschließen *müsse,* ist seit der Erklärung des Vereins »Schulen ans Netz e. V.«, sich nach 16 Jahren wegen Erreichung seines Ziels Ende des Jahres 2012 aufzulösen, kein Gegenstand ernsthafter Diskussion mehr (vgl. Schule ans Netz, 2012). Ein aktueller Beschluss der KMK weist den »Neuen Medien« auch normativ einen prominenten Platz in der Bildung zu, indem es sie nicht bloß als neue Bildungsmittel handelt, sondern sie ausdrücklich selbst zum basalen Gegenstand von Bildung und mit dem Begriff der »Kulturtechnik« sogar zur *Voraussetzung* von zeitgenössischer Bildung erklärt: »Medienbildung gehört zum Bildungsauftrag der Schule, denn Medienkompetenz ist neben Lesen, Rechnen und Schreiben

---

1 Zum Begriff des Leitmediums und dem hier zugrunde gelegten Medienbegriff sowie seinen Implikationen für die Bildung vgl. z. B. Giesecke, 2005.

eine weitere wichtige Kulturtechnik geworden« (Kultusministerkonferenz, 2012, S. 9). Damit hat Deutschland endlich auch auf nationaler Ebene eine Verpflichtung geschaffen, die in den OECD-Schlüsselkompetenzen bereits eine Dekade zuvor prominent benannte Rolle der Medien in allen Institutionen des Bildungssystems zu berücksichtigen (vgl. OECD, 2005, S. 7).

Die Bildungsakteure könnten also die lähmende Diskussion um die Frage *ob* oder *wie viel* Internet in der Bildung sein soll, verlassen und sich konstruktiv damit beschäftigen, *wie* Computer und Internet das Lernen verändern und welche Veränderungsaufgaben folglich das Bildungssystem zu bewältigen hat.

Die Methodologie des Projektlernens muss sich dabei – wie alle anderen lerntheoretischen oder didaktischen Modelle auch – auf das neue Leitmedium einstellen und einer Revision unterziehen. Geprüft werden muss, ob und inwiefern die Projektdidaktik dem neuen Zeitalter in ihrer traditionellen Form gewachsen ist und wie sie gegebenenfalls neu formuliert werden müsste. Ich bin überzeugt, dass diese Rekonzeptualisierung darüber hinaus der Projektmethodologie sogar eine wichtige Rolle bei der Anpassung der Bildung an die Anforderungen der digitalen Epoche zuweisen könnte.

In der ersten Hälfte des Aufsatzes wird dieser Argumentationszusammenhang skizziert. Der zweite Teil liefert Gedanken zu den Folgen eines so rekonzeptualisierten Lernbegriffs für die Lehrerbildung und die reflektierte Praxis. Anhand zweier Beispiele aus der Lehreraus- und -fortbildung, in denen auf unterschiedliche Weise sowohl Projektlernen als auch Lernen mit dem Web 2.0 eine Rolle spielen, werden einige Aspekte beim Übergang in eine neue Lernkultur diskutiert (zum Begriff der Lernkultur vgl. Erdmann & Rückriem, 2010).

2. Lernen im digitalen Zeitalter

Bislang wird in Bildungszusammenhängen, vor allem in der Schule, das Internet mit seinen neuen Möglichkeiten für Informationsbeschaffung und Kommunikation vorwiegend noch als Sammlung neuer Werkzeuge und Mittel begriffen, die zu den schon bekannten Werkzeugen und Mitteln in die »Kiste« der Bildungshilfsmittel hinzugekommen sind. Wir schreiben einen Text mit dem Computer und drucken ihn dann aus, um ihn zu vervielfältigen und zu verteilen oder in einer Mappe abzuheften. Oder die »Neuen Medien« bereichern den Unterricht (mit »alten Medien«) durch leicht zugängliche Fotos, Videoclips und 3D-Grafiken. Ein solches Verständnis drückt sich in gewisser Weise auch in der Formulierung des KMK-Beschlusses oben aus, auch wenn hier nicht die einzelnen Werkzeuge und Mittel gemeint sind, sondern vielleicht eher das, was anderswo als Literacy (vgl. Internetquelle 1) bezeichnet wird (allerdings hat Rechnen wiederum mit Literacy nichts zu tun).

Wie auch immer diese Konzepte versuchen, das Phänomen »Neue Medien« in den (Be-)Griff zu bekommen: Ihnen allen ist gemeinsam, dass sie additive Denkmodelle sind, die neue Kulturerscheinungen phänomenologisch zu bereits bestehenden hinzuzählen. In diesem Verständnis bleibt die Kultur dieselbe wie vorher und wird nur bereichert, ergänzt oder optimiert. Dahinter verbirgt sich ein Medienverständnis, das nicht zwischen Medium und Mittel unterscheidet.[2]

Solche Konzepte greifen zu kurz. Denn ebenso wenig wie der Buchdruck als bahnbrechendes Kulturereignis zur Handschrift bloß hinzugekommen war, und ebenso wenig, wie zuvor die Erfindung der Schrift in ihrer Bedeutung verstanden werden kann als bloß zusätzliche Technik zur gesprochenen Sprache, ist »das Digitale« als bloße Ergänzung einer Sammlung vermeintlich gleichwertiger Elemente adäquat begriffen. So wie die Schriftlichkeit die Sprache selbst und wie der Druck die gesellschaftliche Bedeutung der Schrift erheblich verändert haben, so transformiert auch die Digitalität alle vorhergehenden (Leit-)Medien: Sprache, Schriftlichkeit, die gesamte Kommunikation und alles, was damit zusammenhängt, also auch

---

2 Ein zentraler Aufsatz zum Verständnis des Problems, das sich aus diesem kurzschlüssigen Medienbegriff für die pädagogische Praxis einer wie auch immer gearteten »Medienintegration in die Bildung« ergibt, findet sich bei Georg Rückriem: Rückriem, Georg. Mittel, Vermittlung, Medium. Bemerkungen zu einer wesentlichen Differenz, Vortrag am Seminar für Grundschulpädagogik der Universität Potsdam, Golm 30.10.2010, http://shiftingschool.files.wordpress.com/2010/11/ruckriem_medienbegriff.pdf [23.05.2012].

das Denken.³ Wie einst die Erfindung der Schrift die Bildung staatlicher Organisation als Voraussetzung für den Pyramidenbau erst ermöglichte und wie sich später mit der Erfindung des Buchdrucks die »Moderne« mit der Entwicklung der Wissenschaften, Aufklärung und Industrialisierung herausbildete, so ist auch die Digitalität der Beginn einer neuen Kulturepoche.

Mit den digitalen Werkzeugen hat sich – um im Bild zu bleiben – nach diesem Verständnis gleichzeitig also auch die »Werkzeug-Kiste« verändert. Oder anders: Der kulturelle Rahmen, unter dem seither die Menschheitsentwicklung stattfindet, ist ein neuer. Dieses Verständnis von einer epochemachenden Tragweite der digitalen Technologie findet sich seit Mc-Luhan bei den meisten großen Medienhistorikern, Medientheoretikern, Medienphilosophen und Mediensoziologen.

Ob wir diese neue Epoche als *Globales Dorf* (Marshall McLuhan), *Third Wave* (Alvin Toffler), *Informationsgesellschaft* (Norbert Wiener, Michael Giesecke), *Wissensgesellschaft* (Daniel Bell), *Netzwerkgesellschaft* (Manuel Castells), *Sinngesellschaft* (Norbert Bolz), *Lernkultur* (Erdmann/Rückriem) oder einfach als *Next Society* (Dirk Baecker) bezeichnen, ist dabei zweitrangig. Wichtig ist die allen diesen Begriffen gemeinsam zugrunde liegende Vorstellung eines Epochenwandels infolge eines Leitmedienwechsels, der die gesamte Gesellschaft bzw. Kultur erfasst und weder optional noch reversibel ist.

Kulturhistorisch orientierte Erziehungswissenschaftler (vgl. z. B. Fichtner, 2008) treffen sich mit Medienphilosophen (vgl. z. B. Weinberger, 2012) in der Auffassung, dass der Begriff von Wissen und folglich auch von dem, wodurch Wissen hervorgebracht wird (Lernen), in jeder Kultur(stufe) etwas anderes bedeutet. Für die digitale Kultur werden andere Aspekte des Wissens und andere Formen des Lernens als fundamental identifiziert: »Our new knowledge is not even a set of works. It is an infrastructure of connection. [...] Knowledge has

---

3   Michael Giesecke weist in vielen Einzelstudien die dramatischen Folgen dieser beiden historischen Leitmedienwechsel für die jeweils vorige Medienkonstellation und das vorige Leitmedium überzeugend nach: Giesecke, Michael. Die Entdeckung der kommunikativen Welt. Studien zur vergleichenden Mediengeschichte, FfM 2007.

become a network with the characteristics [...] of the net« (Weinberger, 2012, S. 196). »[...] I like to think that we are not teaching subjects but subjectivities: ways of approaching, understanding, and interacting with the world« (Wesch, 2009). Und Erdmann und Rückriem definieren mit »Sinnbildungslernen« die notwendige Antwort auf die Herausforderungen der neuen Epoche (vgl. Rosa, 2009).

Web 2.0 als Begriff für das Internet in seiner aktuellen interaktiven Version mit den sogenannten Social-Media-Anwendungen kann als Vorlage dienen zu einem Arbeitsbegriff für dieses neu verstandene Lernen als *Lernen 2.0*. Was Wissensschöpfung und Lernen verändert, verändert zugleich auch das Denken. In einer Gegenüberstellung der Kultur des Industriezeitalters mit der der Wissensgesellschaft werden die Unterschiede deutlich (vgl. Tab. 1):

Tab. 1: Gegenüberstellung: Denken und Lernen im Industriezeitalter und in der digitalen Kultur

Denken im Industriezeitalter	*Lernen im Industriezeitalter*	Denken im digitalen Zeitalter	*Lernen im digitalen Zeitalter*
linear; in Kausalketten	*lehrerzentriert, »Einer an Alle«, »Musik von vorne«; Belehrung, Lehrgang, Instruktion*	netzförmig; multikausal; interaktiv	*lernerzentriert; »Alle an Alle«; forschendes Lernen, Projektlernen*
zweiwertig; dichotomisch entweder/oder	*richtig oder falsch; Frage: »ob«*	drei- oder mehrwertig; »sowohl als auch« und »weder noch«; (Denkmodelle: »Dialektik«; »Emergenz«)	*ambivalenztolerant; Frage: »inwiefern«*
»objektiv«	*Material wird vorgegeben; »richtige« Problemlösungen und Deutungen; Ergebnisse liegen von vorneherein fest*	personalisiert intersubjektiv; multi-perspektivisch	*Lerngegenstände werden individualisiert zugänglich; Deutungen werden ausgehandelt; Ergebnisoffenheit*

Denken im Industrie-zeitalter	Lernen im Industriezeitalter	Denken im digitalen Zeitalter	Lernen im digitalen Zeitalter
im stillen Kämmerlein; »der einsame Gelehrte«	»auf dem Hosenboden sitzend«; an besonderen Lernorten; zu besonderen Lernzeiten	im ständigen Austausch	persönliche Lernnetzwerke; Praxisgemeinschaften; Projektgruppen; überall und immer
allgemeingültige Bedeutungen	Lehrer bestimmt den Gegenstand des Lernens und die Lernziele; er stellt die konkreten Aufgaben für die Aneignung der objektiven Bedeutung	persönliche Sinnbildung	Lernende bestimmen Gegenstände des Lernens und die Lernziele selbst und stellen sich eigene Aufgaben für ihre persönliche Sinnbildung

Lernen im digitalen Zeitalter kann also nicht heißen, dass wir mit den neuen Technologien das Alte mit neuen Methoden und Instrumenten lernen – nur eben schneller, leichter und vielleicht vergnüglicher –, was einem Optimierungsvorgang entspräche. Lernen 2.0 heißt stattdessen, dass sich vor allem die Art und Weise des Lernens in der gesamten Gesellschaft verändert – ein kultureller Transformationsvorgang. Dabei spielen jetzt die aus dem Netz bekannten Merkmale wie Freiwilligkeit, Selbststeuerung, Offenheit, Personalisierung und Zusammenarbeit eine prominente Rolle, während sie vordem nicht nur kaum Bedeutung hatten, sondern von dem, was als Lernen gelten durfte, sogar ausdrücklich ausgeschlossen worden waren. Und statt wie im Industriezeitalter das systematische Buchlernen, das standardisierte Lernen (im Unterrichtetwerden) in bestimmten kurzen Taktungen (Unterrichtsstunde) und an bestimmten Orten (Klassenraum), tritt zunehmend situiertes, informelles, nonformales, immersives Lernen und Lernen nach Bedarf in den Vordergrund (zu den neuen Lernformen vgl. auch Rosa, 2012).

Für die allgemeinbildende staatliche Schule darf sich dieses Lernen auch heute noch allenfalls als Ausnahme in der Nische zeigen – im Lernen außerhalb von Schule und Hochschule, nämlich in der Arbeitswelt und in der privaten Lebenswelt, werden – befördert durch das Web 2.0 – die selbstorganisierenden Aspekte des Lernens dagegen immer deutlicher sichtbar. Kein Unternehmen des 21. Jh. kommt mehr ohne informelles und selbstbeauftragtes Lernen seiner Mitarbeiter aus, denn hier liegen wesentliche Potenziale für das notwendige organisationale Lernen. Daher fangen mehr und mehr Betriebe und Institutionen an, dieses informelle Lernen nicht nur zuzulassen, sondern sogar zu organisieren. Die adidas Group hat im Sommer 2012 zu einem öffentlichen »Blog Carnival« aufgerufen, um nützliche Anregungen für ihre Entwicklung als lernende Organisation einzusammeln (vgl. Internetquelle 2). In den sofort einsetzenden Kommentaren ist auch ein Videobeitrag von David Weinberger enthalten, in dem er das »Öffentliche Lernen« als die Lernform des 21. Jahrhunderts bezeichnet (vgl. Internetquelle 3).

Zu allem und jedem kann man sich auch in seiner Freizeit im Netz auf Expertenhöhe informieren und sich in stetiger vernetzter Kommunikation mit anderen autodidaktisch selbst zum Experten entwickeln.

Und selbst die Lernaufgaben, die die Institutionen der formalen Bildung an ihre Teilnehmer stellen, werden zunehmend außerhalb und mithilfe der Social Media erledigt. Heute sind die Schüler gewohnt, nicht verstandenen Unterricht mit Erklär-Videos aus dem Netz (z. B. mit den berühmten Khan-Videos) zu ergänzen oder gar zu ersetzen und im Facebook-Chat die Hausarbeiten grundsätzlich gemeinsam zu erledigen. Bevor man *Effi Briest* – wie angeordnet – liest, schaut man sich einen der Kino-Filme am Computer an, damit man weiß, worum es überhaupt geht. Und die im Netz ebenfalls gefundenen professionellen Interpretationen können zur gemeinsamen Vorbereitung der Klausur im Chat geteilt und diskutiert werden. Dies alles findet meistens ohne Wissen des Lehrers statt, denn dass Hausaufgaben allein (was in der traditionellen Schule unter »selbstständig« verstanden wird) zu machen sind, ist noch immer die Regel. Unterricht ist dabei nicht selten de facto nur noch die Informationsveranstaltung darüber, was der Lehrer am Ende in Tests und Klausuren lesen möchte. Seit 2007 steigen Schüler auch ganz aus der Schule aus und organisieren sich mittels Web 2.0, um sich in Gruppen extern auf die Abiturprüfung vorzubereiten (methodos-ev.org).

Die Bedeutung von Unterricht, wie wir ihn kennen, als Voraussetzung für Lernen ist auf dem Wege zweitrangig zu werden, denn gelernt wird immer öfter anderswo und dabei ganz anders als in der Schule. »Lernen und Bildung sind ins Alltagsleben eingebettet; ihr primärer Ort sind die Netzwerke des Social Web« findet der Journalist und Manager Rolf Schmidt-Holtz (Schmidt-Holtz zit. nach Robes, 2009). Selbstorganisierendes, autodidaktisches Lernen ist dabei nicht nur eine praktische Notlösung zum Ausgleich der Unzulänglichkeiten der institutionellen Bildung. Die Fähigkeit zum »Selbstlernen« wird schon lange ausdrücklich gefordert und sie zu bilden schon lange als eine der Hauptaufgaben der Bildungsinstitutionen genannt, wie ein prominentes Beispiel von 1971 zeigt:

> The new education must teach the individual how to classify and reclassify information, how to evaluate its veracity, how to change categories when necessary, how to move from the concrete to the abstract and back, how to look at problems from a new direction – how to teach himself. Tomorrow's illiterate will not be the man who can't read; he will be the man who has not learned how to learn (Gerjuoy zit. nach Toffler, 1971, S. 375) (vgl. auch Internetquelle 4).

3. Projektlernen als Hauptlernform im digitalen Zeitalter

Selbstorganisierende Momente von Lernprozessen sind jedoch für Projektdidaktiker nichts Unbekanntes. Auch die Prinzipien des Netzes, wie sie oben mit Selbststeuerung, Offenheit, Personalisierung und Zusammenarbeit benannt wurden, lassen sich in Projekten, die Deweys Philosophie und Methodologie folgen, unschwer wiedererkennen. Den eigenen Fragen beim Lernen nachgehen zu dürfen, wie das entscheidende Prinzip im Projektbegriff Deweys lautet, lässt sich nicht nur besonders gut mit den Mitteln des Internet realisieren. Das Internet fordert und fördert zugleich diejenigen Kompetenzen, die mit Eigensinn, Selbststeuerung, Teamentwicklung und Netzwerken zu tun haben. Und auch im Meistern der »Gefahren« (Cyber Mobbing, Information overload, »Sucht«) erzwingt es die Herausbildung von Selbststeuerungsfähigkeit und Kommunikationsfähigkeit – um es mit den OECD-Schlüsselkompetenzen zu benennen – (1) »Autonome Handlungsfähigkeit«, (2) »Interaktive Anwendung von Medien und Mitteln« und (3) »Interagieren in heterogenen Gruppen« (OECD, 2005, S. 7). Was jetzt noch als »soft skills« im Schulunterricht belächelt wird, könnte sich bald als die »hard skills« des 21. Jh. entpuppen, deren Entwicklung die entscheidende Antwort auf die »Krise der Arbeit« sein wird.[4]

»Netz« und »Projekt« treffen sich dabei nicht nur in der Übereinstimmung einzelner Prinzipien. Sie treffen sich auch darin, dass sie die Überwindung dualistischer Vorstellungen nahelegen und ermöglichen: Die Widersprüche zwischen Individuum und Gesellschaft, zwischen Eigensinn und Gemeinsinn und zwischen Lokalem und Globalem werden auf einer neuen Stufe behandelt, indem ihre (tendenzielle) Aufhebung eingefordert wird. In diesem Verständnis sind z. B. individuelle Interessen und Gemeinschaftsinteressen, aber auch die Arten der Tätigkeit nicht nur nicht mehr streng voneinander geschieden und einander entgegengesetzt – ›erst die Pflicht, dann die Kür‹, ›erst die Arbeit, dann das Vergnügen‹ oder bezogen auf schulisches Lernen ›erst die Hausaufgaben, dann darfst du spielen‹ – persönlicher Sinn, Individualität und Eigeninteresse realisieren sich im Gegenteil dieser Vorstellung nach überhaupt erst durch die Beachtung von überindividuellen (Gattungs-)Interessen einerseits; und das, was sich Gemeinwohl nennen möchte, muss die Interessen aller Einzelnen enthalten (bzw. dialektisch in sich aufheben) andererseits. Utopien und Visionen in diese Richtung sind natürlich nicht neu. Der marxistisch geschulte Beobachter bemerkt jedoch heute: Dasselbe alte (Vereinbarkeits-)Problem wird aktuell auf einer neuen Stufe prozessiert. Um nur ein Beispiel zu nennen: Zwei aktuelle Konfliktfelder, die nicht nur Folge des neuen Leitmediums sind, sondern auch noch direkt mit ihm zu tun haben, sind die um Urheberrecht und Datenschutz. Als Formen des Eigentums und der Persönlichkeitsrechte

---

4 Vgl. die neuesten Zahlen der ILO für die Jugendarbeitslosigkeit, derzufolge 22,1 % im Durchschnitt aller 15- bis 24-Jährigen Europas arbeitslos sind und sich auch nicht in einer Bildungsmaßnahme befinden, (n. Taz vom 24.05.2012 http://www.taz.de/Hohe-Arbeitslosigkeit-bei-Jugendlichen-/!93875/) sowie Andreas Schleichers aufschlussreiche Präsentation der OECD Skills Strategy als Antwort (18.05.2012) http://prezi.com/cll3ajcdjmqs/skills-strategy-us/.

waren sie Errungenschaften der Moderne. Beide stehen nun mit dem Web 2.0 weltgesellschaftlich neu zur Verhandlung. Die Lösung wird eher eine »Sowohl-als-Auch«- denn eine »Anstatt«-Form annehmen müssen, wie alle tragfähigen Lösungen im globalen Zeitalter.

Der Begriff Deweys vom »natürlichen Lernen« hält zwar Theorien nicht stand, in deren Verständnis die Natur – auch seine eigene – dem Menschen nur unter den Bedingungen von Gesellschaft entgegentritt und Lernen immer gesellschaftlicher wie auch individueller Vorgang ist. Wenn wir Dewey jedoch historisieren, dann können wir seinen Begriff des »natürlichen Lernens« als ein Gegengewicht zum Lernbegriff der Moderne verstehen, die zum Zwecke der notwendig gewordenen Massenalphabetisierung Lernen (und seinen Begriff) auf systematisches Buchlernen und Belehrungslernen der Paukschule reduzierte. Die Lernformen der Vormoderne, die im »Learning by doing« und auch im erweiterten »Learning by reflecting what we are doing« auf dem Acker wie in der Werkstatt der Feudalgesellschaft angemessen waren, taugten nichts für das Literacy-Projekt in der Massenbildung der Industriekultur und wurden in der offiziellen Bildungspolitik daher ausgemustert. In Deweys Projektlernen (und auch anderen »reformpädagogischen« Konzepten) wurde das, was wir heute situiertes, immersives, experimentelles und informelles Lernen nennen, jedoch nicht nur als ehemalige Formen archiviert, sondern praktisch gepflegt, beforscht und, so gut es ging, an die Moderne angepasst.

Heute, am Übergang in ein neues Zeitalter, muss der verengende Lernbegriff der Moderne seinerseits historisiert und ein neues Verständnis vom Lernen entwickelt werden. An Deweys Projektlernen kann dabei besser als an anderen reformpädagogischen Konzepten angeknüpft werden, weil er nicht romantisierend antimodern und schon gar nicht antidemokratisch ist, wie etwa viele der zeitgenössischen deutschen Reform-Konzepte. Im ›project‹ der Arbeit der »Kreativen« der Moderne (Architekten) haben sich die Arbeits- und Lernformen der Werkstatt nicht nur erhalten, sondern an die Moderne angepasst. Die »Kreativen« der Bauhauszeit sind eher moderne Teamplayer als Handwerksmeister und Lehrlinge in feudaler Zunftordnung. In Wirtschaftsunternehmen, die sich heute aus der Industriekultur verabschieden, stehen – wenig überraschend –

Projekte und selbstgesteuerte Teams als produktive Unternehmenseinheiten im Zentrum.

Auch der Kommunikations- und Medientheoretiker Michael Giesecke beschreibt die Projektform als »Gegenbewegung« gegen das »Typographische Wissenschafts- und Wissensschöpfungsideal«: Anstelle hierarchischer Institutionen treten »Projektgruppe und Interdisziplinäre Netzwerke«; Ziel sei nicht mehr, »allgemeingültiges Wissen für alle, jederzeit an jedem Ort« zu schaffen, sondern »fallbezogenes Wissen, individualisierte, maßgeschneiderte Lösungen, Aktionsforschung. [...] Neues Wissen emergiert als Ergebnis der Vernetzung von Projekten« und verweist damit auch auf die Entwicklung »vom individuellen Lernen zur lernenden Organisation und Gruppe« (Giesecke, 2005, S. 11 f.).

Keine Frage: Projekt ist eine Organisationsform, die im 21. Jahrhundert eine große Rolle spielt. Zunehmend werden private und öffentliche Vorhaben als Projekte begriffen, deren Komplexitätsanforderungen nach einer funktionsfähigen Methodologie verlangen. Lernen – gleichgültig welcher Gegenstand – kann immer auch als Projekt verstanden werden, wenn wir es nicht auf das systematische kognitive Buchlernen verengen, sondern unter Lernen ganz allgemein diejenige Tätigkeit verstehen, die zu Verhaltensänderungen führt.

»Von null auf 42« hieß 2004 ein bekanntes Projekt, in dem sich sieben untrainierte Menschen unterschiedlichen Alters und unterschiedlicher Konstitution innerhalb eines Jahres auf die Teilnahme am New York City-Marathon vorbereiteten (vgl. Internetquelle 5). Zunächst war es ein Projekt des Südwestdeutschen Rundfunks (ARD) gewesen, aber mit der Auswahl der sieben aus 17.000 Bewerbern wurde es gleichzeitig zum persönlichen Lernprojekt eines jeden Teilnehmers.

Nur, weil es für jeden einzelnen Teilnehmer einen eigenen persönlichen Sinn ergab, war das Projekt erfolgreich. Die Möglichkeit, persönlichen Sinn (vgl. Leont'ev, 1977) zu realisieren, ist die Voraussetzung für Lernen überhaupt, und die Projektform ist womöglich als einziges formales Lernsetting offen genug dafür, die Vielfalt und Eigenartigkeit persönlicher Sinnbildung in Lerngruppen zu berücksichtigen.

Wie das Marathon-Projekt zeigt, muss man dabei die Projektform weiter verstehen als etwa Klafki oder Hilbert Meyer (vgl. Internetquelle 6), die sie – mit Fokus auf Schule zur *Unterrichts*form bzw. *Unterrichts*methode reduziert – neben Training und Lehrgang stellen. Lernprojekte wie das Marathonprojekt sind besser zu verstehen, wenn im Projekt der übergeordnete Rahmen gesehen wird. Dieser gibt dem Lernen nicht bloß die Methodologie – nämlich die Vorgehensweise z. B. in sieben Projektphasen und je nach Phase und Erfordernis verschiedenste Methoden und Instrumente –, sondern er enthält zugleich auch Sinn und sinngebendes Motiv des Lernens.

Erfolgreich am Marathon teilnehmen zu können, lautet das Projekt. Um es zu erfüllen, sind hunderte Lauftrainings als zentrale Lernhandlungen, aber auch Lehrgänge mit kognitiven Inhalten (zum richtigen Laufen, zur gesunden Ernährung usw.) enthalten. Die Formen Training und Lehrgang ordnen sich also auf der Handlungs- und Zielebene dem Projektrahmen unter. Ebenso kann man jedes Erkundungsprojekt oder Produktprojekt als übergeordnete Form verstehen, in denen nach Bedarf Episoden von Lehrgangs- und Trainingslernen vorkommen. Dabei können diese dem Sinn untergeordneten Lernformen für die verschiedenen Teilnehmer eines Projekts in verschiedenen Projektphasen auftreten und auch unterschiedliche Inhalte haben, nämlich je nach den eigenen Fragen, die die Teilnehmer zum Gegenstand der Projektgruppe bearbeiten, und je nach den Voraussetzungen, die sie sich dazu jeweils erst noch erarbeiten müssen.

Für diese episodischen Lehrgänge und Trainings »on demand« ist allerdings kein für alle organisierter »Unterricht« mehr nötig. Dies ist auch die Voraussetzung für eine wirkliche Individualisierung. Alles, was in Lehrgängen gelernt werden kann, kann man sich heute aus dem Netz holen. Und für individuelles Training braucht es einen persönlichen Trainer oder Coach, aber keinen »Lehrer«, der »Stoff didaktisch aufbereitet« und für alle auf die gleiche Art »serviert«. Eine Projektanlage, die Peer-to-Peer-Lernen und individuelle wie Gruppen-Beratung enthält, kann auch die potenziellen Netzwerkeigenschaften der Lerngruppe nutzen, um fehlende Kompetenzen einzelner Teilnehmer zu entwickeln oder auszugleichen. Der Lehrer »unterrichtet« in einem solchen Projekt nicht mehr, auch nicht in Trainings- und Lehrgangsepisoden. Er moderiert stattdessen den Projektprozess der Gruppe, ist Einzel- und Gruppencoach und stellt

Ressourcen (Medien, Material, Mittel, Experten, Präsentationsorte) bereit, soweit die Gruppe das nicht selbst kann.

Diese Art Lehrtätigkeit als »Unterricht« zu bezeichnen, scheint mir nicht mehr angemessen zu sein, wenn nichts mehr so ist, wie in Schule üblich: Wenn der Klassenraum zum Basislager der Lerngruppe wird, der Lehrer zum »Ältesten Teilnehmer« (Wolfgang Steiner) einer Expedition mutiert, die Lernorte über die ganze Stadt verteilt sind und die Projektteilnehmer ihre eigenen Taschencomputer mitbringen (»mobile learning«), die die ständige Vernetzung der Gruppe garantieren und mit denen sie ihr persönliches Lernmaterial finden, generieren, sammeln, kommunizieren und verarbeiten, dann ist der Begriff »Projekt*unterricht*« geradezu irreführend. Er soll vielleicht darauf verweisen, dass die ganze Veranstaltung nicht in nonformellen, außerschulischen, privaten Zusammenhängen stattfindet, sondern in der allgemeinbildenden öffentlichen Schule. Aber erstens verführt er dazu, mit dem Begriff auch das Projekt selbst vom Lehrer und seinen Lehrabsichten her zu organisieren, insofern als die Lehrertätigkeit und nicht die Schülertätigkeit im Begriff enthalten ist. Zweitens besteht die Gefahr, dass auf die Erfahrungen außerschulischen Lernens – sei es in der offenen Jugendarbeit, in der Erwachsenen-Weiterbildung oder im privaten »wilden Lernen« (Sturzenhecker) der Autodidaktik – ungeprüft und leichtfertig verzichtet wird, weil das für alle gleich geltende Curriculum und die Schulorganisation »oben« und der Lehrende »vorne« bleibt.

Wenn wir die Projektform stattdessen als Lernform generell verstehen, können wir viel offensiver fragen, wie dieses selbstbestimmte, personalisierte, offene, kollaborativ vernetzte Lernen, das es ja bereits gibt, auch die Schule für sich nutzen und verwandeln kann. Die umgekehrte Herangehensweise, nämlich zu fragen, wie Projektlernen/projektartiges Lernen in den Unterricht der Schule integriert werden könnte, führte bisher fast immer dazu, dass Projektlernen entweder außerhalb des »Kerngeschäfts« bleibt und damit immer zur sekundären Lernform entwertet wird, oder ihm so die Flügel gestutzt werden, dass weder echte Personalisierung noch Ergebnisoffenheit übrig bleibt. Bei solchen »Projektunterrichten« wählen die Schüler dann aus einer geschlossenen Themen- oder Fragenliste des Lehrers und heraus kommen muss, was als Ergebnis bereits feststeht. Für den

Lehrer zeigen sich dabei die Widersprüche im System zunächst entspannt. Für die Schüler sind solche »Projekte« nicht attraktiv, weil sie sich plötzlich »selbstständig« und »selbstverantwortet« dasselbe aneignen sollen, was ihnen früher wenigstens einigermaßen bequem »serviert« wurde. Schüler, die solchen »Projektunterricht« genossen haben, bitten oft darum, wieder »normal« unterrichtet zu werden. Und nicht zufällig wird in Lehrerbildungs-Seminaren zur Projektkompetenz immer sehr früh und sehr prominent einerseits die Frage der Bewertung von Projektlernen angesprochen und andererseits als Befürchtung formuliert, dass die Schüler nicht lernen, was sie lernen sollen, wenn sie lernen dürfen, was und wie sie lernen wollen.

4. Folgen für die Lehreraus- und -fortbildung

Tatsächlich macht Projektlernen als »Unterrichtsmethode« keinen Sinn, wenn sich außer der »Methode« nichts weiter an den Parametern der Lernorganisation verändern darf. Damit geht es der Projektmethode genauso wie den »Neuen Medien« bei dem Versuch, sie in den alten Unterricht »einzuführen«. Denn weder Projekt noch Web 2.0 sind geeignet, die Ergebnisse des traditionellen Unterrichts zu optimieren.

Auch als Methode oder Mittel, Schüler im Unterricht dazu »zu motivieren«, mehr »mitzuarbeiten«, also als Schüler-Aktivierungs-Methode inmitten einer Bevormundungs- und Belehrungskultur ist Projektlernen wenig geeignet. Ganz abgesehen davon, dass ein transitives »Motivieren« nicht möglich ist, denn Lernmotive muss jeder Lernende selbst bilden: Bei diesem Verständnis wird Projektlernen nicht als das dem menschlichen Lernen eigene Betriebssystem (Deweys »natürliches« Lernen) gedacht, sondern als Mittel in der Hand des Lehrers, seine Lehrziele besser zu erreichen als vorher. Begriffe wie »Projektunterricht« und »Projektmethode« scheinen mir einem solchen Misskonzept Vorschub zu leisten. Stattdessen muss klar werden, dass nur derjenige, der sein eigenes Lernen in Projektform zu verstehen und zu organisieren in der Lage ist, auch anderen dabei behilflich sein kann.

Für die Lehrerbildung bedeutet dies, dass mit dem Erwerb von Projektkompetenz ein neuer Lernbegriff erworben wird, der sich von der eigenen Lernerfahrung in formellen Kontexten abhebt und stattdessen an eigenen Lebenserfahrungen anknüpfen muss, in denen zwar gelernt, aber das Lernen nicht als solches erkannt wurde, weil es nicht in institutionalisierten Lernkontexten stattfand.

Referendare und Junglehrer unterrichten so, wie sie selbst unterrichtet wurden, und zwar unabhängig davon, was sie in ihrer Ausbildung gelernt haben. Das ist das Ergebnis verschiedener empirischer Untersuchungen (vgl.»Konstanzer Wanne« bei Terhart, 2001, S. 20 ff.). Es ist aber kein Wunder, dass man in unsicheren und Stress-Situationen auf seine eigenen Lernerfahrungen zurückgreift, wenn professionelles Lernen in der Ausbildung nur bedeutet hat, dass etwas (anderes) gesagt, aber nicht erfahren worden ist. Die eigene Erfahrung sticht immer die kognitive Ansage aus. Aber schon diese, dem Projektdidaktiker bekannte Tatsache ist ja gerade nicht Bestandteil des schulischen Lernbegriffs, der Erfahrungslernen nicht explizit enthält. Es braucht also einen anderen Begriff vom Lernen. Neue Begriffe als Konzeptualisierungen nachträglich begriffener neuer Praxis bilden zu können, erfordert natürlich ebenso nicht neue Ansagen, sondern neue eigene reflektierte Erfahrung.[5] Diese muss in der Lehrerbildung organisiert werden.

Selbst in einem Projekt den eigenen Fragen zu einem Gegenstand nachzugehen und die Ergebnisse mit anderen zu teilen und zu diskutieren, muss der Ausgangspunkt für eine Reflexion über das eigene Lernen sein, in der Lernen neu »begriffen« werden kann. Erst danach kann geklärt werden, was diese Lernerfahrung und der Begriff davon für die eigene Praxis als Lehrender bedeutet. Denn die Projektmethodologie zu lernen ist nur unter Projektbedingungen möglich. Die Lehrerbildung zur Projektkompetenz muss also selbst als Projekt organisiert werden.

Ein solches Projekt muss reflektierte Erfahrung auf verschiedenen Ebenen organisieren:

---

5   Auch hier decken sich übrigens Einsichten Deweys mit denen der kulturhistorischen Schule, wenn Deweys »vorauslaufende Praxis« auf die »immer der Praxis hinterherhinkende Theorie« Leont'evs trifft. Ebenso besteht Anschlussfähigkeit zwischen »learning by reflecting about what we are doing« (Dewey) und »Lernen der Tätigkeit in der Tätigkeit« bei Leont'ev.

Erstens auf der Ebene des Lerngegenstands 1. Ordnung (z. B. »Nationalsozialismus«). Hier wird der Gegenstand als Projekt gelernt. Der Gegenstand 1. Ordnung ist dabei explizit Gegenstand des Lernens, während der Gegenstand 2. Ordnung (das Projektlernen) implizit mitgelernt wird. Sachkompetenz (das *Was*) wird neu erworben. Auch eine vermeintlich altbekannte Sache wird dabei auf neue Weise im Projektlernen neu erlebt und betrachtet. Häufig hat dieses Neue damit zu tun, dass zum ersten Mal wirklich die eigenen Fragen, der persönliche Sinn, die eigene Perspektive eine zentrale und explizite Rolle spielen und objektivierende Bedeutungen (›was man wissen muss‹ und ›wie etwas zu interpretieren ist‹) zunächst in die zweite Reihe treten, dann aber selbst zum Gegenstand von Re- und Dekonstruktion werden.

Zweitens muss danach der Gegenstand 2. Ordnung den Platz des Gegenstands 1. Ordnung als expliziten Lerngegenstand einnehmen. Jetzt wird Projektlernen explizit thematisiert, allerdings immer noch bezogen auf das eigene Lernen. Aus der geteilten und gemeinsam reflektierten Erfahrung, *wie* ich den Gegenstand der ersten Ebene anders und neu gelernt habe, entsteht Projektkompetenz mit den auf der Hand liegenden Fragen ›Wo habe ich ähnliche Lernerfahrungen gemacht?‹ und ›Kann ich andere, vielleicht alle Gegenstände auf diese Weise lernen?‹.

Drittens schließlich stellt sich für professionell Lehrende dann die Frage, was diese Erfahrungen und Einsichten für die eigene Lehrtätigkeit zu bedeuten haben. Aber vorher müssen diese Erfahrungen eben gemacht und reflektiert worden sein.

Diese drei Ebenen müssen voneinander als Denkebenen unterschieden werden. Das muss sich auch in der Projektorganisation des Aus- oder Fortbildungsseminars widerspiegeln. Das bedeutet nicht, dass sich die Ebenen nicht zuweilen auch schnell abwechseln können. Für einen Lehrenden drängen sich ständig Fragen aus seinem Tätigkeitsfeld auf. Sie dürfen auf keinen Fall missachtet werden. Wichtig ist jedoch zu verstehen, auf welcher Ebene man sich gerade befindet. Diese Ebenen überhaupt zu unterscheiden ist in vielen Projektseminaren eine neue Erkenntnis für sich. Viel zu schnell ist man in Lehrerbildungskontexten auf der letzten Ebene. Das geht soweit, dass auch schon Lehreranwärter Gegenstände überhaupt nur noch unter dem Aspekt des Unterrichtens wahrnehmen. Leider wird dies auch durch eine falsch verstandene Praxisorientierung in der Lehrerbildung gefördert, die auf Unterrichten anstatt auf Lernen fokussiert.

Lehrerbildungsveranstaltungen, die anbieten, das Lernen neu zu erleben und zu konzeptualisieren, um daraus neue Impulse für die eigene Praxis zu gewinnen, sind ungewöhnlich. Da die Teilnehmer an Lehrerbildungsseminaren entweder erwarten, eine neue *Unterrichtsmethode* (»fachkompetent bin ich selber«) oder aber einen neuen *Unterrichtsgegenstand* (»ich weiß schon, wie man unterrichtet«) zu lernen, muss man sich als Lehrerbildner für Projektkompetenz auf diese notwendigen Missverständnisse einstellen.

Ein weiteres Missverständnis liegt im üblichen Konzept des Lernens in verschiedenen Lebensaltern verborgen: Kinder lernen demnach angeblich nur unter Druck (weil sie noch nicht einsichtsfähig sind), nur Erwachsene könnten selbstgesteuert lernen (weil sie wissen, was sie lernen müssen). Dieses der Schule systemeigene Lernverständnis führt oft dazu, dass Projektlernen allenfalls für die gymnasiale Oberstufe vorstellbar ist. Das hat auch damit zu tun, dass Fragen in der Schule eine andere Rolle spielen als im Alltag. Sie kommen als Prüfungsfragen oder als steuernde Lehrerfragen (im »fragend entwickelnden Unterricht« und als vorgegebene »Leitfragen« auf Arbeitsblättern) vor. Und wenn wir von »eigenen Fragen« oder gar von »Forschungsfragen« der Schüler sprechen, die der Ausgangspunkt des Projektlernens sind, dann werden von Lehrerseite die Voraussetzungen dafür, bearbeitbare Fragen stellen zu können, bei den Schülern vermisst und angemahnt (»Schüler müssen erst mal richtig fragen lernen«), anstatt sie in der Projektkompetenzvermittlungskompetenz des Lehrers zu sehen. Eine nützliche Vorstellung davon, welche Bedeutung und welche Probleme die eigenen Fragen für das Lernen haben, findet man bei Gallin und Ruf:

> Das Problem beim Lernen sind die Fragen. Mit den Fragen beginnt das Verstehen. Fragen kann man nicht vermitteln, man kann sie weder lehren noch lernen. Fragen kann man sich, genau genommen, nicht einmal stellen: Sie stellen sich ein. Erst wenn sich einem eine Frage wirklich stellt, versteht man sie (Gallin & Ruf, 1999, S. 37).

In den oben beschriebenen Missverständnissen bzw. Misskonzepten willkommene Lerngelegenheiten in der Lehrerbildung zu sehen, gehört zur Projektkompetenzvermittlungskompetenz des Lehrerbildners.

Die vermeintlich »projektungeeigneten« Schüler sind nicht das einzige Problem, das dem Projektlernen als »Kerngeschäft« in der Schule entgegensteht. Gerade wenn verstanden wird, dass sich im Projektlernen auch die Lehrerrolle fundamental verändert, werden die Systemgrenzen deutlich, die notwendigerweise interne Widersprüche erzeugen und als Spannungen an neuen Stellen erlebt werden. Wie kann man eine neue Lernen 2.0-Haltung im alten Unterrichten 1.0-System entwickeln?

Viel Richtiges im Falschen erleben zu können ist nur möglich mit einer experimentellen (also Projektlern-)Haltung in einem bewusst gestalteten kollaborativen Lernprozess in der gemeinsamen Tätigkeit. Und wo nicht genügend Gleichgesinnte an der eigenen Schule zu finden sind, da finden sie sich auf jeden Fall an anderen Schulen, in anderen Bundesländern, in anderen Ländern irgendwo auf der Welt. Solche Praxisgemeinschaften und globale und zugleich persönliche Lernnetzwerke bauen zu können (als Möglichkeit und als Fähigkeit), ist eine Errungenschaft der Web 2.0-Kultur und ist für die Lehrerbildung schon jetzt unverzichtbar.

Klar ist: Eine Ausbildung und Fortbildung, die solches leisten möchte, verlangt nach großen Formaten, in denen Projekt im Projekt und Web 2.0 in Web 2.0 gelernt werden kann. Es sind mehrtägige Projektseminare, Werkstattformate oder Jahresseminare. Die üblichen Informationsveranstaltungen in erratischen 2-stündigen Seminaren machen hingegen nur dann Sinn, wenn sie als Auftakt und Einladungen zu den eigentlichen Veranstaltungen gedacht sind.

5. Beispiele aus der Lehrerbildung

Seit 2009 biete ich in der modularisierten Referendarausbildung am Landesinstitut für Lehrerbildung und Schulentwicklung fächer-, schulstufen- und schulartenübergreifend ein Wahlmodul mit dem Titel »Individualisiertes Unterrichten mit Weblogs« an. Die bisher sechs Durchführungen dieses Moduls haben ihre Spuren auf dem begleitenden Weblog »Blogwerkstatt« (Internetquelle 7) hinterlassen. Die »Blogwerkstatt« ist offen zugängliches Materiallager und Dokumentation der Module, gleichzeitig ein Medium, in dem vor und nach dem Modul der Gegenstand öffentlich kommuniziert werden kann. In jedem Moduldurchgang gibt es Referendare, die diese Möglichkeit nutzen, die meisten beschäftigen sich jedoch ausschließlich in der Modulzeit mit dem Gegenstand des Moduls. Einige Unterrichtsexperimente und Examensarbeiten zum Gegenstand sind im Laufe der Zeit entstanden. In zwei Durchführungen konnten zwei frühere Teilnehmer ihre Erfahrungen aus eigenem Unterrichten mit Weblogs als Fallbeispiele zur Diskussion stellen und gleichzeitig als Referenten fungieren. Diese Teile wurden als besonders interessant und nützlich im Feedback der Teilnehmer bewertet. Die meisten Referendare begnügen sich jedoch damit, das Bloggen als Selbsterfahrung oder/und als »Unterrichtsmethode« kennenzulernen, denn ein Einsatz im Referendariat ist voraussetzungsvoll. Inzwischen wird die »Blogwerkstatt« in Lehrerseminaren verschiedener Universitäten und in Fortbildungsveranstaltungen in verschiedenen Bundesländern von Medienpädagogen genutzt.

In den Feedbacks der Referendare zeigt sich meistens eine interessante Kluft: Viele, oft die meisten Teilnehmer fanden es sehr schön, dass sie in einem ersten Selbsterkundungs-Teil ihren eigenen Fragen zum Bloggen anhand der Blogwerkstatt und den dort verlinkten zahlreichen Beispielen von Lehrerblogs, Unterrichts- und Schulblogs nachgehen, anschließend ihre Ergebnisse in der Gruppe auswerten und am zweiten Tag eigene Blogs für ihre Zwecke einrichten und erproben konnten. Ein kleinerer Teil der Teilnehmer, manchmal nur eine Person zeigte sich jedoch gerade von dieser Offenheit und Selbststeuerung enttäuscht. »Die Modulzeit wurde effektiv genutzt« und »Die im Modul vermittelten Methoden sind für den Berufsalltag bedeutsam« – zwei Feedbackfragen im obligatorischen, standardisierten Fragebogen – wurden schlecht bewertet. Diese Teilnehmer hatten auch im Modul vor allem nach klaren Vorgaben und Rezepten gefragt und früh die Bewertungsfrage und die Frage nach dem »Output« der Schüler in den Vordergrund gerückt. Ausdrücklich wussten diese Teilnehmer schon von vorneherein, dass sie Blogs nicht für ihr eigenes Lernen verwenden würden, sondern ausschließlich für den Unterricht.

Ihre Enttäuschung hatte sowohl mit ihrem Medien- als auch mit ihrem Lernverständnis zu tun. Denn ein Weblog als geschlossene Steuerungsplattform von »Lernleistungen« der Schüler (Aufgaben abholen, Stundenprotokolle und Hausaufgaben abliefern) zu nutzen, lohnt den Aufwand nicht, oder – wie angehende Lehrer heute sagen – bringt keinen Mehrwert, da es die Netzeigenschaften des Mediums ignoriert. Keiner der angehenden Lehrer traute sich, von Anfang an ein offenes Blog mit weitgehenden Autorenrechten der Schüler zu führen. Die Angst, Schüler könnten in der Öffentlichkeit etwas »Falsches« schreiben, würden sich gegenseitig mobben und das Ganze würde für den Lehrer viel Arbeit bedeuten, wobei die Effekte nicht zu kontrollieren wären, ist ein komplexes Gemisch und eine große Hürde. Gleichzeitig kann sie – zur Sprache gebracht – der Ausgangspunkt neuer Lern- und Lehrerfahrungen werden:

Dies zeigen z. B. die Erfahrungen der beiden Referendare, die beim Experimentieren feststellten, dass ihre Befürchtungen gar nicht eintrafen, und die – jeder auf seine Weise – den Weg der Öffnung und des Vertrauens in die Selbststeuerungskräfte ihrer Schüler gingen. Eine Deutsch-Referendarin stellte anfangs anstelle ihrer Schüler deren Balladentexte korrigiert in ihr Blog »Sprachspielerei« ein. Später wurde sie mutiger, und schließlich luden die Schüler ihr eigenes Material, eigene Texte, interessante Videos im offenen Blog hoch und kommentierten sie gegenseitig (vgl. Internetquelle 8). Dabei folgte die Lehrerin ihren eigenen reflektierten Praxis-Erfahrungen, und gleichzeitig wurde durch Kommunikation im Modul von einem anderen Teilnehmer aus diesen Erfahrungen das Stufenmodell zunehmender Schülerpartizipation kreiert, das daraufhin in der »Blogwerkstatt« als Seminarmaterial für nachfolgende Module seinen Platz erhielt (vgl. Internetquelle 9).

Ein Grundschullehrer scheiterte zunächst mit seiner »Lerninsel« – einer Plattform für Unterrichtsmaterial und Hausaufgaben – an der ausbleibenden Schüler-Beteiligung. Aus seiner reflektierten Enttäuschungserfahrung kam er mit dem neuem Konzept eines Projektblogs heraus, das er gleichlautend mit dem Lerngegenstand »Lebensraum Wald« nannte, und wo die Schüler nicht nur eine Fülle an Anregungen zum Gegenstand des Sachunterrichts fanden, sondern auch die Erlaubnis und den Raum, miteinander ihre Fragen und

Ergebnisse ihrer Waldexkursionen zu teilen und zu diskutieren. Pilze wurden (für den Lehrer nicht vorhersehbar) zum Hit des Schülerinteresses und -engagements. Schließlich schaltete sich in das offene Blog sogar die »Deutsche Gesellschaft für Mykologie« ein, denn die Schüler der Klasse 4a hatten sich mit ihrem Weblog im Netz einen Namen als Pilzforscher gemacht (vgl. Internetquelle 10). Erfolgreich hatte der Lehrer die Lernwünsche seiner Schüler unterstützt und gefördert.

In einem anderen Beispiel steht ein Erkundungsprojekt an einem gemeinsamen Gegenstand im Vordergrund eines phasenübergreifenden Projektseminars der Lehrerbildung. »Die Gegenwart der Vergangenheit: Richtiges Erinnern? NS und Holocaust im kompetenzorientierten Geschichtsunterricht« heißt die zweiteilige, insgesamt 28 Stunden umfassende Veranstaltung mit Lehramtsstudenten, Referendaren und Lehrern, die ich seit 2009 an der KZ-Gedenkstätte in Hamburg-Neuengamme zusammen mit dem Geschichtsdidaktiker Andreas Körber und dem Leiter des Studienzentrums der KZ-Gedenkstätte, Oliver v. Wrochem, durchführe. Die erste zweitägige Veranstaltung widmet sich der Selbsterkundung der Gedenkstätte, nachdem am Vorabend die eigenen Erfahrungen und Unterrichtserfahrungen mit dem Gegenstand erinnert und kommuniziert wurden. Die Teilnehmer erkunden dabei in selbst organisierten Gruppen Gelände, Ausstellungen und Gedenkorte der komplexen Anlage, wobei ihnen nach Bedarf Guides (bzw. die Projektleiter selbst) für Fragen zur Verfügung stehen. Die Aufgabe besteht darin, eigene echte Fragen zu sammeln, und die Orte, an denen diese Fragen auftauchten, zu fotografieren. Später werden im Plenum die Fotos zusammen mit den Fragen bzw. Kommentaren kommuniziert. Auch wenn dabei zuweilen von Schülern die Rede ist (häufig von ihrem Verhalten), und auch wenn Einzelne nicht zum ersten Mal die Gedenkstätte besuchen, ist durch diesen Beginn ein neuer Erfahrungshorizont eröffnet, denn meist fragen sich Lehrende dabei nach langer Zeit wieder oder überhaupt zum ersten Mal: »Was hat der Gegenstand mit mir zu tun?« Und für viele ist es eine neue Erfahrung, ihre Erlebnisse und Gedanken in der Gruppe zu teilen.

Anschließend werden individuelle und Gruppen-Forschungsfragen gebildet und mit dem Material, das die Gedenkstätte bietet, bearbeitet. Die Ergebnisse werden im Plenum präsentiert. Manchmal bereitet es einige Mühe, an dieser Stelle den Gegenstand 1. Ordnung (*»was«*) zu verlassen und den Gegenstand 2. Ordnung (*»wie«*) in den Blick zu nehmen. Besonders schwierig war dies in der Projektgruppe 2010, die sich entgegen dem Projektplan mehr Zeit dafür nahm, alle ihre Ergebnisse ausführlich zu präsentieren und zu diskutieren. Eine Lehrerin äußerte auf den Hinweis, dass man auch zur Reflexion der Lernform kommen müsse, dass sie hier endlich mal wieder selbst lernen dürfe, und das wolle sie auskosten. Am Ende des Reflexionsteils steht oft die in der Gruppe übereinstimmend geäußerte Befriedigung, dass das, was man die letzten beiden Tage gemacht habe, »richtig gutes« Lernen sei. Gerne würde man so mit Schülern lernen. Aber in der Schule sei das ja nicht möglich.

Im zweiten Teil – einige Monate später – werden die Lernerfahrungen mit Gegenstand, Lernort und Projektmethodologie aktualisiert und mit dem Kompetenzstrukturmodell Geschichte (Schreiber, 2006) konfrontiert. Anschließend entwerfen die Teilnehmer Projektskizzen für ihre eigenen Lerngruppen. Sowohl im ersten Teil (der Selbsterkundung) als auch hier stellt es sich immer wieder heraus, dass vor allem die eigenen Fragen der Lernenden im Zentrum stehen müssen. Das ist ungewohnt und schwierig, sowohl für die Lehrer als auch für die Schüler, denn die erforderlichen Kompetenzen, die Entwicklung – man möchte beinahe sagen Entbindung – und Bearbeitung von Forschungsfragen zu begleiten, die die eigenen Fragen enthalten, müssen erst entwickelt werden.

Für die Projektgruppe 2011 hatte ich ein Weblog (Internetquelle 11) zur Begleitung angelegt, vor allem als kommunikative Brücke zwischen den beiden Veranstaltungsteilen, die mehr als ein halbes Jahr auseinander lagen. Obwohl nur einzelne Teilnehmer das Blog aktiv nutzten, indem sie eigene Beiträge einstellten, war es in vielerlei Hinsicht nicht nur eine Bereicherung, sondern für den Fortgang entscheidend. So äußerten viele Teilnehmer, dass sie sich schon beim ersten Treffen »wie vertraut« waren, nachdem sie die zusammengefasste Vorabfrage (Internetquelle 12) gelesen hatten, und dass sie in der Auftaktveranstaltung besser diskutieren konnten, nachdem sie schon vorab die einführende Präsentation (Internetquelle 13) angeschaut hatten. Neben der Sammlung von Seminarmaterialien und der Dokumentation der Projektgruppenergebnisse entpuppte sich die Kommunikationsfunktion des Weblogs als Projektsteuerungsmöglichkeit durch die Teilnehmer: Eine Studentin postete zwischen den Veranstaltungsteilen ihr aktuelles Praxisproblem mit einer Schülergruppe im Praktikum und bekam diverse Antworten – u. a. auch von einem Guide der Gedenkstätte, der nicht Teilnehmer der Projektgruppe war (vgl. Internetquelle 14). Der Guide wurde daraufhin zum zweiten Teil der Veranstaltung eingeladen und schilderte zusammen mit der Studentin den Fall. Anschließend führte er die Projektgruppe übers Gelände, um an verschiedenen Orten zu erläutern, wie er als außerschulischer Pädagoge Schüler, Lehrer und den schulischen Umgang mit Gedenkstätten wahrnimmt. Dieser Programmpunkt, der nicht zufällig, aber den Zufall organisierend, nur mittels des Projektblogs möglich geworden war, erwies sich als Highlight des zweiten Veranstaltungsteils.

6. Schlussbemerkung

Lernen als öffentlicher Prozess, Lernen in konstantem Kontakt und Austausch mit anderen, an allen möglichen Orten, in kleinen Teams und gleichzeitig in großen Netzwerken, selbststeuernd und mit offenem Ausgang den eigenen Fragen nachgehend, experimentierend und mit ständigem Zugang zur unendlichen Informationsressource des Internet – das könnte man Projektlernen 2.0 nennen, oder – wenn man alles Lernen als Projektlernen versteht – Lernen 2.0.

Wie hier auch in den Beispielen der Lehrerbildung deutlich wurde, sprengt dieses Lernen nicht nur die traditionelle Lernorganisation im Unterricht der öffentlichen Schule, sondern auch den Begriff von dem, was bisher unter Lernen verstanden wurde. Wenn Lernen unter den Bedingungen der Digitalität im 21. Jahrhundert sich derart radikal vom gewohnten unterscheidet, dann reicht es nicht, die Lehrerbildung ein wenig zu reformieren. Angehende und bereits praktizierende Lehrer müssen stattdessen das Lernen selbst neu lernen – miteinander in professionellen Lernnetzwerken und auch mit ihren Schülern zusammen.

Literatur

Erdmann, J. W. & Rückriem, G. (2010). Lernkultur oder Lernkulturen. In H. Giest & G. Rückriem (Hrsg.), *Tätigkeitstheorie und (Wissens-)Gesellschaft: Fragen und Antworten tätigkeitstheoretischer Forschung und Praxis* (S. 15–52). Berlin: Lehmanns Media.

Fichtner, B. (2008). *Lernen und Lerntätigkeit: Ontogenetische, Phylogenetische und epistemologische Studien.* Berlin: Lehmanns Media.

Gallin, P. & Ruf, U. (1999). *Dialogisches Lernen in Sprache und Mathematik.* Seelze-Velber: Kallmeyer.

Giesecke, M. (2005). Auf der Suche nach posttypographischen Bildungsidealen. *Zeitschrift für Pädagogik, (1),* 14–29.

Kultusministerkonferenz (2012). *Medienbildung in der Schule* (Beschluss der Kultusministerkonferenz vom 8. März 2012). Verfügbar unter http://medien.bildung.hessen.de/service_medien/fb/Beschluss_KMK-Medienbildung-08-03-2012.pdf [24.05.2012].

Leont'ev, A. N. (1977). *Tätigkeit, Bewusstsein, Persönlichkeit.* Stuttgart: Klett

OECD (2005). *Definition und Auswahl von Schlüsselkompetenzen: Zusammenfassung.* Verfügbar unter http://www.oecd.org/dataoecd/36/56/35693281.pdf [04.12.2012].

Robes, J. (2009). *Weiterbildungsblog* (über den CeBIT-Vortrag von R. Schmidt-Holtz »Ist eLearning tot? Zukunft Bildung und Lernen in der Wissensgesellschaft«). Verfügbar unter http://www.weiterbildungsblog.de/2009/03/13/cebit-forum-learning-knowledge-solutions-2/ [24.05.2012].

Rosa, L. (2012). Ein Bildungskanon für die glokale Welt? In U. Erdsieck-Rave & M. John-Ohnesorg (Hrsg.), *Bildungskanon heute* (S. 73–79). Berlin: Friedrich-Ebert-Stiftung. Verfügbar unter http://library.fes.de/pdf-files/studienfoerderung/08990.pdf [24.05.2012].

Rosa, L. (2009). Sinnbildung lernen: Interview mit Georg Rückriem und Johannes Werner Erdmann. *Hamburg macht Schule,* (4), 28–29.

Schreiber, W. (2006). *Historisches Denken: Ein Kompetenz-Strukturmodell.* Neuried: Ars Una.

Schule ans Netz (2012). *Über uns.* Verfügbar unter http://www.schulen-ans-netz.de/ueber-uns.html [24.05.2012].

Terhart, E. (2001). *Lehrerberuf und Lehrerbildung: Forschungsbefunde, Problemanalysen, Reformkonzepte.* Weinheim: Beltz.

Toffler, A. (1971). *Future shock.* London: Pan.

Weinberger, D. (2012). *Too Big to Know: Rethinking Knowledge Now That the Facts Aren't the Facts, Experts Are Everywhere, and the Smartest Person in the Room Is the Room.* New York: Basic Books.

Wesch, M. (2009). *From Knowledgeable to Knowledge-able: Learning in New Media Environments,* Verfügbar unter http://www.academiccommons.org/commons/essay/knowledg able-knowledge-able [24.05.2012].

Internetquellen

Internetquelle 1: http://en.wikipedia.org/wiki/Literacy [18.05.2012]
Internetquelle 2: Blogpost der adidas Group: »Help us find the new way of working and learning«, http://blog.adidas-group.com/2012/05/help-us-find-the-new-way-of-working-and-learning/[29.05.2012]
Internetquelle 3: David Weinberger, Public Learning, http://www.youtube.com/watch?v=irlZm-tsJRc&feature=youtu.be [30.05.2012]
Internetquelle 4: http://www.alia.org.au/groups/topend/2003.symposium/learn.unlearn.html
Internetquelle 5: http://de.wikipedia.org/wiki/Von_Null_auf_42
Internetquelle 6: http://de.wikipedia.org/wiki/Unterrichtsform
Internetquelle 7: http://lisarosa.wordpress.com
Internetquelle 8: http://sprachspielerei.wordpress.com/[28.05.2012]
Internetquelle 9: http://lisarosa.wordpress.com/seminarmaterial/stufenmodell-zur-schulerpartizipa tion-in-weblogs/
Internetquelle 10: letzter Eintrag des Lehrers vom 16.2.2010 auf der Startseite http://lebensraum wald.wordpress.com/[28.05.2012]
Internetquelle 11: Projektseminar an der KZ-Gedenkstätte Neuengamme http://gegenwartderver gangenheit.wordpress.com/
Internetquelle 12: http://gegenwartdervergangenheit.wordpress.com/ergebnisse/ergebnisse-der-vorabfrage/
Internetquelle 13: http://gegenwartdervergangenheit.wordpress.com/einfuhrung/
Internetquelle 14: http://gegenwartdervergangenheit.wordpress.com/2011/09/09/ich-habe-kein-mitleid-mit-den-juden-die-machen-das-doch-heute-mit-meinem-volk/

Herausgeber & Autoren

Christine Schumacher, Master of Education (Englisch, Biologie, Unterrichtsfach Pädagogik), wissenschaftliche Mitarbeiterin an der Wissenschaftlichen Einrichtung Oberstufen-Kolleg der Fakultät für Erziehungswissenschaft und der AG 4 Schulentwicklung und Schulforschung der Universität Bielefeld.
Forschungsschwerpunkte: Projektunterricht, Prüfungsangst, Stressbewältigung, riskante Bildungsbiografien in der Sekundarstufe
Kontakt: christine.schumacher@uni-bielefeld.de

Felix Rengstorf, Studienrat, Lehrender am Oberstufen-Kolleg Bielefeld für die Fächer Geschichte und Biologie und Vorsitzender der Projekt-AG.
Forschungsschwerpunkt: Projektunterricht
Kontakt: felix-rengstorf@gmx.de

Christina Thomas, Diplom-Pädagogin, Pädagogik-Lehrende am Oberstufen-Kolleg Bielefeld und Lehrende im Hochschuldienst an der Fakultät für Erziehungswissenschaft der Universität Bielefeld, AG 4 Schulentwicklung und Schulforschung.
Forschungsschwerpunkte: Projektlernen, Fachdidaktik Pädagogik, Achtsamkeit
Kontakt: christina.thomas@uni-bielefeld.de

Dr. Sebastian Boller, Wissenschaftlicher Mitarbeiter an der Wissenschaftlichen Einrichtung Oberstufen-Kolleg der Fakultät für Erziehungswissenschaft und der AG 4 Schulentwicklung und Schulforschung der Universität Bielefeld.

Forschungsschwerpunkte: Schulentwicklung, Evaluation, Lehrerkooperation, Unterrichtsentwicklung.
Kontakt: s.boller@uni-bielefeld.de

Wolfgang Emer, Akad. Oberrat, pensionierter Lehrer für Geschichte, Französisch und langjähriger Leiter der Projekt-AG am Oberstufen-Kolleg Bielefeld.
Forschungsschwerpunkt: Geschichte des Projektunterrichts.
Kontakt: wolfgang.emer@gmx.de

Dr. Thomas Hill, Studiendirektor, Koordinator und Lehrkraft für Deutsch, Gemeinschaftskunde und Wirtschaft/Politik am Berufsbildungszentrum Schleswig.
Forschungsschwerpunkte: Projektunterricht, Unterrichts- und Schulentwicklung, Qualitätsmanagement.
Kontakt: hill-kiel@t-online.de

Lisa Rosa, Studienrätin für Musik, Geschichte und Politik, Lehrerfortbildnerin am Landesinstitut für Lehrerbildung und Schulentwicklung Hamburg.
Arbeitsschwerpunkte: Lernen in der Wissensgesellschaft, Web 2.0 und Bildung, Projektlernen, Sinnbildungslernen.
Kontakt: lisa.rosa@li-hamburg.de

Dr. Sabine Schweder, Pädagogin, Schulberaterin am IQMV-Schul- und Unterrichtsentwicklung, Fortbildung und Beratung Schwerin, Lehrende an der Fakultät für Erziehungswissenschaft der Universität Greifswald.
Forschungsschwerpunkt: Schulberatung: Wie lernen Schulen in Netzwerken? Wie gelingt Forschendes Lernen im Unterricht?
Kontakt: s.schweder@web.de

Wolfgang Steiner, pensionierter Lehrer, Gründungsmitglied des Vereins für Projektdidaktik, von 2002 bis 2007 Projektleiter des BLK-Programms »Demokratie lernen und leben« in Hamburg, von 1987 bis 2012 Leiter des Fortbildungsbereichs Projektdidaktik am Landesinstitut für Lehrerbildung und Schulentwicklung.
Kontakt: wolfstei@t-online.de

Prof. Dr. Ulrike Weyland, Dipl.-Ghl., Professorin für das Fachgebiet Pädagogik, insbesondere Berufspädagogik für Gesundheitsberufe und Pädagogische Psychologie, FH Bielefeld.
Forschungsschwerpunkte: Professionalisierung durch Praxisphasen in der Lehrerbildung, Professionalisierung durch Forschendes Lernen im Studium, Kompetenzentwicklung und -messung in der beruflichen Bildung, Gestaltung der Übergänge vom Beruf zur Hochschule.
Kontakt: ulrike.weyland@fh-bielefeld.de